壹

学习稻盛和夫经营思想入门三部曲

阿米巴不是什么

吴影 著

人民东方出版传媒
東方出版社

图书在版编目（CIP）数据

阿米巴不是什么 / 吴影 著. —北京：东方出版社，2013. 7

ISBN 978-7-5060-6474-3

Ⅰ. ①阿… Ⅱ. ①吴… Ⅲ. ①企业管理-研究 Ⅳ. ①F270

中国版本图书馆 CIP 数据核字（2013）第 143628 号

阿米巴不是什么
（AMIBA BUSHI SHENME）

作　　者：吴　影
产品经理：刘晓立
出　　版：东方出版社
发　　行：人民东方出版传媒有限公司
地　　址：北京市东城区朝阳门内大街 166 号
邮政编码：100706
印　　刷：三河市金泰源印装厂
版　　次：2013 年 7 月第 1 版
印　　次：2013 年 7 月第 1 次印刷
印　　数：1—15 000 册
开　　本：710 毫米×1000 毫米　1/16
印　　张：19. 75
字　　数：210 千字
书　　号：ISBN 978-7-5060-6474-3
定　　价：39. 00 元
发行电话：（010）65210056　65210060　65210062　65210063

目录

2011 年 10 月 23 日携阳光 100 沈阳高管团队与稻盛先生在一起

2011 年 6 月 9 日与稻盛先生在一起

2011 年 5 月 31 日在稻盛北京公司与日本企业家川端团队交流

阳光 100 集团 UTF 培训会

阳光 100 集团易小迪总裁给 UTF 长颁发徽章

序一 商界莲花

这是一本写给企业界老板们看的书。

在今天，作为一名中国企业家是幸运的，因为我们拥有全世界最大的市场、最多的人口。但不幸的是，我们又面临最复杂的外部环境与最混乱的道德与诚信体系。

我们这一代从“92南巡”后创业的民营企业老板们，大多数30岁左右就成功了，但有不少人40岁后就陆续“退休”了。问起原因，不外乎两个：一是干企业太累了；二是成功“致富”后，找不到工作的快乐，也可以说成功后失去了人生的方向标。

除了抱怨外部环境，我有时经常反躬自省，在今天的中国要做一名合格的企业领导，我们自身是否有足够的思想准备？是否有相应的道德素养？目睹无数的案例，事实也让我相信这一点：如果一个企业不能跳出单纯赚钱这个层面，如果一个企业家没有金钱与地位之外的更高追求，是不可能有持久的热情与长远的事业的。

幸运的是，我找到了这样一个标杆：

稻盛和夫在日本创造了商界的奇迹，他亲手创办了两个世界500强企业，而且还在78岁高龄时，在一年内救活了一个500强企业（日本航空）。他的商业奇迹首先证明了“做一个好人”同样能做好一个成功的企业，而且是更坚实、更持久的事业；其次，稻盛先生在企业实践中总结了一系列“企业哲学”，他谦虚地称之为“京瓷哲学”，这些企业哲学大大拓宽了我们的心胸与境界。如“企业的目的是追求让全体员工获得物质与精神的幸福”（而非是赚钱机器）；企业管理与经营的一切原点“做人何为正确”（而不是为了成功可以不择手段）；“付出不亚于任何人的努力，神都会帮你”（再次唤醒我们勤劳能致富的正确工作态度）；“积善行，思利他”（利人利己的观念）；“每天让自己灵魂更高尚一点”（企业就是道场，工作就是修炼）等等。如果我们的企业都有了这些“哲学”，我们不由得会为自己的工作感到神圣与自豪。

不止一个民营企业老板跟我说过这样的话，“学了稻盛哲学，我好像又找到了创业的激情。”

我第一次见到稻盛先生时，感到他就是一位和蔼慈祥的老头，一点也没有那些著名企业家的“威严”与“风度”，而在我一次又一次聆听稻盛先生朴实的讲话后，他在我心中的形象也越来越高大与亲切。稻盛先生不仅仅是少有的成功企业家，更是当今商业世界中的一朵莲花。

今天中国企业界中掀起一股“稻盛热”，介绍稻盛的书已琳琅满目，但如果再次把本书当做一本管理名著，或企业成功指南，那就南辕北辙了。稻盛的“企业哲学”才是一切的根本——做企业必须回到做人这个原点。

吴影先生是花了相当的心血研究与理解了稻盛的“哲学”与“实学”，这本书从实践中来，所以写的生动而鲜活，但书里的含义却是很深刻的。

我向你们推荐这本书，是因为这本书不仅来源于中国企业实践，还因为作者站在了一个正确的价值观去介绍与理解稻盛思想，无论你学到多少，都是有益而无害的。

阳光 100 置业集团有限公司董事长　易小迪

序二　不得不说的话

有没有必要去考证中国哪个人、哪个企业是第一个接触稻盛先生思想，哪个又是最早推行阿米巴的？我认为没有必要，也没有意义。今天吴影先生的这本书让我们看到一个有意义的企业阳光100和一个有趣的话题：阿米巴不是什么。

趴在权威人士的思想上，粗浅地、表象地解读其管理思想和管理理论的书屡见不鲜，他们屡屡传递的只是他们理解中的某种理论思想是什么，而能说出又敢于说出某种理论、某种经营思想不是什么的人和企业，一定是学有所思、思有所行、行而不止之后的切身的体会。

我接触稻盛老先生的管理思想以及阿米巴经营理念有好几年，也曾有幸当面聆听教诲和请教于老先生，于是我也在我的公司里推行阿米巴。就阿米巴的推行我也曾数次与吴先生交流，向阳光100学习。除了稻盛先生“京瓷哲学”、“做人何为正确”等道的方面的精神以外，我认为阿米巴经营理念在术的方面的贡献便是“人人参与管理、个个从事经营”，这一理念彻底颠覆了中国传统的管理是“肉食者谋之”的观念。有很多时日未曾与吴先生探讨了，当我今天拜读吴先生的书和学习阳光100在实践之后悟出的诸多有见地、能“拨乱反正”的真知灼见时，我汗颜了。

中国企业的产品要逾越从制造到创造的大山，中国的老板要实现从老板到企业家的转换过程，必须向先进的管理思想学习、吸取人类优秀的思想精髓。稻盛的管理思想理念、德鲁克的管理思想、韦尔奇的企业管理理念都是我们要学习的。而吴先生这本实践稻盛先生管理思想、推行阿米巴经营模式之后写出的具有实操价值的书，我认为对于推崇稻盛先生思想的人，以及不只想做老板而致力于做企业家的人，值得一读。

海底捞餐饮有限责任公司董事长　张勇

序三 实践出真知

稻盛先生说："小企业就像脓包，一旦长大，就会破裂。"为了避免破裂，出路有两个：要么增加管理层级，要么增加管理复杂度，比如矩阵式管理。但即便如此，轰然倒下的企业还是屡见报端。就算那些幸存者，也面临着"一抓就死，一放就乱"的难题。

正当企业经营者为此而苦闷之时，阿米巴来到了中国，为此，阿米巴所最初受到的追捧，是可想而知的。有一位经营者跟我说："这太好了，既能调动基层积极性，又能管住下属不出乱子，我们决定全面推行阿米巴经营。"一年之后，再次见到这位经营者时，他似乎有意躲闪，不大愿意涉及这个话题，只在最后从牙缝里挤出了三句话："阿米巴，不是包产到户；阿米巴，不能包治百病；阿米巴，不能急于求成。"

后来我了解到，这位经营者是付出了很高的代价才明白这三句话的。其实，人们对阿米巴的误解，何止这三句话？若是有人能统计一下中国企业为导入阿米巴所付出的学费，那一定是一个天文数字。

幸运的是，当您拿到这本书的时候，您可以少走许多的弯路了。

在中国，阳光100是第一家全面导入阿米巴的企业，也是第一家收获了阿米巴果实的企业。这么说，并不意味着阳光100的阿米巴之旅就一帆风顺。作为第一个吃螃蟹的人，阳光100代我们将所有的弯路快速地探查了一遍。

在阳光100，与易小迪董事长一起设计和推行阿米巴经营体系的，正是本书作者吴影博士。

我初次见到吴影博士，是在2007年，当时我还在IBM做事，IBM与阳光100有项目合作，我因此有机会经常与他见面。他对传统中国文化以及当代西方思想的深刻洞察令我折服。于是在咨询项目合作之外，他成了我非常敬重的良师益友。当时，他即意识到了，按照流程制度进行精细化管理，如同先将猪切成肉块，再将肉块堆砌成一只猪的模样，其实，那已经不再是猪了，因为没有了猪的生命和灵魂。一个企业若是没有了人文精神，可能它的生命力也就到头了吧。

三年之后，吴影博士对于企业经营和管理的思考已经相当成熟。此时，稻盛思想与阿米巴经营模式终于来到了中国。毫无疑问，吴影博士及阳光100与稻盛思想和阿米巴一拍即合。作为旁观者，我见证了阳光100导入阿米巴的苦辣酸甜。我也经常有机会听到吴影博士分享他的种种感悟。

实践出真知。这本书所呈现出来的，只是吴影博士关于阿米巴经营和实践的一小部分思考成果。我们先弄明白阿米巴不是什么，先把各种岔路堵上，而在后续的著作中，吴影博士会相继与我们分享阿米巴到底是什么、怎样直达阿米巴核心。在“学习稻盛经营思想入门三部曲”之后，我们希望吴影博士与我们分享他更多的对于稻盛哲学的洞察和见解。

按照常理，似乎应该先讲稻盛哲学，然后才是阿米巴。其实，这正是吴影博士与我等学者的不同之处，他首先是实践者，然后才是思想者。

战略管理专家、独立学者　白立新

序四 长生久视、深根固柢之道

如何在中国的语境里，把阿米巴经营的精神诠释透彻，并且体现在每一员工的每一个工作现场？阳光100走在了中国企业的前边。

吴影博士学贯中西，而且走过了生命内化过程。他深知自己的天命，深知无限的玄思妙想，只有内化在企业经营的每一个当下，才是生命充盈活泼的根本路径。吴影博士用心血著作《阿米巴不是什么》，还原了阳光100从心起航，一步步探索生命企业的真实过程，涤除了许多关于阿米巴经营的贪念妄想，还原了阿米巴的实质：打造生命共同体，抱定生命精进的方向，在每一个地头上头拱地精益求精，活出活泼的大生命。

阳光100可以从心起航，只有吴影博士这个军师是不够的。学用阿米巴关键的还是企业领袖这一灵魂人物：阳光100董事长易小迪。

与同时在海南起家的潘石屹、冯仑等不同，易董不醉心于理念和说法，而是对员工一个个现场尽心尽力的凡人小事津津乐道。在那些地头上"现场神灵"降临的一刹那，呈现了生命哲学的精华。这其中，也反映了易董对现场和员工的敬畏心。易董是个内修的人，他几近达到了稻盛和夫的境界。他深知，哲学共享不能流于形式，也不是仅仅有彼岸思维就可以了，领导者还必须无私无为授权，建构生生不息的场域，给每一个生命精进的方向，让每个人都成为自发自动的经营者。这样，无论你做什么，称不称阿米巴，都能走在生命企业的阳光大道上。

我很共鸣共振。确实，在中国元素的场域中，“精神激发、道德驱动、地头发力”这三个点缺一不可。“提升心性，拓展经营”落地需要一系列节点。如果不提“地头发力”，就是没有出口，形不成一个圆的运动，就没有生命力。

稻盛和夫之所以伟大，不仅仅因为他白手起家创造两家世界500强企业，也不仅仅因为他只身拯救日航的壮举，他真正伟大的地方在于，他能够头拱地深度开发功能陶瓷，把握住了未来100年的方向，引领出下一代的新材料革命！他之所以能做到这一步，与他作为技术员出身关系很大。他是个工匠，于是发匠心匠魂愿，利他无为，应用阿米巴这种道术一体的组织形式，建构了一个冲和自然、生生不息的道场，在现时现地，付出不亚于任何人的努力，实现收益最大化，费用最小化。生命有没有醒觉，事上磨，成果见！

“是人不要管，用管不是人”。学用稻盛哲学与阿米巴，重在像稻盛和夫那样，存无守有，知雄守雌，知白守黑，知荣守辱，抱一为天下式，走上一条长生久视、深根固柢之道。

是为序。

管理专家和并购专家　王育琨

自序　阳光100学习阿米巴经营 做中国第一个吃螃蟹的企业

阳光100一直以来都是一个非常有理念的企业，易小迪总裁也是一个一直有着很高自我道德约束要求的人，因此阳光100也一直奉行着一种“思想先行”的理念，而不是像一般的中国房地产企业的那种规模利益先行或者不得不让灵魂去追赶脚步的经营方式。即便是如此，阳光100在推行阿米巴经营的时候还是遭遇了形形色色的困难，经历了许许多多的起伏挫折，因此我认为很值得总结出来与那些希望了解阿米巴经营到底是什么的广大中国企业家分享一下。

追踪溯源，阳光100自2002年以来，通过反反复复地进行企业机制变革，大约从2006年开始，比较明确地寻找一个作为企业应该学习的企业标杆。阳光100当时知道万科所确立的学习标杆是美国的帕尔迪公司。我们知道，帕尔迪公司确实是一家非常优秀的公司，然而易总感觉那还不是阳光100心目中的那个标杆，因此阳光100多年以来仍然一直在找寻心目中的那个标杆。终于，在2010年年初，阳光100找到了稻盛先生的阿米巴经营模式——作为企业良知应该追寻的标杆、一种思想楷模的标杆、超越业务模式的意义。

故事是这样发生的。首先让我们回溯到2007年，当时阳光100邀请IBM咨询管理团队来给我们做业务流程的优化与再造，当时那个项目是由我来负责的。在那个项目之中，我结识了IBM战略首席顾问白立新博士。

在公司的咨询项目结束之后，我与白立新博士的交情日深、从未间断。记得大约是2009年年底的时候，白立新博士向易总和我三次推荐《阿米巴经营》这本书。说句实话，易总与我本人当时并没有怎么在意。

在白立新博士的反复催促之下，我们感到有些不好意思了，于是在2010年1月5日左右让集团办公室购买了两本稻盛先生的《阿米巴经营》。买来之后，我和易总也没有真正地开始看。大约一周以后，好像是1月13日，易总因故取消了原定北京去大连的行程，因此得以抽空阅读《阿米巴经营》。这一看，不得了！我记得，易总看完这本书的前三章便于当天晚上10∶20给我打电话。因为易总从来不会在晚上9点以后还给我打电话，所以我很纳闷，到底公司发生了什么大事？

易总说："你赶快看一看《阿米巴经营》这本书吧！这就是我们一直要寻找的。"第二天下午，办公室让司机把书送到了我家里。于是接下来我大约用了周六、周日与周一的三个半天，彻彻底底地读完了《阿米巴经营》，并加注了大量批注，以至于后来更多批注在许多页边都没有地方可写，只能附加纸条。可以说这是我十五年以来真正能够看完的唯一一本所谓的"入世"的"闲书"。

记得之后的某天下午，关于稻盛思想与《阿米巴经营》，我与易总碰了个头，易总说："这就是我们要的，这就是我们一直寻找的标杆——通过做好人也能够做好企业、做成功的企业，这个思路打通了。"

做好人与做好企业

因为在此之前，像许多其他企业家一样，我们一直在困惑这样一个问题：做好人、坚持做好人的价值观与企业经营之间到底有没有关系？到底有什么关系？到底是不是像西方企业所认为的那样：工作就是工作，生活就是生活？真的是那样吗？难道西方那种工作与生活相分离的认知就是唯一的吗？因为经常有许多企业家质疑：做好人有什么用呢？做坏人，不择手段、坑蒙拐骗所做出来的企业不都很成功吗？做好人又有什么用呢？做好人能够把企业做成功吗？大家总会被如此告知：如何做人与如何做企业完全是两回事。

"做好人"一直是我们坚持的人生原则，当然这种人生原则也会或多或少间接地影响到企业的经营理念。然而"做好人"与"做好企业"在企业内部运营机制方面的直接逻辑关系到底是什么，其实我们一直没有找到满意的答案。我们也一直困惑于"做人"、"做好人"与"做企业"之间在企业运营方面的逻辑关系问题。如果是按照西方的企业运营理念，因为个人价值观纯属个人的事情，而企业运营是企业的事情，两者之间没有什么直接的关系，一个是属于after-work八小时以外的事情，一个则属于on-work八小时以内的事情，两者应该分开、分清，两者应该互不干涉。这就是一种西方企业管理思维的处理方式。

然而从稻盛思想中，我们看到了一种全新的企业经营逻辑，其实也就是符合东方传统思想的一种经营逻辑：企业经营与人生经营是可以一体的、是存在相互关联、相互关系的。"做好人"与"做好企业"、"做一个成功的企业"可以在经营逻辑与企业组织形态上发生关联。京瓷与KDDI其实就是这种经营理念的最好标杆。然而现在许多中国企业家学习稻盛思想和阿米巴经营模式的时候，往往都是冲着稻盛先生的两家世界500强"神话"来的（如果加上稻盛先生挽救日航的义举那就应该算三家世界500强了，那么这种"神话"可能在大家的头脑中至少又被放大了一倍）。然而阳光100学习稻盛思想与阿米巴经营模式的起点比较高，完全是基于"做好人也能够做好企业"这一被打通的逻辑标杆来的。阳光100从稻盛经营思想这里寻找到的是一个精神的标杆、思想的标杆、理念的标杆，而不仅仅是世界500强这种业绩果实的标杆。大家知道，稻盛先生是坚决反对成果主义思维的。对于我而言，稻盛先生所树立起来的这种逻辑标杆尤其重要。稻盛经营思想属于道的层次，阿米巴经营成果、世界500强属于术的层面，而连接"道"与"术"则需要中间的逻辑贯通。我在最初接触稻盛经营思想的时候就曾经有过这样一个认知：道明理通术精。"理通"

所指的就是“逻辑贯通”。我认为这六个字至今仍不过时。

其实在本质意义上讲，这种逻辑打通的标杆作用对于阳光 100 而言，是我们从稻盛思想中感触最深的，它使我们树立了一种坚定的信心、信念，而对其他方面的具体学习其实都是第二位的。如果说稻盛先生是系统而成功地使用东方传统思想进行现代企业经营的第一人，那么阳光 100 就愿意成为在中国践行稻盛阿米巴经营模式的第一个吃螃蟹的企业。无论经历多少困难或者挫折，阳光 100 坚信的标杆始终不会动摇。

说实话，稻盛先生对于中国企业能不能学习阿米巴经营模式、能不能真正学会阿米巴经营的本质，其实在心里还是画问号的。然而通过曹岫云老师的多次努力，阳光 100 易总的价值观理念手册被传送到了稻盛先生的手里。终于，阳光 100 的理念打动了稻盛先生。于是经过稻盛先生的首肯，阳光 100 开始在中国践行稻盛先生的阿米巴经营模式。据说当今中国企业界、咨询界有许多声称自己是第一个搞阿米巴的，但与经过稻盛先生首肯的阳光 100 相比也只能够称为野路子的或者山寨版的阿米巴吧。

阳光 100 的 UTF

“阿米巴”这个词汇是受到专利权保护的，不是能够随便拿过来在中国使用。因此阳光 100 践行阿米巴经营的组织形式并不叫做“阿米巴”，而是称之为 UTF。

阳光 100 的 UTF 到底是什么意思？关于 UTF，其实还有这样一个故事，实际上也与阳光 100 最初对阿米巴经营理解的误区与纠正有关。UTF 里面的“TF”是英文中的 Task Force 的缩写。阳光 100 最初给阿米巴小组所起的名字叫做 ITF，就是 Independent Task Force 的意思。因为我们最初把阿米巴小组理解为一种单纯的“分”的机制、独立的机制，是包产到户，所以强调 TF 应该是一种 Independent 的“独立体”，是一种组织分解之后得到的独立单体。

然而后来我们发现，“分”只是阿米巴经营的一种表面组织形式而已，其实打造“共同体”才是阿米巴经营在事维度方面的核心，稻盛经营思想的哲学共享、理念共有才是关键。而且往往当组织形式越强调分的时候，则越要求在理念与思维方式上能够走向共同的合。或者反过来讲，只有共同理念越合，才能够在组织运行效率方面做到越分。因此阳光100最初强调分的（Independent）ITF就被改为了我们现在一直使用的UTF一词，其中的“U”是United（联合）的意思。UTF就是United Task Force的缩写，属于“联合工作组”。我们当时还给UTF起了一个动听的中文名字叫做“优体福”，能够业绩“优”秀也可以“体”现出幸“福”的意思。

其实以上关于阿米巴小组名称改变的小故事也反映出阳光100在学习阿米巴经营模式过程之中思想与认识的转变过程，也就是阳光100在学习稻盛思想与阿米巴经营模式的过程中一直在不断修正自己对稻盛思想认知与理解的一种体现。

许多人总是习惯这样讲，所谓“条条大路通罗马”，其实这只是一种在以水平道路通向某种目的地的逻辑。然而在思想真正向高层级提升的时候却不是这样的逻辑，根本不是“条条大路通罗马”那么简单。向上提升的逻辑往往是“只有一条大路通罗马”的情况，也就是“自古华山一条路”的逻辑。正确的道路或许只有一条，而错误的道路却有千条万条。

也就是说，越是向正确的方向上提升，正确的道路实际上往往越来越狭窄。你如果走偏了一点，就会犯方向的错误，失之毫厘差之千里。稻盛思想从“作为人何谓正确”起步，是对人生价值观的纠正，是一种方向量，而且是向上的方向量。比如稻盛经营思想讲的“提高心性拓展经营”，讲的经营企业与经营人生甚至与人生修行相结合，都是通过工作实现提升人生价值与品德的方法。因此学习稻盛经营思想必是一条向上垂直攀登的道路，而不是“条条大路通罗马”的通途。向上攀登、垂直向上攀登是“自古华山一条路”的原理，也就是“一夫当关万夫莫开”的道理，往往还是“一关过不去，关关过不去”。其实这才是一种人生修炼，如果遇到向上攀登的难关，其实无论如何也绕不过去，绞尽脑汁也回避不了，否则就无法得到提升，无法真正做到“提高心性”。

然而即便是阳光100这样有理念的企业，有像易总这样有价值观和品德修养的企业老板在掌舵，学习阿米巴经营的进程中还是会发生许多各式各样的错误、误区与歧途。因为大家习以为常的企业运营的管理思维对于我们学习稻盛经营思想和阿米巴经营模式的干扰确实是太大了，即便我们已经从表面思想理解上意识到了这些问题，许多干扰仍然无法避免。稻盛思想属于一种东方式的“经营思想”，而不是西方传统的企业“管理思想”。学习稻盛思想，我们需要学习的是一种经营思维而不是管理思维。然而在大家思想深层的“管理思维”还是会不停地冒出来，会采取各种方式来干扰阿米巴经营机制的设计与实施。这种“管理”的“惯性思维”往往一时很难意识到，无论是在事先还是在事中。往往是在摔了许多跟头以后，经过反反复复的反思才能够真正地意识到。

阳光100已经进行过许多尝试，设计过许多阿米巴经营方案的版本，遭遇过许多挫折与员工反对，也经历了许多能人“人才”的流失，然而易总坚定目标的决心却始终没有发生过动摇。

自己的跟头自己摔

我在许多场合讲过，学习阿米巴经营，如果阳光100一上来就成功了，其实可能反而对于中国其他企业学习阿米巴经营没有多少价值。阳光100犯过许多错误，其实这些错误才是真正有价值的经验。向上提升的正确道路可能只有一条，那么阳光100每犯一个错误，实际上就等于给其他企业堵住了可能再犯同样错误的道路。当然这也是我写作本书最主要的初衷。让阳光100曾经犯过的错误有价值，让负向错误能够创造正面价值。或许大家从错误中学到的经验比从成功中学到的经验更加深刻、更有教育意义。在企业经营实战中所犯的错误是需要付出高额代价的，甚至会关系到企业的兴衰与存亡。因此并不是任何一个企业摔了跟头以后都还可以轻轻松松爬起来再往前走。

我通过本书总结阳光100在学习阿米巴经营的实践过程中的经验教训，就是希望其他中国企业在学习阿米巴经营的时候可以尽量少犯错误。因此，本书之所以叫做“阿米巴不是什么”，就是想尽量帮大家堵上那些常规犯的错误、犯初级错误的可能性，希望大家少走一些弯路。那些我们已经犯过的错误，大家最好就不要再犯了。本书中给大家分析的关于理解阿米巴的误区，并不是我坐在家里凭空想出来的，而是我们阳光100这两年多来在践行阿米巴经营的过程中所真正经历的。

当然这只是我的初衷，即希望后来者少犯错误。然而事实上，即便是提醒过企业家许多次，有些错误恐怕企业家自己不犯一遍，跟头不自己摔一遍，无论是你事前如何告诫、怎样提醒，其实仍然没有办法彻底避免。因为没有真正经历过阿米巴经营在自己企业内部的推进与设计，有些问题我们无论怎么说，企业家实际上并没有真正地听明白，根本还听不懂。如果还没有真正地身处其境，其实有些问题怎么说都是没有用的，说了也等于白说。就像小孩子学走路一样，不摔几个跟头，哪能够学得会呢?

比如，当今中国大陆的所有企业家其实都习惯使用管理思维来思考问题、来管理企业运作。如果真的不再允许使用管理思维来思考问题的话，那么恐怕一上来中国企业家就根本不知道应该如何思考问题。我们讲，稻盛先生关于企业运作的思想是一种经营思想而不是管理思维，那么中国企业家在学习稻盛经营思想的时候虽然可以嘴上讲一讲经营、讲一讲经营模式，但是实际上仍然使用着一种管理思维的延续方式在思考所有问题。也就是说，企业家头脑中的这种管理思维确实是非常根深蒂固的，因为这种思维非常符合现代人以自我利益为中心的欲望思维，符合人的私欲观点，所以这种管理思维在运作企业的时候就会自然而生。因此关于管理思维的层层干扰，企业家如果不把阿米巴经营推进到一定深度，是绝对意识不到的。也就是现在无论我们怎么给中国企业家讲，其实大家都只能在表面认知上了解一下阿米巴经营而已，我们并不能把这些认识真正地给大家打到思维方式发生转变的层次上去。

因此在中国企业家学习阿米巴经营的时候，有些跟头还得大家自己摔，因为或许每摔一个跟头才能够突破一层管理思维的干扰、剥离一层利益思想的封闭，达到更高层级对稻盛经营思想的理解与认识。如果出于这样的考虑，那么就让本书成为大家摔跟头的参考手册吧。跟头总是要自己摔的，有这样一本摔跟头参考书，那么跟头或许就不会摔得惶恐，因为每摔完一个跟头，就可以对照一下本书，发现自己的跟头摔得是否正常？就可以判断一下所摔的跟头到底是不是那些应该摔的。我们讲，表面上大家是在摔跟头，其实却是在提高心性。大家每摔一个跟头，或许还可以对照本书画上一个勾、做一个标记。说不定您的企业还能够真的摔出一个什么新花样的跟头，摔出一个很高的附加价值。

阳光100作为学习阿米巴经营第一个吃螃蟹的中国企业，我们所有的跟头都摔得很有价值。虽然我们阳光100做阿米巴还不能够说已经做得如何成功，然而做到今天，就像喝茶一样，我们已经喝出点味儿来了。因此我把阳光100过往的经验教训给大家总结一下，拿出来与有兴致了解阿米巴经营到底是什么的广大中国企业家分享。当然这也应该是有前提条件的，那就是，如果您也对稻盛经营思想感兴趣的话。

最后还需要给大家强调一点，本书的所有内容都是我根据自己对稻盛思想的理解、并针对过去两年多的经历特别是阳光100的经验所进行的反思，应该说是一本具有中国企业实践特色的对阿米巴经营进行反省与思考的书。必须说明，这仅仅是我的反思，并不强迫中国企业在阿米巴经营实践之中必须如何如何。我这本书并不代表标准答案，而只是一本参考手册而已，并不想强加于人。我的基本理念就是，使阳光100曾经犯过的错误可以发挥出正面价值来，这也可以算作是一种“提高心性”吧。因为敢于剖析自己，才是“提高心性”的真正起步。

第一章

学习稻盛经营思想的误区

1. 发心不正学习稻盛　一知半解行阿米巴

学习稻盛思想的动机错位往往是企业家容易陷入的第一个误区，甚至可以看做是关于学习阿米巴经营一切误区的出发点，是由企业家思考问题的思想原点所直接决定的一种根本误区。实际上这就是阳光100一开始得以跳过这样一个最最根本的误区而深入思考稻盛思想与阿米巴经营模式并区别于其他企业的高起点所在。因为阳光100是出于“做好人也能够做好企业”这样一个心灵标杆逻辑而学习稻盛思想的，因此并不存在这样一个最本质的误区。然而在中国各地盛和塾的企业家环境里面，这种学习稻盛思想在动机误区方面的各色表现已经司空见惯。换句话讲，企业家学习稻盛思想的动机是稻盛先生已经成就的两家世界500强京瓷和KDDI，还有正在发生的挽救日航的奇迹。

为了学习如何成为世界500强，为了使自己的企业也能够成为世界500强中的一员，而且最好是能够非常快速地成为一家世界500强的企业，这才是他们真正的学习动机。大家都希望能够从稻盛思想中学到某种绝招或者找到某种成功捷径，也就是拿到一张500强俱乐部的门票。这往往是中国企业家走入稻盛经营思想学习俱乐部的初衷，一种愿望的初始状态。这就是绝大多数中国企业家在学习稻盛经营思想动机方面最容易犯的错误，也就是带着一种强烈的利己之心来学习稻盛思想，把稻盛经营思想当做满足企业家自己私利目标的一种手段。当然像阳光100那样出于对稻盛经营思想认同的企业家还是有的，在盛和塾的初始环境中也还是有的，而且为数不少。然而在更大的中国企业界的环境范围之中，因为听说稻盛先生的经营神话、出于物质利益动机而来的那些中国企业家可能还是绝大多数。

当然，无论是带着怎样的动机走入学习稻盛经营思想的队伍中来，一旦走入这个环境之中，那么大家的思想就不可能一成不变，因为传播稻盛企业思想的环境是熔炉、是道场，可以改变人，改变企业家的思想。大家所带动机的区别，其实也只不过是一种大家在表面上的分化而已，而在深层的使用管理思维思考问题的方式上，其实并没有多少本质性的区别。因为稻盛思想具有在企业家思维的深层改变其企业经营理念的作用与能量，所以表面上的动机区分实际上还不能够起决定作用。事实上，接受还是不接受稻盛思想才是关键，才是一个更重要的区分中国企业家价值观的筛子。

如果大家是因为看到了稻盛先生已经成就的两家世界500强而来学习稻盛思想的话，就属于一种果逻辑。大家看到的那两家或者三家世界500强的成就实际上属于稻盛经营思想的一种成果而已，不是真正的原因。大多数中国企业家都是冲着500强的这个果而来的，也都想成就一家属于自己的世界500强企业。稻盛先生是最反对成果主义的，然而中国企业家恰恰就是带着成果主义思维而来的。在具体的表现上可能就更加直接，那就是中国企业家往往不是冲着学习稻盛思想来的，而是直接冲着学习阿米巴经营来的。

我在给中国各地盛和塾企业家讲解稻盛经营思想的时候，会首先给大家提出一个关于学习稻盛思想方面的动机的问题或者叫做良知的拷问：

- 您到底是因为稻盛先生成就的两家世界500强而来学习的呢，还是因为认同稻盛先生提出的“作为人何谓正确”的企业经营哲学的原点来学习的呢？

因思维与果思维

许多企业家可能还不能够真正深刻地认识到这个关于良知动机拷问的真正意义所在。因为出于成就世界500强的目的来学习稻盛思想的那些思维属于一种果思维、果逻辑，而出于认同“作为人何谓正确”的目的学习稻盛思想则属于一种因思维、因逻辑。其实稻盛思想本身是一种注重原因的思维方式，因为稻盛思想具有一种典型的佛家思维方式。比如大家可能听说过所谓的“菩萨重因世人重果”或者“菩萨畏因凡夫怕果”的说法，在学习稻盛思想的时候，这个关注因或是关注果的思想差异是一定会彰显出来的。凡是带着自我利益之心而来学习稻盛思想的，其实都是冲着物质果实和世界500强的成就而来的。要不然大家来干什么来呢？大多数企业家会这么想问题。

就像当年有许多人试图总结京瓷公司成功的原因那样，归结于正确的战略、先进的技术、符合社会发展的潮流顺势而为等等。其实这些所谓的原因都属于一种成果逻辑，都是在成果主义逻辑的圈圈里打转转、找原因。然而稻盛先生会回答说，这些“都不是”。根本的原因，稻盛先生自己认可的真正的因就是“因为有京瓷哲学”。稻盛先生认为，如果能够在真正的因的方面下工夫的话，那么事物的成果，包括企业的利润成果或者世界500强的业绩成就，其实都是自然而来的果实，不必刻意追求。告诉大家，稻盛思想绝不是教大家如何“顺势而为”地投机取巧，而是提高心性地“逆势攀登”。“提高心性”的机制其实是“逆水行舟不进则退”的道理。

因此，当今中国企业家学习稻盛思想的最大障碍就在于头脑之中固有的思维方式。因为大家一直在使用一种“果逻辑”的方式思考问题、使用管理思维思考企业经营是什么，而稻盛先生使用的却是一种超越世俗、超越简单利益的关于“因逻辑”的思考方式，使用一种经营性思维，也就是菩萨重因的逻辑在思考问题。因此，如果中国企业家不能够彻底地改变自己的思维模式的话，那么即便是学习稻盛思想，其实有些问题也是永远都想不明白的。读者或许阅读完本书的第五章“理解稻盛经营思想的三把尺子”的内容之后，对我关于思维模式方面的论述，也就是关于“果思维”与“因思维”的差别方面的认识，才会有更加深刻的感觉。

如果企业家使用的仍然是一种原本自我所固有的那种思维方式学习稻盛思想，而稻盛先生使用的却是另外一种思维方式来阐述思想的话，那么我们又怎么能够真正学到稻盛思想呢？又怎么能够学到稻盛经营思想的本质与灵魂呢？就像把中文当做了日文、把法文当做了英文来学一样，一定会贻笑大方的。

关于“因思维”与“果思维”的区别，不妨再给大家举一个比较形象的例子，可能会更加有效地把问题说清楚。大家知道，我们在日常生活中都习惯使用十进制的方式进行数字计算，然而计算机系统使用的却是二进制系统，二进制之中的10实际上就相当于十进制之中的2。这两种进制所表述的数字意义完全不同，是不能够混合在一起使用的。二进制就是二进制，十进制就是十进制，意义完全不一样。其实，“因逻辑”、“因思维”与“果逻辑”、“果思维”的差别也是这样的。中国企业家的利己管理思维与稻盛先生利他经营思维的差别也可以如此类比。如果中国企业家还带着原本的那种“果思维”来学习稻盛思想的话，那么完全是学不通，也学不会的。学不会的原因其实并不在于稻盛思想是否适合于中国企业，而是企业家的自我思维方式一直在阻碍着自己。

比如，中国企业家非常熟悉的绩效考核、计件提成、奖惩方式、淘汰机制等，其实都属于“果逻辑”、“果思维”。一些学习了稻盛思想的中国企业家，即使已经把自己的企业目的改成了“为了员工物质与精神两方面的幸福”，但在思维方式上仍然还是局限在“果思维”、“果逻辑”里面打转转，放弃对“果”的关注仍然是有些心不甘、情不愿，放弃不了，并没有真正地把形式变更之后的企业追求上升到或者转化到真正的“因逻辑”、“因思维”上面来，并没有把企业的大义名分看做是推动企业持久发展的动力与动力源头，仍然把员工幸福看做是在分食企业老板利益，只不过是不得已而瓜分出去的成果，仍然属于“果思维”。

稻盛思想所遵循的是一种“因思维”、“因逻辑”，包括作为经营哲学原点的“作为人何谓正确”的准则，也包括成功方程式的三项，包括在工作过程中“付出不亚于任何人的努力”等原则，其实都属于“因逻辑”。还有稻盛先生提倡的实力主义、会计原则甚至阿米巴经营手法实际上都属于“因逻辑”、“因思维”所派生出来的，是为了能够及时找出问题的原因，随后再进行时时改进。

事物的本质与人类的本性

看问题必须看到因，才能够真正地在根本上解决问题，而不是仅仅围绕着问题的末枝来解决问题。所谓的“根本”又是什么呢？稻盛先生指出，那就是要找到“事物的本质”与“人类的本性”，也就是“本质”与“本性”，皆是“本”也，是“根本”。

稻盛先生并非商学院科班出身，却把世界500强规模的企业运营得井井有条、成功非凡，就是因为稻盛先生抓到了“事之本质”与“人之本性”。那为什么正牌商学院的方法反而有时却出了问题呢？这些问题又出在哪里呢？

暂且先不谈关于企业运营的利己利益基点问题，我们先从逻辑方面讲起，至少有这样一个原因。商学院的许多理论或者方法在当初被创造出来的时候还是很有思想、很有实际效果的，然而在思想被作为知识一代一代地传承下来之后，往往真正的思想内涵已经丢失了，传下来的只是一种表面知识而已。因为思想的力量已经消失了，按照边际效益的原理，理论效果或者有效能量已经趋零了，因此也就很难再发挥作用了。

还有一个原因，许多思想派别其实是不能简单地被堆放在一起的，如果非搁在一起，那一定会互相矛盾。其实学习稻盛思想也是如此，因为稻盛经营思想属于一个完整的独立思想体系，是一种基于“因思维”而建立起来的企业经营体系，是不能与基于“果思维”而建立起来的管理思维做简单加法的。因此那些抱着管理思维来学习稻盛经营理念而又不愿意转变自我思想与思维模式的企业家，其最终注定什么也学不会。

2. 视阿米巴包治百病　救企业疾立竿见影

以“果思维”为核心理念的企业在学习稻盛思想的时候可以说是雄心勃勃，希望未来能够成为世界500强俱乐部之中的成员。当然让企业拥有远大的目标是没有任何问题的。稻盛先生之所以讲“企业为什么需要哲学”，终极目标就是要成就一家伟大的企业。否则，只想做一家平庸的企业，需不需要哲学其实是无所谓的。就像郊游去爬北京香山一样，穿着旅游鞋去也就可以了；但是想去攀登珠穆朗玛峰，那就需要有专业的登山装备。企业哲学其实就是成就伟大企业向高峰攀登所必备的登山装备。

虽然拥有成就一个伟大企业的抱负，然而前一类企业家的主要思想误区往往局限于一种成果主义的思维逻辑来思考问题，也就是直接冲着那个成就世界500强的目标来的，却忽略了成就那个成果到底应该为了谁，也就是为了什么而成就伟大企业。其实那才是做企业更加根本的问题，往往也是决定一个企业最终能否成功，成功之后到底能够走多远的问题。实际上这是一种原因逻辑方面的问题（是“因逻辑”而不是“果逻辑”问题）——到底是为了老板自己的利益而成就伟大企业，还是为了成就他人的幸福而成就伟大企业？

另外，在这里给大家提示一下：稻盛思想具有非常典型的东方思维的特征，稻盛思想属于一种间接逻辑、“因逻辑”，而不是一种一上来就冲着成果主义来的作为直接逻辑的“果逻辑”。要想真正把稻盛思想学到家，大家就必须学会稻盛先生的思维方式，而不是仅仅学习一种经营手法或者管理知识。脱离稻盛经营思想，阿米巴经营手法是根本学不到，也不可能学会的。大家希望学习的是稻盛经营思想，而不是稻盛经营知识，那么就必须先学会稻盛先生是如何思想、如何思考问题的。我经常打这样一个比方：大家千万不要不学原理原则，一上来就拿着练习题、应用题问我这道题怎么做、那道题怎么做。其实大家所犯的学习错误就是如此。

显然前一类公司的最大问题就在于，虽然企业目标是有的，但只不过是为了满足企业老板自己的愿望而已，或者叫做满足自己的欲望而已。他们经营企业的目标就是为了成就自己、满足自己，属于一种个人思维方式，而且这种思维方式一直都局限在一种成果主义的逻辑范畴之中。这种利己企业存在的最大问题就是企业目标不能有效传递能量，因此企业团队与员工的激情也就不可能被点燃。因为成果逻辑已经到了果的程度、到了终点，也就不再具有可以作为重新点燃的新起点的属性了，当然就不可能再往下传导能量。目的是谁的，动力就是谁的。既然目标只是企业老板自己的，不能够与他人分享，那这种目标动力或者能量能够点燃的就只能是企业老板自己而已。

接下来我再给大家讲一讲在学习稻盛经营思想之中所出现的第二类企业家的一些基本特征。这类企业家并没有像第一类企业家那样拥有追求成就世界500强那么大的雄心与梦想，这类企业属于当下就生存在困局之中的企业，企业当下的日子不太好过甚至根本就不知道怎么往下过，属于“人无远虑必有近忧”的那一类企业。其中的一些企业根本就没有能力解决基本温饱问题，或者刚刚解决了基本温饱却又遇到了企业进一步发展的管理障碍与瓶颈。

阿米巴不是救命稻草

关于管理的困局，比如刚刚遭遇了各种企业管理变革的多次失败，于是一听说稻盛先生的阿米巴经营模式有如此神奇的效果，可以起死回生，因此也来试一把。这完全属于企业有病乱投医，权且死马当活马医，管它是什么方法呢！带着这种目的或心理来的企业家，不过是把阿米巴经营当做解脱企业当前困局的最后一根稻草而已。至于阿米巴经营是什么、稻盛经营思想是什么，一概不知，完全是一种盲目学习状态，可能连一本稻盛先生的著作都还没有看过，根本不知道来到这里需要学习什么，也没有任何精神准备，无论是知识的、心理的还是思想的准备。这其中可能还夹杂着另外一种情况，就是企业管理那一套没有学好、没有学会，所以跑来学习稻盛经营思想。就像考大学的学生一样，并不是因为喜欢学习文科，而是因为考不上理科才学习文科。学习稻盛经营思想也有这样的，因为学不会管理而来学习经营。

对于这类企业，阿米巴经营似乎被认为是可以包治企业百病的万能药方，是万精油、大力丸、还魂丹。其实只是把阿米巴经营当做一种可以从稻盛经营思想体系之中拿出来独立使用的管理手法而已，一种容易学习的软管理知识，还不用多花钱。也就是把阿米巴经营当做一种可以与大家头脑之中原本的管理思想做简单加法的手段而已。

我一直讲，阿米巴不是万能的，而真正有能量、起作用的其实是稻盛先生的经营哲学与经营理念，而不是阿米巴经营手法。即便是稻盛先生自己在挽救日航的时候，也是先使用了一年时间导入经营哲学与经营理念让大家见证思想的力量，而不是直接一上来就导入阿米巴经营模式。其实在真正学习了稻盛先生的经营哲学与理念之后，你会发现，阿米巴经营模式只是一种可用可不用的手法而已，并不是企业成功的关键。稻盛先生是讲“经营需要哲学”，而不是讲“经营需要阿米巴”。阿米巴对于企业经营而言，对于学习了稻盛经营哲学与经营理念的企业而言是一种“锦上添花”、“肉上添膘”，而不是在企业面临危亡时、在还没有掌握任何稻盛经营思想的条件下的“雪中送炭”。阿米巴经营并不是解救企业当前困局的速效救心丸。

阿米巴不是赶时髦

还有一种现象，来听阿米巴就像来听听热闹，像赶一个时髦、赶一个潮流，似乎“阿米巴”这个词汇最近变得很时髦一样。如果哪位企业家不知道阿米巴是什么，好像就已经 out 了。因此不仅要来探听一下，而且开口闭口还都说自己的企业已经阿米巴了，其实可能连阿米巴到底是什么都没有搞清楚。据说现在打着阿米巴旗号在广东做咨询的公司就非常多。

我曾经有一个六不讲的原则，其中有一条对于一些受众对象，我是不会去给他们讲阿米巴的，比如国企或者所谓的职业经理人受众群。我更愿意面对的是中小企业的老板们，因为通过改变中小企业老板们的思想，可以彻底改变的是一个企业，而所谓的改变职业经理人群，其实只不过是改变少数几个人的思想而已。阿米巴经营思想所追寻的是一种团队逻辑的境界而不是个人逻辑，仅仅使个人转变而不能够引起团队的改变是绝对不够的。

2010 年 1 月 9 日，我在参加稻盛先生中文版《活法》发行 50 万册北京庆典的时候，有一位 85 后姑娘的发言确实很让人感动。对于在中国这个物欲横流的社会，对于那些缺乏精神信仰的人们而言，大家如果能够静下心来阅读一下稻盛先生的《活法》系列书籍，修正一下自己的人生观、劳动观、价值观、世界观甚至宇宙观，确实是十分必要的，不但能够做好人，而且还能够成就一个好企业。这就是稻盛认识哲学、稻盛经营哲学的力量。然而对于阿米巴经营而言，完全是另外一回事，未必需要人人都来学习、都来掌握。

在 2012 年重庆论坛的前夕，有一位朋友的孩子暑期从加拿大回国找我要重庆论坛的参会票，希望能够亲自去听一听稻盛先生的讲座，我手里恰好还有一张票就给了她。当今许多年轻人对于稻盛先生的企业经营思想非常感兴趣，这当然是一件好事，尤其在走入企业工作之前接触一下稻盛经营思想更是一件好事。

然而我想给大家讲的问题，是票友心理的问题，也就是那些非专门经营企业、只是作为一种业余爱好而学习阿米巴经营的问题。我前面提到的那个学生就属于这种情况，每次稻盛论坛讲座挤进来的那几百个媒体人实际上也属于抱着票友心理来了解稻盛经营思想的票友。

其实，这种票友心理还包括学术界那些所谓做稻盛经营思想研究的学者们。对于企业运营而言，这些其实都属于一种非职业的票友文化情况。因为稻盛思想所遵循的是一种中华思想的“知行合一”传统。所谓知，就是对经营思想的认知；所谓行，就是对企业运营活动的实践。稻盛先生所讲“提高心性拓展经营”，其实就有“知行合一”的含义。

如果你不是运行企业的，或者说你不是企业运行的掌舵人，那你就不可能有真正发自内心的需求，你就无法体验到那种在欲望与恐慌之间挣扎的心理状态。仅仅作为一种纯粹的学术研究，其实研究阿米巴经营是不可能有多大实际意义的，而且稻盛先生关于阿米巴经营所讲的许多问题，你根本就无法理解。即便你自认为已经都看懂了，但许多涉及企业实践的问题，其实还是没有理解。别说那些不运营企业的学者了，就是那些真正运营企业的企业家，那些真心认同、接受稻盛思想、学习阿米巴经营的企业家，当自己企业的阿米巴实践还没有推进到一定深度的时候，稻盛先生的有些教导其实是反应不过来的。《阿米巴经营》这本书无论大家事先看过多少遍，其实差不多等于白看。如果大家没有经历过企业每日经营的处境，就根本不知道《阿米巴经营》到底在说什么。只有当企业实践真正遇到那些问题的时候，当自己的企业在经营实践之中摔了跟头的时候，回过头来再看一看《阿米巴经营》这本书，或许才能够回过味儿来，“噢，原来稻盛先生早就讲过了”。

记得胡适先生曾经写过这样一首诗——《梦与诗》，孟庭苇曾经演唱过，曲子也很好听。诗中是这样写的：“醉过才知酒浓，爱过才知情重；你不能做我的诗，正如我不能做你的梦。”其实阿米巴经营也是如此，不是做企业运营的人，无论是学生还是学者，因为你没有喝过企业这杯酒、这杯茶，有些东西是永远也搞不明白、永远也意识不到的，因此也就永远不可能真正体验到阿米巴经营的味道，充其量只是一种票友的陶醉而已。应该说，阳光100经过两年多的企业阿米巴实践，现在才品出了一些阿米巴经营的真正味道。

3．管理思维始终不改　阿米巴做表面文章

带着管理思维学习阿米巴经营，这是真心学习稻盛经营思想的企业家始终都无法绕过的一个障碍，也是不易逾越的一个障碍。其实这也是成果主义“果思维”所呈现的一种必然干扰。另外，这种思维干扰往往又是以企业家事先无法意识到的方式出现，因此对于那些还没有践行过稻盛思想特别是还没有经历过阿米巴运营的企业家而言，这些关于管理思维的惯性干扰的问题，其实无论我们事先怎么说、怎么强调、怎么反复提醒，企业家实际上始终是无法真正理解，也根本就意识不到。所以说，管理思维，就是实行阿米巴经营的意识不到的最大思维障碍。因为大家在学习阿米巴经营的时候，自身的思维方式还没有发生根本改变，还只是把阿米巴经营当做一种时髦的管理知识来学习。

因此，就有必要多次给企业家指出“意识到的”管理思维与“意识不到的”管理思维的各种干扰。对于那些在观念上根本就不能够接受或者根本就不认同稻盛经营思想的企业家、那些直接抱着“果思维”而来的企业家而言，他们的管理思维或者管理意识是直白的、直接显露在外的。当然，真正的管理模式如果能够做到的话，其实也是一种非常好的企业运作方式，而且是一种非常有效的方法。即使提倡稻盛经营思想，我们也并不

反对西方的管理思维，比如德鲁克先生的管理思想。然而十分不幸的是，那些满嘴谈论着“管理！管理!”的中国企业家，其实并没有将真正的管理思想学到家，只不过是按照自己想当然的江湖管理方法在管理自己的企业而已。

德鲁克 or 稻盛?

当我们传播稻盛经营思想的时候，许多中国企业家会提出这样的问题：我们现在是应该学习德鲁克的管理思想，还是应该学习稻盛先生的经营思想?

每当企业家提出这一问题的时候，其实所反映出来的都是把稻盛经营思想与西方管理思想完全对立起来的一种观念。而且这只是在初级层次上的一种认识而已，无论是对于管理思想或者是稻盛经营思想而言，其实都是非常肤浅的认识。如果能够真正地站在深层次上认识，大家会发现，稻盛经营思想与西方管理思维其实并不是相互对立的，而是完全可以相互补充的，只不过一般企业家还达不到那样的认识深度。

西方管理思想本身属于一个独立完整的思想体系，而稻盛经营思想则属于另外一套关于企业运营的完整思想体系，具有浓厚的东方传统思想。两种思想背后的那些逻辑是会矛盾的，因此不能够在表面层次上简单的做减法（或者做相互对立式的比较）。然而从两位大师的深层思维上讲，两者是可以互补的，甚至还存在着某些相通之处，比如都是关注有效组织的。

传播稻盛经营思想只是我的一种义务行为，因此并不想强迫中国企业家学习。中国企业家到底是愿意学习稻盛经营思想还是希望学习德鲁克管理思想，其实都是企业家自己的选择。感觉自己的企业在现阶段对哪种思想有需求、自己也有相关的学习愿望，那么就选择学习哪一种。只要能够真正地学到位、学到家，其实哪一个都有效、都实用。就怕哪一种都没有学到位，都学个半瓶子醋，再往一起勾兑，那可就真的坏事了。将稻盛思想与德鲁克思想对立起来的观点本身就是哪一种思想都没有学到位的表现。

其实在建议企业是否适合学习阿米巴经营的时候，我首先需要看一看这个企业的管理水平到底达到什么样的程度。如果企业的管理水平还处于初级层次，我并不建议做阿米巴经营。比如一听说阳光100这个房地产企业能够做阿米巴，于是中国许多房地产企业也来了兴趣，甚至稻盛思想传播者也希望一下子把推广活动打到中国房地产行业中去。

对于这种情况，我的基本态度是，大家不要急，欲速则不达，不能一蹴而就。大家只知道阳光100这个房地产企业今天在学习阿米巴经营。然而阳光100之所以今天能够学习稻盛先生的阿米巴经营，其实除了阳光100有理念、有思想，还因为阳光100已经打下了一些必要的基础，实际上也都与管理机制的建立有关。大家切记不要只“知其然而不知其所以然”地盲目跟风，那是非常危险的。

阳光100的四步台阶

中国做房地产行业的老板们都应该知道，虽然两次宏观调控、行业洗牌之后有所改变，但中国房地产仍然属于一种以项目机制为主导的行业。这种房地产项目主导开发制往往表现为，只要有一两次项目开发的机会就能够塑造表面上光鲜的成功，然而在表面成功之后，这种一张皮式的企业其实并不一定有长远的企业思维或者事业思维。基于这种房地产行业项目制思维的出发点，阳光100在引入阿米巴经营模式之前，实际上已经走过了三步台阶，我总结如下：

第一步台阶，**项目企业化**，也就是通过做房地产各地具体项目来做阳光100这个企业。其实阳光100这个名称最开始都是来自于北京项目的名称。关于“通过做项目而做企业”这一逻辑，其实与阿米巴经营“通过做小而做大”的逻辑完全相通。关于阿米巴经营“通过做小而做大”的逻辑，我在后面还会给大家多次提到，特别是在本书第四章中，我将为大家着重阐述。

第二步台阶，**企业管理化**，就是建立一种可以统率全局、异地多项目同时开发的集团化管理机制。这一步其实与阳光 100 积极主动地走向全国二线城市的战略布局是同步发生的。然而第二步也是许多房地产企业最难跨越的障碍，因为许多房地产集团公司都属于“伪集团”。

第三步台阶，**管理流程化**，这一步阳光 100 是请 IBM 管理咨询团队来给做的，这也是我与白立新博士结缘的时期。然而完成了这一步之后，易总发现，流程做完了，但并没有像想象的那样发挥作用。于是那个时候，易总就给我提出了一个新要求。易总说：“不是流程的问题。需要解决的是关于机制的问题；只有解决了机制的问题才能够真正地调动人，才能够从根本上解决人的问题。”我在盛和塾讲座的时候经常使用这样的比喻：管理流程就像车、就像奔驰车，然而仅仅有车并不够，还需要有油、有动力。结合那些年做流程时候的比喻：在房地产项目制时代，大家开的都是越野车，没有往高速公路上开，没有交通规则，也没有红绿灯，想怎么开就怎么开。当管理制度、业务流程建立起来之后，大家就需要往高速公路上开了，往轨道上开，需要遵守交通规则，需要守规矩。

我们阳光 100 是在这样的背景之下才找到稻盛思想、找到阿米巴经营模式的。因此践行阿米巴经营其实是我们阳光 100 接着走下来的第四步台阶。我把这一步称为流程动力化。稻盛思想、阿米巴模式其实给企业解决的是一种动力问题，提供了一种企业可以持续发展的动力。结合前面的比喻，企业发展不仅需要找到车，还需要找到油。有了奔驰车如果没有油的话，那还不如不烧油的牛车呢！阳光 100 范小冲范总曾经做过这样的比喻：如果以往的企业管理流程是开蒸汽火车的话——火车跑得快全靠车头带，那么阿米巴小组经营就像动车结构，每一节都有动力。

因此，阳光 100 作为一个房地产企业之所以能够在企业发展的第四步走入学习阿米巴经营的行列，是因为已经先行走过了前三步，现已经走到了第四步，即动力需求的阶段。这四步发展，我们可以概括地表述为：

第一步，项目企业化；

第二步，企业管理化；

第三步，管理流程化；

第四步，流程动力化。

对于那些根本还没有走过前三步的中国房地产企业而言，一上来就想学习阿米巴经营模式，即便仅仅是从一种管理的思路上来讲，也绝对是跳步了。这种跳步的企业还没有做好管理基础的准备，更不要说实现阿米巴经营之前的经营哲学准备与经营理念准备了。

求“大”之误

所谓的企业还没有准备好，实际上那就是企业还缺乏一种真正的业务需求与动力要求。我原来的那个六不讲原则，其中之一就是大企业，我是不愿意讲的，因为所谓的大企业往往是物质规模上的“大”。在中国当今这个物欲横流的时代，所谓的大企业或者成功企业往往容易被物质力量所驱动、所淹没，因此往往会忽视精神良知力量的作用与意义。

其实即便是在日本，稻盛经营思想也不属于大企业界的主流模式。真正愿意学习稻盛经营思想的往往以中小企业为主。那么为什么是中小企业呢？稻盛先生讲，中小企业因为缺乏资金，资源有限，既买不起先进的技术，也不可能雇得起有顶级能力的人才，企业所拥有的财富就只有企业员工在一起创业打拼的人心。那么，开发并点燃员工的人心使之成为中小企业走向成功的唯一法宝，靠的是努力而不是能力。“能力”是少数人的财富，“努力”是人人都可以做得到的，只要是能够被激发出来就行。

因为“大”往往会“执于物”，所以我一直以来都是致力于在中国的中小企业之中传播稻盛先生的经营思想。然而我后来发现一个在中国的企业环境中非常显著的问题。那就是在当今中国这个物质导向的社会环境里，相较于大企业或者成功企业而言，中小企业老板们的物质利益之心未必就弱、就小。大企业往往会因为物质规模的成功而淹没精神与良知的作用，而中国的中小企业家恰恰会因为事业还没有成功、企业温饱问题还没有根本解决，物质利益之心反而更加强烈，追求利益的意愿可能更加浓厚。

因此，我们不应该根据企业的规模大小来判定企业家的良知是否尚存。的确有些大企业会非常依赖于物质手段，完全忽视员工与精神力量的作用，然而也有些大企业往往因为已经走到了管理的瓶颈与极限，深感推动企业下一步发展的动力的枯竭，因此产生强烈的寻找企业下一步发展动力的新需求。我们前面所讲的阳光 100 发展的第四步流程动力化，其实就是企业发展走到了管理瓶颈时开始寻找企业发展动力的一种典型表现。

我们在传播稻盛经营思想的时候经常会这样讲：学习稻盛经营思想的过程其实很像一个人的修行过程，因为稻盛先生本身就是一位修行者，稻盛思想不是用来学的，而是用来修的。践行阿米巴经营模式的最大障碍就是自利管理思维方式对企业家大脑思维的干扰，特别是在进行阿米巴核算机制设计的时候，管理思维的干扰总会不时以各种变体的形式冒出来，干扰企业家学习思想的信念、决心与进程。因此践行阿米巴经营的过程实际上是层层剥离企业家物质利益思维、利己思维的“提高心性”的过程。

4. 不学稻盛经营思想　只实施阿米巴手法

我每次遇到企业家或者给企业家讲解稻盛思想的时候，最经常、最容易也是最先被问及的问题一定是关于阿米巴的问题。也就是说，我所遇到的绝大多数企业家都是直接冲着想了解阿米巴应该怎么做而来的。在 2010 年底到 2011 年初的一段时间里，我确实在盛和塾的阿米巴窗口时间里给企业家专门讲过关于阿米巴经营的问题，也专门做了一段长达六小时的关于"阿米巴到底应该是什么"的视频。然而后来我对阿米巴经营这个题目就不怎么再讲解了，只是给企业家讲解如何理解稻盛先生的经营思想体系。我在讲座的开场白多次重申，关于阿米巴的任何问题请大家不要再问了，即使问了，我也不会回答、更不会详细讲解。

不学原理就做题

我认为，那些直接冲着阿米巴来的企业家，那些不是真心来学习稻盛思想、不是真心来学习稻盛经营哲学与经营理念的企业家，一下子就想立竿见影地跳到阿米巴经营模式上来，一上来就只想学习阿米巴手法是根本行不通的。我喜欢打这样的比方：如果想要真正地把什么东西学到家，但自己在学习中却总想逃课、翘课，那是绝对不行的。如果这样的学生还希望最后能够考试过关的话，恐怕还是需要补课的。而且这种补课必须支付更多的学费、付出更大的代价，包括更多时间、精力与经费。跳步学习阿米巴经营，在企业真正实施阿米巴实践的时候就必须付出更加高昂的代价。如果企业在实践阿米巴经营遭遇死胡同的时候才想起回头学习稻盛经营思想与理念原理，其实已经为时已晚。但"为时已晚"还算是一种比较好的状况，更糟的情况是，不知道会有多少企业家因此而放弃学习稻盛经营思想的机缘。因为企业家自己的鲁莽、无知而与稻盛先生经营企业的大道失之交臂，而使中国企业家燃起的最后一丝善念被熄灭，这才是最可惜的。

十分遗憾的是，无论我怎么说、怎么强调，绝大多数的中国企业家仍然还是想跳过学习稻盛经营哲学与经营理念。一上来就想使用阿米巴模式实现立竿见影的收益，其实都属于彻头彻尾的利己利益主义导向的思维行为方式，都是想一上来就学会阿米巴经营手法的绝招、秘籍，一上来就能够收获到银子。我把这种误区称之为“不学原理就做题”的错误。关于这一点，我后面还会再给大家提及。其实这种“不学原理就做题”的做法，也就是想把阿米巴模式这种不能够独立存在于稻盛经营思想之外的经营手法，直接往企业现有的管理体系上做简单加法，在根本上忽略了阿米巴经营手法必须生长于稻盛经营思想体系的土壤环境之中的基本要求、基本条件。

还是我们前面那个形象的例子，如果一个总是逃学不上课的学生，在期末考试的时候各门功课都不及格，那我们到底是应该归罪于学校各门功课的内容有问题，还是应该归罪于这个逃课溜号学生的学习心态？学习稻盛经营思想也是如此，大家不能总是逃课、翘课吧？在学习经营思想原理的时候总是逃课，大家不会真的以为自己已经是在学习稻盛经营思想体系上面可以随意跳级的高材生了吧？难道已经真的具备学习阿米巴经营模式所必需的稻盛先生的经营思想的哲学基础了吗？

稻盛经营思想本身是一个完整而严谨的思想与逻辑体系。这个经营思想体系具有原点原理原则与理念，以及可以层层展开、步步推理的逻辑方法。然而，那些跳步而来想直接学习阿米巴经营的中国企业家却想跳过对稻盛思想原点原理原则与理念逻辑方法的学习，一开始就想到阿米巴上来，“不学原理就做题”。

还是沿用关于学习方法的例子。或许大家还记得自己上中学时学习数理化知识的那段经历吧？我确定企业家听课受众们的一个最基本的要求，就是具备一些基本的理科知识，最起码中学时代的数理化知识应该懂得，或有一些基本的印象。如果缺乏最基本的数理化逻辑基础，比如物理电学的串并联原理，那么就无法与我授课的精华产生共鸣。

请大家回想一下，当时大家是怎样学习那些数理化知识的？比如学习数理学科时，大家都是初一先学数学而后初二才能够学习物理。也就是说，必须先具备一些基本的数学知识，然后才能够进一步学习物理知识。又比如学习初中数学时，大家先学习坐标系、学习计量单位、学习数轴方向等，也就是关于什么是正数、什么是负数的问题，接下来再学习基本原理、基本公式等，比如代数应该如何进行加减乘除，乘除与括号的优先法则如何在代数中实现等。

只有在大家已经熟练了这些基础原理知识之后，老师才会给大家布置各种练习题来做。不可能老师什么都不给大家讲，一上来就让大家做练习题吧！即便是大家在做练习题的时候，也都是先从熟悉公式意义的基础题开始做起，然后才能让大家做复杂的应用题、难题、附加题、思考题。一定是这样的一种逻辑顺序和学习顺序。那些敢于拿着难题去找老师解答问题的学生，往往都是高材生。如果拿着初级题目去找老师问，恐怕一般的学生还没有那个胆量。“你上课干什么去了！”保证被老师一句话就给噎回去。

学习稻盛经营思想也应该遵循这样的学习逻辑顺序。先从原点、坐标系、数轴方向开始学习，然后再学习原理、原则、公式法则等，最后才能够做题、做应用题。是不是这个道理？一上来就想把题做对了，怎么可能呢？稻盛先生阐述人生价值观的《活法》、经营哲学的起点以及“经营为什么需要哲学”、“作为人何谓正确”、“付出不亚于任何人的努力”、“成功方程式”等，其实都是阐述稻盛经营思想体系的坐标系、原点、正向取向以及衡量刻度的。如果教导人们去做好人、向上正向提升，那么起码应该让人知道做人的正与负方向。另外，像“经营十二条”、“会计七原则”等，其实都是关于稻盛先生经营思想的原理原则以及展开逻辑。

我必须反复告诉大家，《阿米巴经营》实际上相当于稻盛经营思想体系里关于如何解应用题的部分。然而，中国企业家却非常喜欢直接拿着应用题来问你，这道题怎么做呀？那道题怎么解呀？大家的做法不就是这样吗？谁都不愿意花时间去学习稻盛思想的原点原理原则与公式，而是喜欢直接上来问问题、找答案。

如果大家真正地学会了稻盛经营思想体系的原点原理原则与公式，企业家自己就知道像阿米巴经营手法这种关于企业经营实践的应用题应该怎么做、如何解了，并不需要我再来给大家提供多少讲解。即便是大家再问问题，恐怕也不会再问那么初级的问题，而应该是难度提升的附加题了。其实我这本书的出版意义，就是希望日后遇到企业家的提问问题都应该是提高附加分的附加题。

在当今盛和塾环境之中，我更愿意给企业家讲解的是关于稻盛经营思想的体系、原点原理原则与逻辑系统。讲解应用题、附加题的解题技巧其实并不是任何一位老师一上来就应该做的，除非是针对学习课后班、提高班。然而不幸的是，在盛和塾环境之中，我所遭遇到的往往都是直接问阿米巴这个应用题怎么做，因此我干脆彻彻底底地不讲如何做阿米巴这个应用题。特别是当一些企业家在内心深处还在质疑稻盛经营思想的时候，尤其是遇到那些根本还不能够接受、不能够认可稻盛先生《活法》中的人生价值观的企业家的时候，我解答关于阿米巴经营的任何问题，都是没有任何正面意义的。因为企业家的思维还没有真正地找到原点，还没有找到正负方向的取向，还没有找到那个所谓的真北，或者还在以负为正、以反为正地认识问题。

然而，企业家如果总是想跳过学习稻盛思想最为前提的哲学思想与原理原则这几步，那么先期学习所缺失的任何功课，其实在日后企业践行阿米巴经营的时候还是必须补回来，而且这种补课将付出更大的代价，往往还是一种额外代价，这实际上根本就是得不偿失。在学习稻盛思想的过程之中，企业家必须“付出不亚于任何人的努力”，并没有任何捷径可以跳着走。实际上往往人们认为最慢最笨的那种方法恰恰是一种学习新思想的捷径，而大家投机取巧所选择的所谓捷径，反而是最笨最慢的方法。其实这都是“聪明反被聪明误”的利益之心所搞的鬼，所带来的代价。那么，大家还会坚持自己学习稻盛经营思想可以跳级的那种观点吗？还认为自己是学习稻盛经营思想的高材生吗？

稻盛经营体系的三个层次

学习稻盛经营思想，想学习跳步的这种想法，也是基于将阿米巴经营与大家头脑之中原有的那种管理思维可以做加法的一种假设。学习跳步就是基于一种简单加法。关于系统的经营思想，在有些企业家原本的大脑之中，其实是根本没有的。那么想做加法、想跳步，没有逻辑基础的，也是根本无从谈起。

我们可以将稻盛经营思想体系划分为这样三个层次、三个部分，以方便大家学习，即：（1）经营哲学；（2）经营理念；（3）经营手法。阿米巴经营模式其实属于第三部分经营手法，必须建立在前两个部分的基础之上，也就相当于我所举例子中解数学、物理的应用题部分。大家要想会做题，是不能够脱离对稻盛思想原理的学习。

在稻盛经营思想体系之中，第一部分经营哲学与第二部分经营理念是必不可少的基础，而第三部分阿米巴经营手法，其实是附属部分，属于锦上添花，而不是雪中送炭。阿米巴经营模式并不是包治百病的药方。如果企业希望采用阿米巴经营模式，那么稻盛经营思想体系的前两个基础部分——（1）经营哲学与（2）经营理念必须已经牢牢地夯实了才行，否则阿米巴经营就成了失去基础的空中楼阁。

那些所谓管理专家只看过一两遍《阿米巴经营》，就想把企业阿米巴模式真正运营成功，纯粹就是痴人说梦、痴心妄想罢了。其实这也是典型的成果思维、成果主义、管理思维搞的鬼，只是希望在最表面“术”的层次上、在手法层面上解决企业运营的根本问题。其实，如果真的希望解决企业的根本问题，就必须要动企业的根、动企业的本，这才叫做根本之法，必须从企业的根本思维方式上进行转变。也只有在根本上下了工夫，才能够寻找到企业发展的真北。其实，阿米巴经营就是一种依赖于动企业根本、动企业家根本利益与根本思维的方法，它的根扎得很深，并不是表面看起来那么简单，更不是只做表面文章。

5. 视阿米巴日本文化　中国企业无法学习

前面给大家介绍的几种情况，都是企业家直接奔着学习阿米巴来的，也可以说是直接冲着稻盛先生所缔造的世界500强神话而来的，都带着某些与稻盛思想不相符的思维。其实这些错误的思维观念在学习稻盛经营思想的时候都应该被不断修正，然而这些想法毕竟是出于对稻盛思想存有某些内心需求。无论是出于“果思维”还是“因思维”，冲着稻盛先生而来的企业家都是有心理需求、有内心动力驱动的。从大的方面来讲，这些企业家是认可或者佩服稻盛经营思想的。因为有需求，这些企业家无论初衷如何，其实在学习过程之中，都有可能发生心灵的改变，企业家转心就有可能引起企业转型。

然而与欢天喜地冲着阿米巴经营模式而来的企业家完全不同的另外一类企业家有着截然相反的态度，那就是认为阿米巴经营是一种日本的企业文化，我们中国企业家根本学不了、也学不会。因此，这些企业家认为中国企业根本没有学习稻盛思想的必要。实际上，这是为出于利己之心而拒绝稻盛思想找的一个合理、能说得出口的理由而已，是给拒绝“做好人”、“做企业没有必要做好人”找到一个可以说得出口的说辞，一个冠冕堂皇的理由。

中国企业能否实现阿米巴？

阿米巴经营模式在中国的企业环境里到底能不能使用、能不能使用成功呢？这确实是一个困扰过我们的问题，就连稻盛先生自己都迟疑过。稻盛先生通过阿米巴经营模式成就了京瓷和 KDDI 这两家世界 500 强，确实证明了阿米巴经营是一种十分有效的企业运营模式。这是绝对的事实，并给我们阳光 100 提供了一种“做好人”与“做好企业”逻辑打通的标杆与范例作用，因此在企业运营的思维与心理方面，给我们树立起了根本的信心与信念。阳光 100 坚信阿米巴经营可以适合于自己企业的这个信念绝对不会动摇，这是没有任何质疑的。即便是在当今中国的企业环境之中还没有看到哪一家企业已经真正地做成，其实也没有什么可怕的，只不过在中国企业环境之中，如果中国企业自我摸索，那么难度可能会大一些而已。

当然，如果能够在中国这个环境之中找到一个成功的标杆，那种心理上的定心丸意义可能会更大，在中国现实的企业环境中践行阿米巴经营的成功率就等于又向上提高了一大步。这就是京瓷化学无锡公司的宋总给阳光 100 所树立的信心，是在我们眼前可以看得到、触手可及的一个近身标杆。宋总是在中国这个文化环境之中成长起来的我的同龄人，大家沟通起来更加方便。虽然宋总有留学日本的背景经历，但是宋总企业内部的员工都是中国土生土长的员工，这才是关键。阿米巴经营模式能够在中国文化的人文土壤中有这样一个成功的范例，这给阳光 100 在最初学习阿米巴经营模式的时候树立起了一个极大的信心。

阳光 100 得到的更进一步的信心支持又是什么呢？这就必须给大家提一下阳光 100 的顾问亚丁先生。有一次亚丁先生在与易总的交流讨论中，忽然发现中国当下影视界的摄制组机制与稻盛先生的阿米巴经营模式在运作手法上具有一种极大的相似性。要知道亚丁先生曾成功地运作过超过 1000 集的影视作品，甚至在非洲撒哈拉沙漠里调动过一次 1300 人的庞大阵容。他发现摄制组实际上就是一种非常典型的动态组织结构，一改计划经济之下摄影场的结构，与阿米巴组织机制具有极大的相似性。既然那种非常物质利益化的摄制组机制都可以成功地运作，那么，如果在有正确的企业哲学与经营理念的保证条件下，我们认为即便是在当今比较受物质利益驱动的中国企业环境中，阳光 100 的阿米巴经营模式也应该可以成功，最不济我们还可以走影视摄制组的路子嘛。这起码是一个我们可以看得到的底线。因为我们在身边找到了更贴近的可以参照的摄制组标杆，阳光100更加确信了阿米巴经营模式不仅仅可以在日本的企业文化中成功，在中国的企业文化中同样可以成功。

因此，阿米巴经营模式既可以是日本企业的，也可以是中国员工能够接受、中国企业能够完全学会的。把阿米巴经营模式推说是“日本企业文化，我们中国企业学不了”，那完全是一种不愿意学的借口而已，并不是现实。其实学不学习阿米巴模式，完全是企业家自我选择的一种自由，并没有人去强迫。不想学、不愿意学，那么就不学，完全没有必要去寻找借口，把自己的理由包装得冠冕堂皇。稻盛是思想不是文化，文化有地域归属感，思想却不是，因此大家学习的是稻盛经营思想，而不是日本企业文化。其实，稻盛经营思想即便在日本大企业之中也不是主流思想，能否学习稻盛经营思想与是否是日本企业没有关系，企业家的发心才是关键。

能人文化

到底是什么人会找这种拒绝学习稻盛经营思想的借口呢？我发现，这种借口往往会发生在这样的企业里面，就是企业的老板已经接受、认可了稻盛先生的经营思想并且愿意在自己的企业内部践行阿米巴经营实践。在这种企业之中，原本的企业管理团队，特别是企业原有的高管团队，往往会发出拒绝的声音。而企业之中的基层员工或者基层管理者们，往往都是举双手双脚大力支持的。因为阿米巴经营实际上会发生经营权力向下转移的现象，落到企业基层，因此阿米巴经营会受到企业基层组织的大力欢迎。阿米巴经营模式容易促使企业的基层动力被点燃，并且使企业基层获得很大的向上提升拓展空间。

然而企业原本的高层团队往往是基于物质利益导向的“能人文化”而建立起来的队伍。因为企业原本的运作模式主要依靠的是少数能人，而不是依靠广大企业员工积极性的点燃。也就是说，企业的动力结构，在学习稻盛经营思想与阿米巴经营模式的前后是完全不一样的，会发生“自上向下”的转移和“自少向多”的变化。

企业老板在接受了稻盛经营思想之后往往容易陷入这样一个思想误区：既然我都接受了稻盛思想，那么自己企业团队中的那些“别人”似乎也都应该像我自己一样喜欢、认同稻盛思想。这就叫做“己所欲施于人”。关于这一点，我会在本章的后面给大家重点分析。实际上，这就是一些企业老板在接触到了稻盛经营思想之后自我思想的一种亢奋状态，是很不理性、很不理智的，极愿意强加于人。“强加于人”其实仍然属于以自我为中心的思维方式，并不属于基于利他思想的经营逻辑，仍然属于管理模式、压制的逻辑，在思维本质上与经营思想是背道而驰的。

要知道，企业原来的管理结构与管理团队是依据管理模式而建立起来的，也就是依据能人文化而建立起来的。那些管理能人的思维方式或者世界观其实早就已经成熟并根深蒂固了，否则，那种思想左右摇摆的人也就不太可能成为物质主义业绩有成的所谓“能人”。正所谓“江山易改本性难移”，如果不是出于这些“能人”发自内心的自愿，不是因为自己内心的良知尚存，这些“能人”的思维其实是很难被别人逼迫一下就轻而易举地发生改变的。

企业转型与企业家转心

在2011年年初的时候，我在朋友圈子里面曾经提出过关于“企业转型与企业家转心”的概念，后来我发现真正要使企业家发生转心实际上太困难了。有些企业家在接触了稻盛经营思想之后确实发生了极大的转变，但这种转变实际上却并不是因为我们这些稻盛思想传播者们真正发挥了多大的作用。我们只是稻盛经营思想传播者而已，并不能真正改变别人的思想。正因为那些企业家在内心深处还保有一颗良知的内心，所以他们才会敞开心扉认可稻盛经营思想。否则，如果企业家的良知已经完全被物质利益思想所淹没，或者已经彻底荡然无存的话，无论我们如何努力，其实也无法做到让企业家发生真正内心良知的转变。如果无法找到企业家内心良知的心灵种子，无论我们如何努力，都相当于是在水泥地上种庄稼，保准颗粒无收，根本就无法长出良知企业的大树。

因此我认为，稻盛经营思想就像一个鉴别企业家良知尚存与否的筛子，我们传播者们工作只不过是把良知企业家从企业界中筛出来而已，充其量就是帮助企业家掸去良知上面堆积的尘埃而已，我们只做了这么点事而已。如果企业家已经良知无存的话，那么奢望改变人心实在是太难了，我们根本做不到，也做不了。也恰恰是因为在当今中国物欲横流的市场经济之中，我们发现还有一些良知尚存、心火尚未泯灭的企业家存在，我才有意愿出来跟大家分享阳光100学习稻盛经营思想、践行阿米巴经营的经验与教训。我确实不希望中国企业界最后的良知泯灭，尤其是被打着传播稻盛思想的旗号的人所浇灭。

那些所谓成功“转心”、“改心”了的企业家容易发生这样一种思想误区，认为自己可以使自己的整个管理团队、高管团队也发生这种思维或价值观方面的转变。在企业老板这种强加价值观的情况下，我们前面所说的那种“阿米巴是日本企业文化，我们中国企业学不了”的调调就是原本基于企业能人文化的高管团队的“内心拒绝”的“外露形式”。

大家知道，稻盛先生的经营思想、经营哲学其实都是基于“做好人”的基本道理，是“三岁小儿皆知”的道理。因此基于物质利益的管理能人们，如果他们直接拒绝稻盛思想，就等于承认他们不愿意“做好人”、更喜欢“做坏人”。拒绝稻盛思想的话他们是绝对无法说出口的。

特别是当企业老板在接受了稻盛经营思想、由利己思维转向利他思维以后，这些能人绝不会直接说他们反对稻盛经营思想，除了归于日本企业文化的说辞，他们还有一种可以说出口的理由，那就是“我不理解稻盛思想”、“我没有学会”。其实所谓的“不理解”、“没学会”，从智商IQ上找原因就知道根本不可能。这些能人的智商与能力都是非常高的，根本不存在“不理解”的可能性。连普通员工都能够理解的道理，连三岁小儿皆知的道理，能人怎么会不理解呢？往往所谓的“不理解”只不过是自己“不接受”、“不认可”稻盛思想的一种可以说得出口的、冠冕堂皇的借口而已。

因此，是否认同稻盛思想，其实既是检验某个企业老板自己是否还具有良知的筛子，也是这位企业老板在企业内部检验高管团队的能人文化之中是否认可企业良知转型的筛子。所谓“理解不理解”其实就是“接受不接受”的一把筛子。把“阿米巴经营归于日本企业文化而学不了”的说辞其实只是“不接受”的一种借口，可以当做企业老板决定能人去留的一把筛子。我希望企业老板们学会使用这把筛子、善用这把筛子，筛一筛自己以前所使用的团队到底都是一些什么样的人。我奉劝企业老板们在企业中推行稻盛经营思想的时候，切不要再简单使用“己所欲施于人”的强加于人的方式，或者填鸭式灌输企业哲学。“己所欲施于人”、填鸭式思想灌输根本就不符合经营思想，不符合经营模式。

我们还可以从另外一个角度给大家讲。如果说阿米巴经营属于日本文化，中国企业家学不了的话，那么请大家注意，整个企业管理文化本身其实也不是我们中国原本的东西，而是从西方学来的舶来品而已。按照这样的推理，是不是连管理文化中国企业也都不应该学习了？那么干脆连企业都不用做了岂不是更加省事？其实要是按照思想传统的渊源关系算起来，稻盛经营思想比起西方管理思想，不是应该距离中国人的思维方式更近吗？中国企业家既然连黄头发蓝眼睛的西方管理思想都学得了，为什么就学不了根植于中国传统文化的稻盛经营思想呢？难道这个说法真的能够成立吗?!

那么，阿米巴经营模式之中到底有没有日本企业文化的东西呢？或者从比较实战的意义上讲，阿米巴经营之中到底有没有日本文化的东西呢？坦率地说还是有的，然而这些所谓“日本企业文化”的东西并不是中国企业家根本学不会的。这也不是能够成为拒绝学习稻盛经营思想的借口。然而关于那些问题，其实在当今的中国企业界之中，至今还没有人能够真正地意识到，也还没有到我必须给大家讲出来的时候。

最后还是回到稻盛经营思想属于日本企业文化的问题。中国企业家既然连纯粹西方的企业管理思想都愿意学，为什么非要冠冕堂皇地拒绝具有东方特色的稻盛经营思想呢？起码这种拒绝在逻辑上是根本讲不通的，否则就成了数典忘祖了。稻盛思想实际上就等于是把中国的传统经营思想又重新还回了当今的中国社会，把中国传统经营思想现代化，使用现代的企业语言讲出来而已。我们虽然不是强迫中国企业家人人都来学习，然而大家真的愿意在良知本性上拒绝中国老祖宗留下来的智慧吗？中华传统思想可不只是国学讲堂上的那点儿东西啊！

6. 学习稻盛经营思想　拒绝接受传统文化

稻盛思想根植于中国的传统思想，稻盛先生本人曾多次这样郑重地表述过。那些否定稻盛思想来源于中国传统思想的各种说辞，根本不值得一驳，只不过是葡萄酸的私心尽显而已。我曾经将稻盛思想的源泉进行过总结，也就是我关于稻盛思想的四个思想源泉的认识。当然，这只是我自己的一种认识而已，不一定全对，也不想强加于人。然而我认为这种分类溯源对于企业家理解稻盛经营思想体系而言还是有帮助的，因此我还是想说出来，希望能够与大家分享一下。

- 稻盛思想与中华传统思想的渊源；
- 稻盛思想与佛家禅宗修炼文化的渊源；
- 稻盛先生源自于西方理工科出身的严谨理性与量化逻辑思维方法；

• 稻盛先生不脱离企业践行以及强调企业一线现场意义的“知行合一”的思维行为方式。

稻盛思想属于一种通天彻地的思想

在刚刚接触稻盛经营思想的时候，我就有这样的想法：稻盛经营思想“道明理通术精”，得占“天地人”，因此在学习稻盛思想的时候，如果上不能够通天，也就是不能够理解中华传统思想，或者没有人生信仰的话，那么认识理解稻盛思想就一定有问题。在稻盛思想与中国传统思想的关联方面，白立新博士专门做过关于稻盛思想寻根探源方面的研究，比如稻盛思想与阳明心学的渊源关系。

在另外一方面，学习稻盛经营思想，如果下不能够落地，不能够扎根于企业的一线实践，而是学问学术式地讲解稻盛经营思想，或者高高在上坐在企业金字塔顶端，也是没有任何实际意义的。如果不真正亲身运行企业，有些问题永远也搞不明白，或者根本意识不到。稻盛先生强调现场的意义其实也在于此。一切问题以及相应的解决方案都在企业的现场，而不在教授的书本或老板的发文之中。

这就是学习稻盛思想关于上要通天下要落地的要求。除了上下贯通之外，我们可以退一步讲，在中国企业界传播稻盛思想的时候，还应该与企业家取得“人和”。如果在传播过程中不能够求得“人和”，这样的稻盛思想传播者即便在表面上是在宣讲稻盛思想，其骨子里仍然被私利之心所驱动，那么又如何能够真正地理解稻盛先生的利他思维呢?

另一方面，中国企业家如果总是抱着一种急功近利、急于求成的态度学习稻盛思想，一定会发生非常致命的问题：上中下皆不能够贯通矣。大家学到的也就只能是表面知识或者手法而已，很难对当今中国企业界的改变产生多少真正的推动意义。

显然，对于中国的企业家而言，可能并不缺少一线的企业实践经验，所缺少的往往是能够在企业一线沉下来的思考和根植于一线现场的热情。

企业家与高管团队们喜欢的往往是高高在上坐在办公室里面发号施令、发发文件、召集办公会的方式，而不是像稻盛先生那样频频参加现场会、最广泛地与一线员工打交道。似乎只有这样，企业老板的权威才能够建立，因此企业老板与高管们都喜欢与一线现场和一线员工保持一定的距离。中国的企业家失去了企业实践落地的真正意义，这是中国企业家在关于企业实践落地方面的缺欠。稻盛先生非常强调问题的发生与解决都在现场的意义，然而中国企业家往往希望尽快逃离现场、远离现场，因此对于自己的企业到底发生了什么问题、到底存在什么问题往往说不清，唯有听从报喜不报忧的一面之词。这是我们强调的一方面，也就是关于企业实践落地方面的欠缺与信息失真。企业实践的现状有形而无实，根本就没有实现现场落地、及时发现问题的真正意义。

那么，关于通天的方面呢？我们这里讲的可不是什么权力通天，而是当今中国的企业家都应该或多或少对中国的传统思想、传统文化补补课。在中华传统思想方面，中国当今的企业家确实是太欠缺了。这也是中国企业家在学习稻盛思想时的障碍之一，甚至也是传播稻盛思想时的一项主要障碍——对于中国的传统思想、传统文化缺乏最基本的了解与认知。因为这个欠缺，只能够把稻盛经营思想当做一种管理知识来学习，而学不到稻盛思想，学不到稻盛先生的思维方式。

好在当今中国大陆兴起了一股国学热，虽然这股热潮大多局限于表面知识传播的层面，并没有真正进入到传统思想思维的深度层面，然而对于中国企业家学习稻盛思想还是很有帮助的，正所谓“天时”已到。其中特别可喜的是在当今中国企业界所兴起的国学热，比如许多企业内部正在开展的学习《弟子规》活动等，似乎比企业界的外部社会来得更猛。中国企业界原本只是一处利益争斗场，然而当今却似乎成了最先触及到利益瓶颈的地方。中国企业界成了改变社会价值观的一处前沿场所，这着实是一件大好事。在当今时代，除了睡眠之外，人们至少有一半以上的时间是处于企业的工作环境之中的，如果脱离了企业工作，人们的人生价值其实是不完整的。

国学与稻盛思想

在这里我需要再给大家说明一个问题，虽然在中国企业界、企业内部传播国学是非常有益的，但是宣传国学可能还是不够的，而且会遭遇到能否持久的挑战。具体会遇到什么样的问题呢？如果我们只宣讲《弟子规》这样的国学传统文化，其实距离企业的每日经营需求还是有些距离的，总会让人感觉还是有些远，与企业的实践存在着对接上的脱离，属于“知行分离”，还很难做到“知行合一”，精神净化还没有与每日企业实践相打通。如果这样学习传统文化的话，那在企业内部普及中华传统文化的努力就不太可能持久，难以为继。

如果能够把在企业内部普及中华传统文化的努力与学习稻盛思想结合在一起的话，那么就会成为一种“知行合一”而相得益彰的事情，正向效果就会相互促进、正向放大。比如，如果将普及《弟子规》的工作与向企业导入作为阿米巴经营模式铺垫的稻盛经营哲学相结合，那么这种学习和普及中华传统思想的工作也就不会感觉那么虚了，而会在每日经营、每日实践与每日工作之中被不断地夯实。当然这只是我的一种愿望而已。

我认为，传播稻盛思想可以成为复兴中华传统文化的一个非常好的契机，一个非常重要而充实的台阶。讲到台阶，我顺便给大家再讲另外一个问题，这是我在传播稻盛经营思想过程中所遇到的一个问题，那就是许多中国企业家都感觉稻盛思想虽然很好，大家也认同，但是稻盛思想太高了，企业家无法一步就达到那样的高度，大家确实不知道应该经过什么样的路径才能够达到稻盛经营思想所要求的高度与要求。

我经常打这样一个比方，如果稻盛经营思想的要求高度在二层楼，高度大约是 5.6 米或者更高，而我们企业家现在所处的位置是在一楼地面上。大家虽然已经开始学习稻盛思想，却不可能一步就从一楼迈到二楼，如果这样想可能就坏了：反正我们也上不到二楼的那个高度，不如咱们还是不学了，安于一楼地面高度的现状吧！

企业家的这种思想所反映出来的状况就属于稻盛思想传播者的一种失职。其实稻盛思想传播者们的使命就是填补高度，从企业家所处的一楼地面的起点高度向稻盛思想要求的高度铺设台阶、架设台阶，从15厘米高的一级一级台阶一直铺设到稻盛思想所要求的高度。

其实稻盛先生自己的思想也不是一步到位的，稻盛先生也经过了几次飞跃才达到现在的高度，并不是一蹴而就的。然而中国企业家对于任何目标的稻草往往都希望一蹴而就，包括一蹴而就地学习稻盛思想，一蹴而就地把阿米巴经营手法学到手。如果是“一蹴而不就”，那么就彻底放弃不学了。

稻盛先生讲“提高心性拓展经营”。心性的提高不是一蹴而就的，心性的提高需要过程。“一蹴而就”是一种成果主义的思想，然而稻盛先生是坚决反对成果主义的。稻盛思想属于一种渐进提升法、积累法，是需要过程的。稻盛先生所提倡的是在过程中的努力——付出不亚于任何人的努力，生命的意义在于过程中存在价值。其实阿米巴经营本身就是一种通过过程努力而提升的方法，并不是绩效考核的结果法。因此，帮助企业家架设向上攀登的逻辑台阶，这实际上也应该是稻盛思想传播者们“付出不亚于任何人的努力”的地方。

架设学习稻盛思想的台阶

那么，稻盛思想传播者们又应该如何架设学习稻盛思想的这个台阶呢？其实稻盛先生已经把自己的思想体系讲解得非常透彻，也很细微，几乎算是够掰开揉碎地讲了。然而大多数中国企业家却不太愿意花精力去学习，甚至也不太会学习、不善于学习。给稻盛先生的光盘配音的那位钱龙先生给我讲过的一个故事就很能够说明这个问题。有一次，钱龙先生在一个企业家的圈子里面拿出稻盛先生的书，照着原书一字不差地念了几页。等钱龙先生念完了，许多企业家感慨地说：“钱龙先生您说得真是太好了，就是稻盛先生的声音在讲嘛！”钱龙先生说：“这哪是我说的呀！这是稻盛先生在书上讲的，我只不过是给大家把稻盛先生的书读了一下而已。”

这就是中国企业家的现实。特别是作为学习稻盛思想的主流的中小企业家的现实，大家不知道怎么学习，也不愿意学习，甚至连书都不愿意看、也不会看，在看书上都不愿意“付出不亚于任何人的努力”。有一次，北京稻盛管理公司的郭红波郭总问我能不能教一下关于企业家如何阅读稻盛先生著作的事。面对这个问题，我当时确实感到非常困惑，连阅读稻盛先生的书还需要人来教吗？

后来，随着稻盛著作中译本的各种著作逐渐增多，甚至已经超过了20本，我确实感到企业家可能真不知道应该从哪里入手阅读为好，这里确实存在着如何读书的问题。特别是听完了钱龙先生讲的故事之后，我更感觉到其中的需求。毕竟阳光100属于聚集高知识人才的企业，还不存在不会表面读书的问题，只是存在愿意不愿意读的问题。

给企业家铺设通往稻盛思想高度的台阶、架设学习稻盛思想的台阶，在这方面我认为，西方思想的逻辑分解方式和一些学科的辅助方法可能具有非常大的正面帮助意义，比如心理学、社会学、组织学、伦理学等，还有我近来一直关注的《西点领导力》。其实我也确实是出于给企业家在学习稻盛思想的过程之中架设台阶的这个目的而撰写这本书的。

7. 稻盛德鲁克二选一 经营管理彻底对立

到底是应该学习稻盛经营思想，还是应该学习德鲁克管理思想呢？我经常会遇到这样的提问，好像稻盛思想与德鲁克思想两者只能够完全对立，大家只能从中做二选一的唯一选择，要学就只能够学习其中一个。其实并不是这样。如果一个学不好，另外一个也不可能学好，并不存在哪一个学起来容易一点的问题，也并不存在学习哪一个可以走捷径的问题。我曾经讲过这样一句话，中国 99% 的企业可能都应该学习稻盛经营思想，然而其中 98% 的企业可能学不会。其实真正的德鲁克管理思想，可能也是很难学会的。哪一个想要是真正学到家，其实都不容易。

经营与管理并不对立

记得白立新博士曾经讲过这样一句话：中国的企业家在过去的十年（WTO 之后的十年）是使用德鲁克思想，也就是使用西方的管理思想来武装头脑的，然而在未来的十年里中国企业家或许需要使用稻盛经营思想来净化心灵。白立新博士的这种表述其实是将两种思想序列作为前后衔接的关系看待，并不是简单的二选一的相互对立关系。

大家或许还记得阳光 100 作为一家中国房地产企业所走过来的那四步发展路径，我在这里不妨再给大家列出来，那就是：

第一步，项目企业化；
第二步，企业管理化；
第三步，管理流程化；
第四步，流程动力化。

阳光 100 在学习稻盛思想与阿米巴经营模式之前，实际上企业发展已经走过了必要的前三步。虽然按照我的标准，阳光 100 这前三步还没有真正地做到位，然而毕竟在形式上已经是经过了这样的前三步，而第四步则属于解决如何向企业肌体内部注入新的发展动力的问题。

“学习稻盛思想还是学习德鲁克管理思想”的提问，完全是一种非此即彼的逻辑提问。其实，通过问题之中所反映出来的信息，能够提出这一问题的企业家也一定是德鲁克管理思想学得也不怎么样。企业如果已经能够按照西方企业管理方法做到极致，那么也就一定是在经历企业管理模式的一种瓶颈状态，一定具有寻找企业发展新动力的强烈需求与愿望，根本就不会发生像在菜市场上买菜挑来拣去的状况。

如果我们只是基于表层手法的差异性看问题，那么稻盛思想与德鲁克思想确实不一样，因为两种思想所面对的、所要解决的问题根本不同，也就是问题的公分母不同，所以不能进行简单地比较。然而，如果我们就这样轻率地得出两者思想是完全对立的结论，实际上本身也就是在做一种表面或者表面的加减法。把两种思想体系做这种要素比较处理的方法，一定会有问题，因为这二者都不只是表面手法上的东西而已。其实两者都具有更深的内涵和更深的根，都有各自完整的一套思想体系，而不是冰山表面的知识要素，所以不能够在知识的层面做简单地混合加减运算。我认为，在建立思想体系的假设前提条件方面，其实这两种思想是可以进行互补的，只不过一般人的认知层次达不到那样深而已。

如果我们只是在同一个思想体系之内学习各种要素知识的话，那么大可以放开了做加法，那是多多益善的。然而，如果是在学习某种思想体系，我们就不能够将不同思想体系里面的要素知识做简单加法，因为这样不容易找到思想体系之间的公分母。因为只有达到某个思想体系的假设前提层级的深度时，甚至比单一思想体系假设更深的深度时，大家才有可能发现多种思想体系的思想公分母假设到底是什么。对一般人而言，这种思想认知深度是根本达不到的，一般思考问题也没有那个必要。

倒空思想的茶杯

每当讲解如何学习稻盛思想体系的时候，我总是喜欢用禅宗公案里老和尚倒空茶杯的例子来做说明。要学习一种新的思想就需要先在在头脑之中倒空承载自己思想的茶杯。形象地说，西方的咖啡与东方的茶是不能够混合喝的，总不能在西湖龙井里面加卡布奇诺吧！

我们经常说，稻盛思想不是用来学的而是用来修的，属于心灵的磨炼与心性的提升过程，涉及企业家的人生修炼、品格修行。在真正的修行界有这样一句话——不二法门，而不是多多益善。如果修行某一法门，那么就必须专修这一法门，直到把这一法门彻底地学会了、修完了，之后才有可能转入其他的法门修行。这只是在逻辑上讲而已，在现实之中，人生可能一晃就已经过去了。

西方管理思想、德鲁克管理思想是独立的思想体系，而稻盛经营思想则是另外一种完整的思想体系。如果非要把两者混在一起学习的话，一定会出问题的。但是又必须给大家说明一点，西方管理思想与稻盛经营思想所关注的事物，并不是企业建设在同一个层次的问题。西方管理思想侧重于企业建设的下限，是如何管理下限的问题；稻盛思想更加关注如何提升企业的上限。因此西方管理思想与稻盛经营思想的基点并不在同一个层次上，并不存在在同等层次上非此即彼的二选一问题。

如果让我们结合美国心理学家马斯洛的需求心理金字塔结构来分析的话，西方管理思想主要对应于马斯洛金字塔的物质生理需求层次，也叫做缺失性需求，是企业建设之中不可或缺的部分，而稻盛经营思想则属于马斯洛需求金字塔中提升上来的部分，两者之间存在着某种动态发展与相互提升的关系。读者可以参阅本书第五章“理解稻盛经营思想的三把尺子”，可能会对理解西方管理思想与稻盛经营思想之间的相互关系有进一步的帮助。

西方管理思想与稻盛经营思想之间的互补关系，需要在思维的深层次上才能够认识得到，需要找寻到超越这两种思想的公分母。关于这种公分母，其实也只有在心灵已经被净化了之后才能够真正地看得到，也只有跳出企业利益运营的思维框框时才能够看得到。

德鲁克先生一直把自己称为社会生态学家，然而企业家根本就搞不明白这些事情，因此他们只是一厢情愿地把德鲁克先生称为管理大师之中的大师，完全有悖于德鲁克先生自己定位的愿望。其实德鲁克管理思想与稻盛经营思想在现代企业发展史方面还存在着某种相互关联发展方面的意义。然而这个问题所涉及的理论实在是太深了，并不适合在本书中展开讨论，因为本书集中关注的是那些与企业家的阿米巴实践关联度最高的思维误区，因此我们没有必要把话题扯得太远。

当然从比较浅的层次上看，从企业家一般能够理解的层次上看，把稻盛经营思想与西方管理思想进行某种区分、分开认识，确实是比较有效的方法，不要把两者混杂在一起做简单加减法。也就是说，在学习稻盛经营思想的时候，大家最好还是先清空大脑的茶杯。

那些将稻盛经营思想与自己头脑中根深蒂固的管理思维做简单加法的做法，在企业践行、设计阿米巴机制的时候是绝对行不通的。其实，学习稻盛经营思想最大的隐性干扰就是来自于企业家头脑中的管理思维的惯性干扰。需要说明的是，企业家头脑之中的管理思维惯性其实与真正的德鲁克管理思想并不是一回事，甚至与真正的德鲁克管理思想也是相违背的。这种管理思维惯性的干扰往往是隐性的、意识不到的，如影随形，难以摆脱。其实真正能够摆脱管理思维干扰的方法唯有层层剥除利己之心，层层提高心性，唯有老板剥除一分私利才得以摆脱一丝管理思维干扰。然而这种心性的提高是需要过程的，需要经历心灵的磨炼，因此“稻盛思想不是用来学的，而是用来修的”意义就在这里。

其实真正的管理思想之中的许多概念对于正确运作阿米巴经营模式还是有帮助的，起着不可或缺的基础作用，也就是对应于马斯洛需求金字塔物质基础层次的那种“缺失性”需求的作用。如果一些必要的管理基础条件缺失了，那么一定会对企业肌体产生负面的作用。但是如果这些条件具备了，却不一定能够发挥进一步的正向促进作用。这就是“缺失性”需求的意义所在，也是赫兹伯格双因子理论的重要发现。

然而，稻盛经营思想真正注重的是上限如何正向提升，无论是企业经营业绩的上限、老板心性的上限，还是企业员工努力的上限，都是一样的，道理都是“提高心性拓展经营”。

8. 不知稻盛作为思想　当做知识要素学习

在传播稻盛思想的时候，大家经常习惯这样讲：“稻盛思想不是用来学的而是用来修的。”稻盛先生讲的“提高心性拓展经营”甚至被印在各种名片上，其实我也非常喜欢这样做。然而不知道大家是否意识到，提高心性其实是一种心灵修行的过程，属于一种因思维，抓住的是本质与本性问题，而拓展经营则属于一种结果，是关于手法、技巧的，可以学得会的，比如阿米巴经营手法等。然而在稻盛经营思想体系里面，手法学习与业务拓展必须以提高心性为前提条件。提高心性是因，拓展经营是果。

因此，西方管理思想体系之中那种以果为因、以终为始的终端刺激法、末端刺激法在稻盛经营思想这里是不起作用也没有位置的。中国企业家最愿意使用的绩效管理法、计件提成法、末尾淘汰制等在阿米巴经营里面都是派不上用场的。因为稻盛思想真正关注的是如何提高人的上限，而企业家头脑中的管理思维往往使用的都是管理下限的方法，包括负向惩罚制与物质刺激方法，其实针对的都是人的下限。马斯洛心理学已经明确指出物质生理需求只是一种最低层次的需求，也就是下限的具有“缺失性需求”的属性。如果确实了这种“稀缺性需求”就会对人产生一种负面的刺激作用，但如果具备了这种“稀缺性需求”，再进一步产生正向激励的意义却十分有限。其实赫兹伯格双因子理论的发现也是如此，像物质工资这些因素其实在满足基本需求之后就不再具有正向的刺激作用了。

稻盛先生所提倡的“提高心性拓展经营”实际上是关于正向刺激的，是正向激励法，也就是正向提高上限的方法。无论从马斯洛心理学还是赫兹伯格的双因子理论来看，我们都可以在西方思想框架之下得到理论的佐证。我讲过给企业家理解稻盛思想铺设台阶，也讲过西方思想的逻辑分解方式和一些学科的辅助方法可能具有非常大的正面帮助意义，比如心理学、社会学、组织学、伦理学等，还有我近来一直关注的《西点领导力》，这些学科知识确实能够提供很多的学习帮助。马斯洛心理学与赫兹伯格双因子理论对于稻盛先生“提高心性拓展经营”的思想逻辑其实就具有一种非常好的解释力，否则如果我们一上来就给在物质利益环境之中挣扎的中国企业家讲关于如果“提高心性”，那么这些人可能会立刻摇头摆手地走开，然而如果我们先给他们讲一讲西方相关的心理学原理，他们可能就不会那么反感，更不会还没有进门就开始拒绝了。

以上我给大家讲述的问题，主要是关于如何让中国企业家老板们能够接受、认同稻盛经营思想的问题。这种思想传播工作应该有一个过程，需要一些台阶的铺垫，进行某种分级引导，不可能奢望一蹴而就。无论是企业家还是传播者，其实都是一样的。万万不能一蹴而就，也不应该一上来就把稻盛思想的内容讲得太高，否则可能一下子就把中国企业家给吓跑了。因此致力于稻盛经营思想的传播也需要一个过程，而且我一直认为盛和塾企业家的活动也应该划分出一年级、二年级、三年级的内容来区别对待，不能够一锅烩。否则那些接触稻盛思想比较久的企业家会觉得学习的内容太浅，而那些新近刚刚接触稻盛思想的企业家又会觉得内容太深、根本就听不懂。其实稻盛思想传播的方法也应该使用阿米巴经营机制，建立一种小组学习制，每一位企业家在盛和塾学习小组之中应该能够充分展示参与，充分学习理解，充分交流沟通，而不是来此滥竽充数、走走形式、走个过场。走过场不能起任何提升作用，传播的也不是真正的稻盛经营思想。

企业老板学习稻盛思想的内误区

一旦某位企业老板接受和认同了稻盛经营思想，他在企业内部导入稻盛思想的时候最容易、最常犯的错误就是简单机械地给企业所有员工发书，人手一份。当然，像稻盛先生的《活法》一二三这样的书是可以改变人生观的，人手一套绝对没有问题。然而像《阿米巴经营》这样的书也是人手一册，我认为，一上来就这么做，是没有多少意义的。即便是人手一册，员工们也未必会看。其实老板这种人手一册的发书方式只不过是“己所欲施于人”的表现而已。关于“己所欲施于人”的问题，我在本章后面还会给大家进一步单独讲解。所有在企业内部推行阿米巴经营模式的老板不妨对照一下，看看自己是不是这样做的？

那么给员工发书，人手一份，这里面涉及什么问题呢？或者说这里面有什么样的“潜规则”、浅逻辑呢？答案就是如果企业真正学习稻盛经营思想，就涉及底谁应该首先发生改变。

企业老板人人发书的做法，往往仍然是一直出自于管理思维惯性的做法，仍然把稻盛先生的经营思想特别是把阿米巴经营手法当做是一种新的企业管理方法，希望使用这种新方法改变企业员工的工作方式，是企业老板希望自己的手下发生改变而不是自己发生改变。也就是说，企业老板希望使用阿米巴经营方式改变别人，而根本就没有意识到学习稻盛思想首先应该改变的是企业老板自己。当然带着管理思维的企业老板们是根本意识不到这个问题的。老板们根本就不知道学习稻盛思想首先是自己如何修心性、提高心性的问题，应该先自己修身而后才能够在企业内部齐家。修身齐家，修身在前，齐家在后，这才是应该的顺序。然而企业老板们所想的，还是如何修理员工、修理手下的问题，而不是修自己。企业老板们希望发生改变的是别人而不是自己。

因为不知道学习稻盛思想应该是一种修而不是一种管的行为，把学习稻盛经营思想仅仅当做一种学习管理、实施的新的管理手段而已，那么这种沿用管理思维思考问题的企业老板们，接下来还会怎么做呢？通常这样的老板会委派一位企业的副手像抓管理工作或者某项业务工作那样负责主抓阿米巴推行工作，因为只是当做一项新的管理工作来对待，而不是由企业老板自己亲自抓塑造企业的精神灵魂，更不是把学习稻盛经营思想当做老板自身提升修为、提升品德、提高心性的人生磨炼。

其实这种希望改变他人的思想，这种委派他人负责的方法，所反映出来的问题，就是企业老板仍然是出于个人利益主义的思维方式思考问题。那种首先想让员工们放下利益、让手下们放下利益之心，从而保全企业老板自己默认利益的方法，其实是根本行不通的。在企业之中的人际关系、利益关系属于一种非对称结构。在这种结构之中，需要超越利益思维的第一步，必须由企业老板首先迈出。只有企业老板迈出超越利益思维信任的第一步，才有可能得到属下们信任换良知的回报，企业也才有可能形成一种信任文化的良性循环，开启正向提升上限的循环。

海底捞的转变

以海底捞张勇张总为例，海底捞研究阿米巴机制时，张总一开始也是委托一位副手负责集团阿米巴机制设计的方法。有一次开会，白立新博士与我都在场。会议的最后阶段张总问我是否还有意见。我回答说："我的意见很大。"张总问我为什么，我说："您自己好好看看书，不要总想着让您的副手把阿米巴这些问题都搞明白，轻而易举地就设计好一切。"张总似乎还是不明白我的话到底是什么意思。后来白博士在张总耳边又直接说了我的真正意见，于是张总终于听明白了。

中午会议结束之后，我与白博士及稻盛北京公司的郭总一起赶去阳光100参加下午两点的另外一个会。据说张总中午饭后在他的车里开始看书，并于当天晚上八点以后接着看，一直看到当天半夜，把《阿米巴经营》一书彻底给看完了。第二天一大早张总就向负责阿米巴设计的副手们提问，得到大家非常坦诚的回答："我们书都看了，至少已经看了三四遍，但是大家都没有怎么看明白。"大家想一想，没有看明白，那么又如何能够设计出适合于自己企业的阿米巴模式呢?

我举这个例子绝没有批评海底捞张总副手们的意思。而是为了说明学习稻盛经营思想、阿米巴经营模式，企业老板们必须自己亲自抓，不能通过他人代劳。我一直强调，稻盛经营思想是经营而不是管理。以往的企业结构都是基于某种管理结构建造起来的，并不是基于经营结构建造起来的。在以往的企业结构之中，实际上只有一个经营者，那就是企业的老板，而老板们的副手或者下属们其实都只是企业的管理者，基层员工则属于企业具体业务的执行者。稻盛经营思想在本质上是培养企业基层的经营者与经营意识，如果让企业原本的管理者去设计企业经营体系，那一定会有问题。因此我一直坚持认为，在企业内部推行稻盛经营思想的时候，必须由企业的老板自己亲自抓，而不能假以他人之手。企业“拓展经营”的经营机制与企业老板的“提高心性”密切相关，学习稻盛思想是修不是学，因此必须由企业的老板自己亲自来抓，修自己，提高自己的心性。

我的那个六不讲原则其实也与此有关。因此凡是盛和塾活动中企业老板委派企业副手来参加，甚至只派公司的财务经理或者人事经理来参加，而企业老板始终不肯露面的，我可以毫不犹豫地断定，这样的企业即便是学习了阿米巴经营模式，也绝对不可能真正成功。反过来讲，所有成功推行阿米巴经营模式的日本企业都有一个共同点，那就是企业老板的正向带头表率作用不可或缺。企业老板的表率作用在企业之中实际上就是树起一种榜样标杆的作用，也就是在正向价值观的导向下，人人愿意“付出不亚于任何人的努力”的表率标杆放大作用。稻盛先生所开创的是做好人也能够做好企业的标杆，然而企业老板则应该开创在企业内部愿意“付出不亚于任何人的努力”做好人的标杆。企业老板必须把自己塑造成为企业内部做好人的动力源头，然后一环一环地向周围的人进行扩散传递。

9. 一知半解匆忙上马　心理准备其实不足

匆匆上马这是学习阿米巴经营时的一种通病。企业老板对于任何事物只要认识到有价值都是如此。决策拖欠不关门，决策一关门就要结果，不留过程时间，这是中国企业老板中式成果主义的典型特征。

匆匆上马引发代价

企业在导入稻盛哲学思想方面所做的工作不足，实际上也就是向企业导入阿米巴经营模式之前所做的各种思想与心理准备工作不足。阿米巴模式往往匆匆上马，因为企业老板往往认为有价值、有效果的只是阿米巴经营模式，忽视了经营哲学与经营理念更为根基与主干的价值与作用，反而认为经营哲学与理念是可有可无的锦上添花而已。这种阿米巴匆匆上马的做法实际上也反映出企业老板头脑之中的管理思维惯性并没有真正清空茶杯。那么结果呢？匆匆上马而跳步的做法最终必然会引起更高代价，但这已经成为了一种后话。

许多企业都是刚刚接触稻盛思想半年的时间，就要实施阿米巴经营模式，其实我们阳光100当年也是如此。许多中国企业往往事先无论我们怎么拦都拦不住，真就是驷马难追的样子，而且是往错误的道路上驷马难追地飞奔。企业家往往只是读过了几遍《阿米巴经营》，就认为自己什么都明白了，可以立刻上马操办阿米巴实践。其实无论读过多少遍《阿米巴经营》，对于理解稻盛先生的经营思想体系而言，都只是对于经营思想体系表面手法的认识而已。

我们最好还是以稻盛先生挽救日航作为参照系例子来进行说明吧。稻盛先生的智慧、思想和方法，对大家来说应该已经毋庸置疑。稻盛先生之前已经成就了两家世界500强京瓷与KDDI，并且发明了阿米巴经营模式，也可谓是轻车熟路。还有稻盛先生无私拯救日航的义举那恐怕也不是任何一位中国企业家可以比拟的！

然而即便是稻盛先生亲自出马，在向日航导入阿米巴经营模式之前也先使用了整整一年的时间先导入经营哲学与经营理念。为什么要这样做呢？因为直接向日航导入阿米巴模式的时机还不成熟，也就是说，可否向企业导入阿米巴经营的时机，其实根本就不是由我们会不会阿米巴经营这个能力因素所决定的，而是由企业相关的思想准备与企业文化环境土壤的准备是否已经具备、已经成熟所决定的。

如果借用市场营销的概念，向企业硬推阿米巴经营模式属于以产品为导向的卖方市场行为，是强买强卖的行为；而等待企业思想成熟、理念准备齐备之后，再向企业导入阿米巴经营模式的方法，则属于以客户需求为导向的买方市场行为。

如果企业老板只是自己认为什么东西有意义，那么整个企业团队也就应该持有同样的想法，就等于关于哲学共有、理念共享的工作根本就没有做，而且是在学习上跳步，认为哲学思想准备没有意义。企业老板的这种认识实际上仍然是在沿用一种完全利己主义的思维方式、一种完全以自我为中心的认识方式，把老板等同于整个企业——老板就是企业，企业归属于老板。老板的思想就等同于企业的需要，也就是那种“己所欲施于人”的逻辑。老板怎么想，那么员工就应该怎么做，不需要沟通，不需要过程，最多就是发个文件，告知一下而已：我们企业要阿米巴了。其实依旧是企业老板一个人的热乎劲儿，点燃的依旧是企业老板自己一个经营者。请问这种想法和做法又怎么能够符合稻盛经营思想呢？这种做法本质上仍然是一种管理思想、指令行为。

如果企业打着阿米巴的名义实施的却不是稻盛思想的话，那么又怎么能够真正学会根植于稻盛思想体系之中的阿米巴经营模式呢？那么如果企业家自己实施的这种不是稻盛思想的所谓阿米巴经营模式最终失败了，到底应该归罪于阿米巴模式的问题，还是这些企业家自己呢？

我们不妨这样想一下问题，稻盛先生亲自操刀日航，在正式导入阿米巴之前尚需要一年的准备时间宣讲经营哲学与经营理念。我们的企业家在学习稻盛经营思想的时候，属于生手上路，要求他们有两三年的思想准备，难道很过分吗？难道不合理吗？然而事实上，我们可爱的中国企业家所选择的，往往是只有六个月的准备时间就仓促上马。难道大家真的认为自己的水平比稻盛先生还要高明吗？还是因为我们直接冲着企业的利益目标而太迫不及待了呢？

放下利己利益

在企业践行阿米巴经营的时候，我们奉劝大家，不要依然像原来那样利己利益驱动。如果企业老板的利益之心不发生改变，就永远不可能学会真正的阿米巴经营模式。要想“拓展经营”那么就必须“提高心性”、提升道德，企业家转心而后才有企业转型。然而在当今这个被物质利益驱动的中国社会里，大家经常会听到这样的一句话：道德多少钱一斤呀？相应的潜台词就是哲学思想能够值多少钱呀？大家认为真正有价值的东西还是经营模式，稻盛思想的价值都是由阿米巴经营模式带来的。企业家都习惯于以这种本末倒置的方式来思考问题

许多中国企业家在学习稻盛思想的时候总是希望跳过稻盛经营哲学与经营理念学习，总想一步就可以到达阿米巴经营手法上，其实也就是认为经营哲学与经营理念没有价值，阿米巴经营模式才创造价值。我已经给大家讲过许多次，这种观念仍然是一种成果主义的思维方式，是一种结果式的思维、“果思维”，属于“世人重果、凡夫重果”的思维认识。

稻盛先生曾经清晰地指出，不是前瞻战略，不是先进技术，也不是因为什么时代潮流，而是京瓷哲学创造了价值，缔造了京瓷与 KDDI 的成功。稻盛先生把自己的经营哲学命名为京瓷哲学这一行为本身就是一种无私的表现。然而无论我们怎么说、怎么反复强调，一回到具体问题上，中国企

业家还是认为阿米巴经营模式有价值，经营哲学与经营理念没有什么实际价值，思想终究不能够论斤卖，不可能直接换算成为货币价值来计算，更不能够当饭吃。

稻盛先生这一次挽救日航的义举实际上就具有让企业家见证经营哲学与经营理念的力量与价值的巨大意义。在稻盛先生接手日航之前的一年，日航有 1800 亿日元的亏损，然而在稻盛先生接手一年之后，日航盈利 1840 亿日元，里外里就是 3640 亿日元的价值创造。

这个里外里的 3600 多亿日元到底能够说明什么问题呢？因为稻盛先生在挽救日航的第一年之中并没有向日航导入阿米巴经营模式，而只是导入经营哲学与经营理念。因此这个里外里 3600 多亿日元的价值创造完全是经营哲学与经营理念的成果，与阿米巴经营模式所创造的价值根本扯不上任何关系。当然在本质上真正的思想应该是无价的，然而按照物质主义人们的思维方式看问题，如果我们非得要给稻盛思想一个价值核算值，那么这 3600 亿日元就可以看做是给人们物质利益思维的思想实体价值的数字展示吧。

如果稻盛先生把日航扶持成功再次上市，也就是使日航再次步入世界 500 强行列的话，那么稻盛先生所成就的就有三家世界 500 强，这只有用商业神话来形容了。不知道大家是否注意到，京瓷、KDDI 与日航完全是三种不同的行业，但都被稻盛先生成功塑造成为世界 500 强。如果说，京瓷事业与稻盛先生的专业还有些关系的话，那么 KDDI 与日航的业务与稻盛先生的专业知识没有任何关系，这也从另外一个方面佐证了经营哲学的价值，稻盛先生的经营成就与技术或者行业知识完全无关。

10. 己所欲而后施于人　自上而下思想填鸭

看到稻盛经营思想这么好的东西，那些在心底深处还良知尚存的企业家自然会激动兴奋不已。这种亢奋心情当然可以理解，因为我们阳光100当时就是这样的心情。然而在激动之后，企业家的心情还是应该恢复到一种理性状态，毕竟学习稻盛经营思想和阿米巴经营需要一个比较长的时间过程，不可能一蹴而就，而且学习过程的本身其实就需要“付出不亚于任何人的努力”。其实稻盛经营思想以免费的方式呈现在企业家眼前已经是天上掉馅饼的事情了，甚至可以说是天上掉元宝、天上掉500强。那么企业家还想再奢求什么呢?

回归理性

由于几次交流的经历，我由衷地欣赏京瓷化学无锡宋总的平和心态。宋总属于茶壶煮饺子，心中有非常多、非常有价值的东西，只是不善于表达出来而已。宋总认为：“做企业就应该是阿米巴经营的那种模式，企业原本就应该那样做。”宋总就是那样朴实、平静，而不是炫耀自己的亢奋。学习稻盛经营思想、学习阿米巴经营就应该是长期的过程，必须回到理性的状态。我认为，只有具备宋总这种“做企业就应该是这样”的朴实无华的认识，在推进阿米巴经营的过程中，每当遭遇到挫折、阻力与困难的时候，企业家所具有的那颗平常心才不会发生退缩、畏惧与放弃，才能够百折不挠、坚持到底。那种过度兴奋之人，一旦遭遇到挫折，很可能就会消沉下来，从一个亢奋的极端走向另外一个消沉的极端。学习稻盛经营思想，过度亢奋那绝对不是一件好事。

然而许多企业老板在接受了稻盛经营思想之后，如果一直都处于一种非常亢奋的状态，一直不能回归理性，势必会低估实施阿米巴经营模式过程之中所必须遭遇的各种挫折、阻力与困难，包括来自核心团队的抵制。因为这样的企业老板往往会简单地认为：这么好的东西，我都认可了，我都接受了，你们这些下属怎么可能不认可呢？这也是一种非常典型的思想误区，把别人的思维认为应该与自己的想法一样，这样学习稻盛思想的企业老板只不过是在企业内部唱独角戏而已。实际上这是企业老板不会换位思考的表现，假定“我怎么认为那么别人也应该怎么认为”，这仍然是以自我为中心的思维方式，仍然是以自我利益为中心的思维方式，企业始终是只有一位经营者。因此在这里，我必须给大家分析一下“己所欲施于人”的问题。

“己所欲施于人”的误区

大家所熟悉的是“己所不欲勿施于人”的说法，我为什么会给大家提出“己所欲施于人”的说法呢？我前面给大家讲过，管理思想是关于企业下限和如何管控负向因素的，而稻盛经营思想则是关于提升企业上限的，关注的是如何激发正向因素的提升机制。那么到了这里，我就可以给大家讲解一下“己所欲施于人”相互之间的关系。

关于“己所不欲勿施于人”，也就是说自己不想要的东西就不要强加给别人。那么什么才是自己不想要的呢？那一定是认为违反自己意愿、违背自己需求的东西，也就是那些对于自己价值观、价值取向而且属于负面的东西，因此才是我们自己不想要的。“己所不欲勿施于人”也就是说，对于自己而且属于负面价值的东西也不要对别人那样做。这里面包含着针对负向、负面事物的潜台词。

管理思想针对的就是负面的东西、下限的东西，因此适用于“己所不欲勿施于人”这种针对负面事物的管理原则，管住自己，不可妄为。然而稻盛思想则属于提高心性、提升上限的范畴，所针对的是正向价值的东西，关注的是如何经营人心上限的问题。在学习稻盛思想上，企业老板则应该尽量避免使用“己所欲施于人”这一强加于人的方式。并不是自己认为什么东西是正向的，那么就有了强加于人的理由。稻盛思想是提升法，不是强加法。强加是向下压迫而不是向上提升，因此学习稻盛思想应该遵循自愿的原则，让别人心服口服地接受而不是强迫，应该“以理服人”而不是“以势压人”、“仗势欺人”。强迫别人接受是管理下限的方法，而不是经营提升上限的方法。针对上限却使用下限的方法，那是根本行不通的，是违背稻盛思想的。

企业老板自己喜欢的东西未必就一定是别人喜欢的，老板自己想要的东西也未必就是别人一定想要的。在企业的权力结构之中存在着一种明显的非对称性关系，因此在大多数情况下，企业的员工没有选择权，因此不得不遵从企业老板的指令、老板的意愿。企业老板命令员工去干什么，员工当然就会去做什么。然而如果企业老板的意愿不符合员工的意愿，企业员工可以选择的那就是不主动做、不积极做。主动与被动是员工可以选择的，也就是说，员工虽然做事但是并没有真正地点燃动力，只有挣奶粉钱或者还房贷的最低物质需求而已。企业老板基于管理文化的那种指令性目标、命令式要求不会传递真正的动力，传递的充其量只是表面信息而已。我在盛和塾讲座中多次重申，目标是谁的，动力就是谁的。那种基于利己思维的企业，目标永远只是企业老板自己的，根本达不到与企业全体员工共享、共识的程度，只有企业老板自己有主动工作的动力与热情，少数被物欲高薪刺激的能人具有短时的物质动力，然而企业广大的员工只能是一种消极被动工作的态度，并不具有真正主动积极工作的动力点燃。

稻盛思想、阿米巴模式关键解决的就是企业或者团队的动力问题，解决员工们能够主动工作的问题，是一种激励、激活人心的方法，是一种心灵的点燃法，而不是依靠指令机制、强迫机制来解决问题。然而那些在接触了稻盛思想和阿米巴经营之后一直处于亢奋状态的企业老板、那种依靠“己所欲施于人”在企业内部传递稻盛思想的企业老板，实际上仍然使用原本那种管理压迫的方法讲稻盛思想，而不是使用点燃、激励、培育、经营的方法。这种思想填鸭式的高压灌输，员工们是不可能接受的。这种强迫式方法本身在根本上是违背稻盛经营思想的，在本质上仍然是在延续一种管理思维的方式。我们不是讲管理思维的惯性是学习稻盛经营思想的最大干扰、最大障碍嘛，那种管理思维关系经常会在意识不到的情况下冒出来干扰企业家的思维。“已所欲施于人”其实就是这样一种表现，嘴上讲的是稻盛经营思想，然而头脑之中仍然延续着管理思维的逻辑。这不是很可笑吗？反映出来的其实就是企业老板头脑中的思想茶杯还没有真正清空的一种表现，也就是学习稻盛经营思想相关的思想准备工作并没有真正做到家的一种表现。

那么这种强加于人的指令性思维还会表现在哪里呢？比如，企业的运营形式，在表面似乎已经阿米巴了，然而企业的业务计划目标或者企业计划仍然还是在沿用着“自上而下”的目标分解与指令机制下达，并没有采用目标自主、目标沟通、目标协商的机制。因此这样的企业目标下达机制还是无法传递动力、点燃组织与激励人心的。这种所谓的阿米巴经营其实只是一种有形而无魂的招牌而已，只是企业老板的自欺欺人而已。

学习稻盛经营思想、学习阿米巴经营模式首先需要解决企业内部哲学共有与思维共享的问题，然而“已所欲施于人”的思想导入方法其实仍然属于一种企业老板思想独有的状态，并没有真正达到让企业广大员工认可的状态，只不过是打着稻盛思想的旗号传递企业老板思想而已。企业老板仍然是把自己的想法简单地当成了企业之中的人心。“我是为你们好啊，你们怎么可能不同意呢?”

然而企业的员工们会说，每一次企业变革，老板都是这么说的，都是说为了我们员工好，企业员工们的真正感觉却是每一次企业变革都是为了老板自己好而已。我会在本书第三章中专门给大家讨论“企业变革”这个话题，简单地讲，在天生本性上，企业员工们是惧怕“企业变革”、厌恶反感“企业变革”的。其实这是员工们的一种常态，尤其是在企业发展经历过多次的“企业变革”之后，比如我们阳光100在学习阿米巴经营解决动力机制之前的那前三步就经历过多次的“企业变革”。其实在员工们的内心里，“企业变革”已经成为一种负面的东西，因为一切管理的方法都属于负面的东西，都基于“负负得正”、“以毒攻毒”的逻辑。

因此在向企业内部导入稻盛经营思想与阿米巴经营模式的时候，我建议，最好还是使用有别于以往那种“企业变革”暴风骤雨、自上而下的套路与方法。稻盛思想传播最重要的还是建立一种哲学共享与思想沟通的双向机制，而不是简单地采用“己所欲施于人”的方式或者人人发书以及企业发文的“自上而下”的单向方式。大家注意，稻盛先生非常强调现场的意义，学习稻盛思想时企业领导一定要下现场、一定要沟通、一定要听取意见。稻盛先生讲过：“问题与解决方案都在现场。”据说稻盛先生在接手日航初期的时候，不下几十次上百次地下到基层现场给一线员工宣讲经营思想。

然而一些中国企业在导入稻盛思想、导入阿米巴经营模式的时候，仍然还是依靠以往那种企业能人文化的管理团队在做这件事。依赖于企业以往的那种能人团队在企业内部传播稻盛思想与发动阿米巴机制变革一定会出问题的。那么我就有必要告诉大家，到底会出什么样的问题呢？

依赖企业能人团队无法成事

显然能人们就只能按照能人文化的方式去做事，他们只能按照管理逻辑的想法去做事情。其实这也是无可厚非的，因为企业能人们只有按照管理文化行事这样的选择，他们并不知道企业其他的运营方式，除非他们真正发自内心地走上了提高心性的经营道路。然而这是一件可能性很小的事情，是很困难的事情，是可遇而不可求的事情。

那么管理能人们到底喜欢的是什么行事方式呢？他们喜欢怎样的“企业变革”方式呢？因为企业能人他们所需要的是企业之中的管理地位，他们喜欢弄权，喜欢摆谱要面子，喜欢与员工保持一定的距离，希望维护一种所谓的权威感，喜欢决定、支配他人命运的那种感觉，而不是与他人共命运。因此在“企业变革”之中，这些企业能人仍然喜欢那种高高在上、发号施令的感觉。对于“企业变革”而言，他们喜欢发文件、写条令、开高管办公会，而不是稻盛先生所强调的那种现场会的意义，因为能人们往往是希望逃离现场的。

学习稻盛经营思想之后，企业衡量取舍的筛子应该发生根本的改变。原本以企业老板个人利益与好恶方向为取向的方法，应该转变成为按照稻盛经营哲学以“作为人何谓正确”为思考原点的评价体系。或者更简单地讲，我们可以把认同稻盛经营思想与否作为一个新的识人、用人的筛子。

既然企业思维的原点发生改变，那么传播稻盛思想与推行阿米巴经营模式的方法其实也应该发生相应的改变，不能够再使用管理指令、利益导向的“企业变革”方法，不能够仅仅依靠发个文件、条令、指令之后让企业员工们必须接受的那种方式，应该建立在一种沟通、交流、激发全员参与的新型企业文化基础之上，而不再是依赖于企业的指令系统。

因此“己所欲施于人”的那种强迫方法是绝对行不通的。强迫虽然能够改变人的行为，然而强迫不能够真正改变人心，不能够使别人信服。也就是说，不能够取决于企业老板个人的喜好，决定企业全体员工是否必须接受。学习稻盛经营思想与经营哲学所需要的那种“全员共享”是不能够通过逼迫与强加的方式达成。如果企业哲学的“全员共享”只是追求老板虚荣心的表面实现，那是没有任何真正意义的。企业员工们的人心与积极性根本就不会被点燃。

其实这种表面意义的“企业哲学”根本就不是真正的利他、利人的“经营哲学”，只不过是企业老板个人心态的一种延伸而已，仍然是以自我利益为中心的企业文化装饰，仍然是企业老板个人认为是好的东西而已，并没有得到企业全体员工的认可、认同、尊重与承认。我认为，实际上这种“企业哲学”属于伪经营哲学，或者经营伪哲学，不是真正的经营哲学，是脱离企业实践、脱离一线员工的，不能够真正落地。与稻盛思想所倡导的那种每日精进、每人精进的思想其实是完全相脱节的，属于阴阳分离的“否卦”，大不吉也。

那么接下来，如果企业老板脱离企业一线实践、脱离现场，还会给企业学习阿米巴经营带来什么样的致命后果呢？答案是会对实施阿米巴经营模式所遇到的各种问题、各种困难估计不足。糟糕的后果会是阿米巴经营实践一遇到问题、困难或者反对的时候，企业老板很容易放弃努力、前功尽弃。其实只有根植于一线现场所感受到的信息与问题才是最真实的，脱离现场高高在上的开开办公会、听听汇报所得到的信息往往是已经被中间环节扭曲、被利益加工过的失真信息，报喜不报忧，并不能反映出员工们在学习稻盛经营思想过程之中的真实心声。

再给大家举一个例子，我曾经问过京瓷化学无锡的宋总关于开始实施阿米巴经营模式的时候，企业是否会发生混乱的问题。如果会发生混乱，那么企业需要多长的时间才能够调整过来？我所说的这种混乱不是因为有人主观反对或者利益之心刻意扭曲真实信息所制造出来的那种企业内部混乱，而是企业团队思维方式在转变过程之中所发生的不适应而造成的思维方式混乱。因为大家早已习惯了企业旧的制度，一旦企业旧的体系被打破，企业原本的管理体系、指令传递方式也就被打破了，而新的经营机制、阿米巴经营模式还没有完善地建立起来的时候，或者新规则已经建立起来但大家还不怎么适应的时候，企业运营因此就可能要乱上一阵子。

这种在“企业变革”时代所出现的企业思维混乱现象是一定会发生的。即便像宋总这样在内心深处认为“企业就应该按照阿米巴模式来经营”的人也有半年时间思维都是乱的。半年之后等到他自己能够适应了，又轮到他的整个团队在思维上混乱半年。

你做好心理准备了吗?

在企业运行必定发生思维混乱的这段时间里，如果各种挫折、阻力与困难都冒出来的话，原本一厢情愿、简单化思维的企业家还能够真正地坚持稻盛经营思想与经营理念吗？因此，企业老板们在企业推行阿米巴经营机制之前，真的需要认真地问一问自己，是否真的已经做好了各方面的心理准备？那么在混乱之中、在困局之中、在遭遇到强烈团队抵抗的时候，自己到底能否坚持不放弃呢？传播稻盛思想的主要目的是给没有走入经营之门的企业家鼓劲，给予正向激励。然而本书的目的却不完全如此，而是给已经进入稻盛经营思想之门的企业家的亢奋心态泼泼水，让大家的思想能够理性一些，能够真正地把阿米巴经营做成功，而不是功亏一篑、前功尽弃。那种一蹴而就的思想，结果往往是失败，原因就是低估了在战术层面的一些难度。

我们讨论“己所欲施于人”这个话题的核心目的是要告诉大家，企业老板在刚刚开始决定学习稻盛经营思想的时候，在以“己所欲施于人”方式于企业内部施加于别人的时候，所得到的支撑只是一种表面支持而已。虽然企业里面好像是人人都举手支持，但其实那根本不能够算数。在“企业变革”遭遇困难、遭遇混乱的时候，企业之中各种人员的表现所反映出来的才是最真实的心声。因此，“己所欲施于人”是非常害人的，与经营思想的理念背道而驰，往往会把真正的心声掩盖起来。所以奉劝大家，在学习稻盛经营哲学与阿米巴经营模式的时候，企业家最好能够避免这种做法。这样做的结果只能是适得其反、事与愿违。

11. 不确立为思想筛子　只是作为口号幌子

大家仍然习惯沿用学习知识、学习管理知识的方法来学习稻盛思想，这是一种通病。这种方法使用在学习稻盛经营思想方面是有问题的，其实这也属于企业家们头脑之中管理思维的隐性延续。我们一直讲稻盛思想是一个思想体系，与企业家头脑之中原有的管理思想体系是完全不一样的，因此不能够与大家头脑之中原有的管理知识做简单加法，如果大家想把稻盛思想真正学到家，那就必须先清空大家头脑里的思想茶杯。本人还有另外一个比较形象的比喻，就像算术的分式运算法则一样，如果分母不同，就不能一上来直接做加减法（其实稻盛思想已经超越了加法法则体系的层次），而应首先找到一个公分母而后再做分式加减法，这个道理大家都应该明白。稻盛经营思想并不属于西方管理思想体系的一部分，也就是说稻盛思想并不是隶属于西方管理思想体系这个分母之上的知识分子、知识要素。管理思想有管理思想的分母，经营思想有经营思想的分母。

那么在某个思想体系之中，思想的分母到底又是什么呢？思想分母其实就是这个思想体系的原点或者前提假设。显然西方管理体系的思想原点与稻盛经营思想体系的原点是完全不一样的。关于这一点，我们会在第二章的第二部分“阿米巴模式是经营而不是管理”再给大家展开进一步的分析。

稻盛经营思想所关注的是如何解决企业存在的根本机制问题，也就是根本动力问题，比如稻盛先生思考问题一直是从“事的本质”与“人的本性”方面着手，这两方面都是关于“根本”的问题，都涉及了“本”、“本质”与“本性”，实际上都已经超越了企业表面运营的范畴，上升到提高人生观、完善人格的境界。因此学习稻盛经营思想，如果来真的话，一定会在思想与机制上对企业或者企业家“动根动本”。其实所谓的“动根动本”就是必须从企业思维与企业家思维的原点方面发生改变。稻盛经营思想的原点问题是关于“作为人何谓正确”的问题，而不再是企业原本的老板利己主义的潜在原点。

我前面刚刚给大家分析过，往往因为企业老板把稻盛经营思想当做一种知识、一种管理知识来学习，所以这样的企业老板一旦自己个人认同了稻盛经营思想之后，就喜欢以“己所欲施于人”的方式强加于企业团队的所有其他成员，而不是通过沟通传播的方式实现企业之中的思想共识与哲学共享。因为总是把稻盛经营思想当做一种知识要素来对待，所以老板就会坚持认为企业团队之中人人都应该学、人人都是可以学会的，从而也就人人都理所应当地接受。认为只是一种知识嘛，所谓技不压身，知识学习肯定应该多多益善，多一种知识多一种生存武器，于是企业内部学习稻盛思想就变成简单发书，人手一份，回家看去吧。

把稻盛思想当做一种知识，认为人人都应该接受，实际上也就是希望使用稻盛思想去改变企业团队之中所有的人。当然这种愿望的出发点可能是好的，让企业之中的每一个人都学着做好人，这多好呀？然而这种美好的愿望在企业现实之中是不可能实现的。大家一定不要忘记企业原本结构所依靠的实际上是一种能人文化、能人团队，而不是道德文化、良知团队。

企业变革

“企业变革”其实是一种西方式的企业管理逻辑，然而稻盛思想并不怎么讲“企业变革”，而是讲每日自主发生的“企业改进”。阿米巴经营是“改进法”而不是“变革法”。其实这种区分还都只是一种形式上的表现而已，并非解决问题的根本差别。然而，即便是在表现形式上，“企业变革法”与“企业改进法”还是有许多区别的。

“企业变革”与“企业改进”在形式上有什么区别？“企业变革”在时间维度上是相对长的时段上才会发生一次，可能以年来计算，是阶段性、周期性发生的变化，而且是“自上而下”的，往往是企业老板主动启动，是员工们必须被动接受的。然而“企业改进”则是时时每日发生的，持续而渐进，“自下而上”发生在基层运营组织层面的，发生在员工人人主动的层面上。

“企业变革”在形式上往往来得暴风骤雨，“自上而下”，“企业变革”的动力源头是由企业老板层面所主导的，往往都是在企业困局积重难返的情况下所发生的，问题已经恶性肿瘤化了，已经是从水面冒出来的冰山了，已经是纸包不住火了。然而“企业变革”实际上能够解决的问题往往又是比较表面的，只能够解决冰山一角的问题。然而“企业改进”在形式上则是小步快跑的无形积累，属于润物细无声的方式，是和风细雨的，然而这种机制却能够涉及企业的根本。就像之前所讲的，学习稻盛经营思想必须涉及思想原点的改变，必须要“动根动本”。

那关于向企业导入阿米巴经营模式之前，企业必须先行导入稻盛思想、稻盛经营哲学与稻盛经营理念的问题，我之前给大家多次讲过，稻盛经营思想体系是由三部分构成的，经营哲学属于大树的根（这也是学习稻盛经营思想必须触动企业“根与本”的原因所在），是建筑的地基基础；经营理念则相当于大树的树干部分，是建筑的结构框架，属于稻盛思想体系之中能够生长的逻辑，也就是我告诫大家学习稻盛思想时容易缺失的“原理原则公式”学习的部分，这是最具有稻盛思想“生长力”的部分，也往往是中国企业家们最缺失、最容易忽略的地方；阿米巴经营手法则属于大树的枝叶果实，是末端，相当于建筑的外表、外立面的部分。按照这种分析逻辑，大家学习稻盛思想和阿米巴经营的顺序就是先从事物的基点、原点、思想种子树根开始，向上通过树干而逻辑生长，学习稻盛经营理念，最后才能够达到阿米巴果实的层面。

我从“企业变革法”与“企业改进法”的差异方面给大家讲，则属于从另外一个方面给大家分析，比较适合与西方管理模式对比讲解稻盛经营思想体系，涉及“动根动本”与操作手法之间的关系问题。稻盛经营思想体系一定会触动企业的根本、企业的思想原点，然而在向企业内部导入稻盛思想时，所采用的方法反而是一种润物细无声的方法。稻盛经营机制在操作手法上、在形式上同时又属于“改进法”，是一种渐变的方法。

大家如果是反其道而行之的话，既在思想原点上触及企业的根本，又在手法形式上像“企业变革”那样来得轰轰烈烈、暴风骤雨，使用“企业变革”的方式来推行阿米巴经营模式变革，十之八九的后果会是失败。这是我们从另外一方面给大家讲这样的道理，导入阿米巴经营的方法应该循序渐进，最好一步一步地渐进式地来，比如先行导入稻盛经营哲学与经营理念，采用一种先思想教化，而后模式实施的方法，阿米巴变革成功的可能性才会提高。也就是说，阿米巴经营应该遵循一条合理的路线。

稻盛和夫思想是衡量良知的尺子

“企业转型与企业家转心”是我在 2011 年初时曾经提出过的一组概念。当时许多朋友非常喜欢这组概念并到处宣讲，然而后来我发现，我们要让企业家转心其实太难了。如果企业家在内心深处没有良知的种子，那么实际上的转心根本不可能发生。我将这形容为在水泥地上种庄稼，光费力不出活儿。我们确实发现一些企业家在接触稻盛思想之后发生了良知转变，其实那并不是我们这些稻盛思想传播者们具有多么大的本领，而是这些企业家在内心深处良心尚存，我们不过是找到了那个良知的种子而已。

在这个发现之后，我认为，如果企业家已经没有了良知的种子，不管我们怎么努力，希望通过“让企业家转心从而实现企业转型”的愿望都是白费劲儿的，因此我后来也就不再使用“企业转型与企业家转心”这种概念了。

那么，我现在的观点又是怎样的呢？我认为，稻盛思想可以看做是衡量企业家内心是否具有良知种子的筛子，简称衡量良知的尺子。我在第五章“三把尺子”的内容中会重点给大家讨论这个问题。我们这里只是先讲“筛子”的意义。如果某位企业家认同稻盛思想、喜欢稻盛思想，就像京瓷化学无锡的宋总那样认为“企业经营就应该这样”，那么就说明这位企业家内心良知的种子还在，而且是比较容易培养出来的。对于这样的企业家而言，通过“企业家转心而实现企业转型”的阿米巴经营才有意义。

那么，另外一些企业家如果从内心深层并不认同稻盛思想，或者总是提出各种质疑性的问题，这又怎么能行呢？如果都是这样的问题，都是怀疑、质疑稻盛思想的思想原点的话，那么对于这样的企业家而言，所谓“转心”恐怕是不太可能的一件事情。对于这样的企业家而言，稻盛经营思想也是不太可能学会的。读者不妨参阅本书第五章关于“三把尺子”的内容。对于不接受稻盛思想的企业家而言，他们思考问题的方式其实属于第一把思维尺子，是利益的尺子。而能够认同稻盛思想的企业家的思想种子已经站在第二把尺子之上，那是一把良知的尺子。对于这样的良知企业家，我们就有可能将他们的思维模式从第一把尺子转变到第二把尺子上来，这就是 transforming 转型，即 James Burns 所发现的领导力的本质属性。这种心灵转型把企业家的思维从一楼地面提升到二层楼的高度，是能够理解稻盛思想的一种转变。当然我们这里并不想给企业家做区格划分，但人们的层级差异还是存在的，马斯洛的五级需求心理层级金字塔所揭示的不就是这个层级规律嘛。

稻盛思想作为衡量思想价值观的一把筛子其实不仅仅涉及筛选企业家思想良知种子的问题，也涉及在企业内部学习稻盛思想以后识人、用人的筛选意义。以往的企业构架实际上都是建立在第一把利益尺子的基础之上，属于基于管理框架的能人文化人才观。所谓管理都是管别人的，而那些能人管别人的价值观、人生观早就已经成熟固化，要想改变这些能人的价值观或思想原点实在太难，几乎不可能。

因此，如果某位企业老板自己已经接受或者认同了稻盛思想，那么稻盛思想就可以成为这个企业老板下一步在企业内部识人、用人的筛子：认同稻盛思想的人一定会留下来，并且成为企业日后发展的栋梁；不认同稻盛思想的能人们，选择离开只是时间早晚的事情而已。那种希望通过“己所欲施于人”的方式改变那些已经四、五十岁的企业能人价值观、人生观的做法，是不太可能做到的。学习稻盛经营思想的企业老板们必须做好这个心理准备。

学习稻盛经营思想之后，企业的人才观、用人观会发生本质变化。比如阳光 100 在学习稻盛经营思想之后就发生了这样的转变。在过去的能人管理时代，阳光 100 都是委任能人去做某个项目公司的一把手，而让那些正直但能力差一些也就是认同阳光 100 企业价值观的人，去做项目公司的副手。在通过学习稻盛经营思想之后，阳光100转变了：应该让正直的人做正职，让偏才的人做偏职，也就是让能人做副手。因为只有让正直的人作正职才能保证一个公司的价值判断原点是公正的，而使用偏才能人做正职的话，就等于一上来设偏了公司思想原点。

12. 不知对团队真影响　自以为万全都明白

稻盛经营思想真正解决的是人的问题，是关注如何点燃人心动力的问题，通过激发人而拓展经营。然而许多人还是把阿米巴经营当做一种纯粹事理的机制来看待，其实稻盛先生在《阿米巴经营》一书中所讲的三个目标都是与人有关联的，然而我们的企业家却总是把提高做事效率的目标作为自己企业实施阿米巴经营的根本目的，这都是使用自己想当然的目标来替代稻盛先生亲自确立的阿米巴经营目标。这种只专注于“经营事的结果”的想法与阿米巴经营培养人、激励人的意义完全脱节，这种伪阿米巴经营实际上也就失去了真正的推动力。

阿米巴经营实际上只是稻盛经营思想体系之中的手法而已，只是手段的部分、稻盛思想体系结出的果实，是不能脱离稻盛思想体系这个土壤环境而独立存在的，更不能作为独立的目标来追求。点燃员工人心、点燃基层运营组织之中的员工才是阿米巴经营的真正目的，然而绝大多数中国企业家却往往忘记这一点。他们不是让阿米巴经营手法为人服务、为点燃人心服务，而是让企业员工为阿米巴经营事业绩而服务。这完全是本末倒置，因果颠倒。

稻盛思想真正关注的是人，而不是事，是人逻辑，不是事逻辑。人是因，事是果。如果能够彻底解决企业之中人的问题，那么事的果、做事效率的提升与业绩的拓展都是自然而来的，不必强求。对事的关注，其实都是末，培养企业经营人才才是企业之本，才能够解决企业的根本问题。

一些企业家虽然试图摆脱单纯的管理思维，希望把阿米巴经营作为一种经营逻辑来看待，然而所关注的，依然是经营机制在事维度方面的业绩提升的问题，还是忽略了经营思想应该以经营人为主线。我们一直讲，人与事，是企业必须面对的两个不同维度，是两种不同的目标与目的。"三把尺子"的第一把尺子实际上就是以事业绩为最终目标的，第二把尺子实际上则是以人为最终目标的。如果目标不一样，或者原点不一样，那么尺子衡量的刻度往往也是不一样的。三把尺子之中第一把尺子的刻度就是大家已经习惯了的利益、利润、效率的刻度，第二把尺子的刻度就是企业家们在以往企业经营活动之中所陌生的良知与心性的刻度。

管理模式与经营模式

管理模式与经营模式，除了所服务的目标不一样，或人或事，企业家们面对目标之后所采用的手段、途径或者处理方法也不同，一个以管理方法为主，另一个则以经营方法为主。关于目标与手段之间的相互关系，我们就可以得到如下的四种组合关系：

- 管理事
- 管理人
- 经营事
- 经营人

德鲁克先生的管理思想主要是关于管理事的。德鲁克先生特别忌讳管理机制走向管理人的倾向，他认为那样必然会走向集权的负面机制。德鲁克先生的意见是，如果你非要管理人的话，最好还是管理好你自己，因此他从新定义了什么叫作管理者。按照德鲁克先生的思想，管理应该主要关注管理事的维度。实际上西方管理思想中制度、流程的方法都是为了弱化人的意义，能够以事带人。

稻盛思想在本质上则属于一种经营思想，建立的是一种经营机制。经营本身除了作为一种机制、一种思想，也可以看做是一种手段、手法、处事或者处世方法。那么经营的目标在事与人之间应该主要针对哪一个呢？根据稻盛思想，经营人才应该是最终目标，经营事属于手段，经营人属于全逻辑、大循环，而经营事只是部分逻辑、不完整的小循环。经营人包含经营事，人经营好了，事经营的业绩结果一定是自然而来不必强求的。

因此我们看到这样一种情况，那就是德鲁克先生强调管理事，稻盛先生关注经营人。然而中国企业家的企业现状却恰恰相反，他们想当然的选择管理就是管理人，可以要权、要威风、要面子，这其实是德鲁克先生最忌讳的。而关于经营，中国企业家的选择则只是作为一种手段、手法，只关注经营事维度、效率的提升、利润的提升，把稻盛经营思想经营人、经营人心、点燃组织的根本目标丢掉了。可见，无论是德鲁克先生的管理思想，还是稻盛先生的经营思想，中国企业家似乎都把经给念歪了，把思想给学歪了！这也是我们讲的不是因为已经学会了德鲁克管理思想而来学习稻盛经营思想，而是因为德鲁克思想没有学会才来学稻盛思想，就像那个考大学的学生，是因为考不上理科才改学文科的，而不是真正能够学习文科的料。

如果企业老板们发自真心地想学习稻盛思想，就必然涉及人的问题，涉及改变做人的价值观原点的问题。如果学习稻盛思想却没有涉及改变做人原点，那么就说明这些企业家并没有将稻盛思想学到家，只不过是徒有表面形式的学习而已，学到的只是手法。

企业能人的去与留

企业老板在学习稻盛思想的道路上奔跑时，切忌假设自己的管理团队可以跟得上自己奔跑的速度。因为原本的管理团队建立在企业能人文化基础之上，不一定会跟随企业老板转向新的奋斗目标。如果仅仅是在做事的既定目标方向奔跑、赛跑，能人们的能力绝对可以跟得上，甚至比老板向前冲得还要快，在利益方面冲刺。然而学习稻盛思想主要是在学习做人的价值观方面的奔跑，是在做人心性方面的赛跑而不仅仅是在做事方面如何提升效率的奔跑，是人内心良知种子萌发长大的比赛，那么那些管理团队的能人们很可能就跟不上了。其实这种机制、企业目标、企业价值观的转换都属于高级领导力的范畴，是超越管理团队能人文化的。

也就是因为这种原因，我在沙龙环境时一般不太喜欢企业老板带着自己的高管团队一起来见我，因为各自的心理需求不一样。面对这种混合人群，我怎么给你讲呀？是讲深了好呢还是讲浅了好呢？因为追求心灵改变的企业老板与高管团队的能人心理需求完全不一样，二者思想原点不同，在企业之中角色不同，各自的心理需求也不同，因此我们讲课不能大锅烩。实际上阿米巴机制的经营划小就是为了避免大锅烩。

也就是说，一旦企业老板决定了要真正学习稻盛经营思想，马上就会面临自己原本管理团队之中的能人或去或留的问题，因为想要改变那些物质利益能人早就已经成熟了的价值观难度实在太大了。这样一来企业团队原本所仰仗的这些能人十之七八可能会选择离开，只是离开时间早晚的问题。那么请问企业老板们，学习阿米巴经营，大家真的在思想与心理方面做好准备了吗？这可不是那种非理性的亢奋状态或者“己所欲施于人”就可以轻松完成的事情，而是在利益上动真格的了！

因为必须涉及人的问题，我认为，在学习阿米巴机制的时候企业首先应该设计出一套完善的人才培养机制，也就是首先把人的问题、人才的成长晋升通道、如何点燃人心的机制给想通，而不是设计一个什么阿米巴核算表就完事了。否则那种只在事而不在人的阿米巴经营一旦实施起来，一定会导致企业原本依赖的能人全部都闪了，而认同企业新价值观体系的新的经营人才还一时没有培养起来。阿米巴经营在这种企业中的实践，注定早晚会失败的。

另外还有一个问题需要说清，那就是当带着管理思维的能人选择留下来，如果让他们来设计企业具体的阿米巴经营机制，其实往往设计不出真正的阿米巴经营机制，他们充其量只是又设计出一套管理系统而已。这也怨不了他们，因为在他们头脑之中现成的东西只有管理思维。

因此，一个完善的阿米巴机制，其中做事的核算机制、人才培养机制以及人才成长通道，应该结合在一起进行设计，否则阿米巴机制就下降成为一种精细核算制、精细管理制而已。阿米巴机制真正关注人、点燃人的灵魂的内容根本没有注入其中。这里需要给大家提一下海底捞的用人机制，也就是建立一种拒绝人才空降的人才培养机制，这也是海底捞张勇张总苦苦摸索出来的用人原则。

其实人才空降制仍然是能人文化的内容，这种用人方式会破坏企业整体的人才成长通道和人才培养通道，对经营人培养的破坏力是十分巨大的。人才空降其实是老板追求短线利益利润的思维在做祟，仍然是一种成果主义的方式。虽然可能给企业带来短时业务绩效的提升，但是会杀伤整个人才团队的成长积极性与信心。

也就是说，对于那些准备开始实施阿米巴经营的企业家们，关于在企业内部“去留人员的筛子你真的准备好了吗”的问题其实包括“去与留”两个方面。如果企业能人选择离开，那么企业老板就需要做好心理准备。然而对于那些选择留下来的人，特别是对于认同稻盛思想的广大基层员工而言，企业的人才培养机制、成长通道真的已经建立好了吗？还是仅仅有一个经营核算表而已。

第二章

阿米巴经营模式不是什么

1. 阿米巴经营不是独立的手法

前一章我们重点讨论的是企业家在理解稻盛思想方面所容易陷入的思想误区，相对而言是针对企业家在思想基点或稻盛思想关于哲学原点方面所容易发生问题的一些纠偏，往往与在初始阶段企业家希望学习阿米巴经营的动机关联密切。进入本书第二章之后，讨论的问题则更侧重于企业具体践行阿米巴经营模式时通常所容易犯的错误，或者说在认识阿米巴运行机制方面所容易进入的误区，也就是在手法或者战术方面企业家容易发生的理解偏差。

必须先给大家说明一下，本章只是给大家纠正在阿米巴手法方面认识的误区而已，并不是真正讲解阿米巴经营具体应该如何去做。不是有这样一句话吗，错误的方式有万万千千，然而真正正确的道路或许只有一条。所谓的“条条大路通罗马”在我们学习稻盛经营思想向上攀登的道路上其实是根本行不通的。

阿米巴经营的前提

这里为什么不能直接给大家指出那一条通向山巅的正确道路呢？其实正确的道路稻盛先生早就已经给大家指明了，那就是必须先从正确的人生观入手，从企业的经营哲学入手，从经营哲学的原点入手。只有在企业内部形成全员哲学共有、思维共享、企业信息全透明之后，企业才能够进入具体阿米巴经营手法的导入环节。

然而中国绝大多数的企业家对于稻盛先生的这些规劝置若罔闻，总是抱着自己那种早已经根深蒂固了的固有思想去想当然，总是仅仅把阿米巴经营模式当做一种可以从稻盛思想体系剥离出来独立使用的手法、一种新的管理模式或者企业运营模式来学习。在学习稻盛经营思想与阿米巴模式的时候，总是想跳步，总是想跳过关于经营哲学与经营理念的基础学习与体系学习，甚至把学习稻盛思想本身当做学习新的管理手法和管理模式来对待。中国企业家真可以说是不撞南墙不回头，甚至撞破南墙也不回头。可谓是明知山有虎，偏向虎山行，也算是一种气概了。如果企业家自己不流血，流的不是企业家自己的血，那么就不会感觉到真正的痛。因此我也就只能希望本书成为中国企业家学习稻盛思想非要去撞南墙不可的“参考书”吧。而这本书上的许多重要内容都是我们阳光100在企业阿米巴企业实践之中自己撞南墙撞出来的经验。

因此我一直持有这样一个观点，有些问题无论我们怎么讲，如果企业家还没有真正走入阿米巴践行，其实是听不太明白的，没有遇见问题，永远不会有真正的感觉、感受。这也是为什么我一直认为那些关于阿米巴经营模式的纯学术性研究其实意义不大。原因也在于此，学术研究本身属于知行分离，而稻盛思想所遵循的是中国传统思想中的“知行合一”。我把“企业一线实践”始终归为稻盛思想的四大源泉之一，如果脱离了企业实践，是不可能真正学会稻盛经营思想的。因为离开了企业践行，一个人的思维根本就不会有那样的痛，也就不会有疼痛之后的强烈需求，更不会有面对利益得失的那种决策干扰，也就不会知道利他爱人、放下企业利益导向有多么难。“提高心性拓展经营”不是嘴上说说那么简单。

学习稻盛思想是如此，学习阿米巴经营更是如此，离开企业实践的空洞说辞没有任何实际意义。因此，关于阿米巴经营进入中国企业，有些事情无论事先我们如何提醒企业家，开头的那些跟头可能自己不摔一下就不知道痛，因为流的不是自己的血，付出的不是自己的代价。

如果大家不信，不妨把自己对企业员工的讲话拿出来对照一下，看一看自己在给企业员工们讲解稻盛思想或者在企业启动阿米巴动员会的时候到底使用了多少次“管理”这个词汇。企业家自己可能根本还意识不到这个问题。

阿米巴不是独立的管理方法，而是稻盛经营思想的一部分

把阿米巴当做一种新的独立的管理方法而稻盛经营思想体系中的一部分是中国企业家在学习稻盛思想或追求阿米巴经营时最常见的通病。企业家每每讲到阿米巴经营，同时提及的却都是这种管理、那种管理，根本就意识不到经营与管理完全是两回事。其实，管理在事，经营在人。如果学习阿米巴经营关注的仍然仅仅是如何提高做事效率，那还是学不会真正的阿米巴经营。阿米巴是经营不是管理，阿米巴经营是“通过做人而做事”，通过“做好人”而“做好企业”。阿米巴经营“通过做人而做事”这一方式在本书第四章还要给大家提及。其实阿米巴经营的三大目标都是围绕人：(1) 感受市场温度、培养经营意识关注的是人，因为意识是人的思维属性；(2) 培养阿米巴经营人才自然也是关于人；(3) 鼓励企业的全员参与更是关于人，让整个团队都得到点燃。

然而企业家们学习阿米巴的动力其实最初都源自于一种对事动力的追求，也就是关于如何提高企业的做事效率，而总是忽略稻盛先生关于“提高心性拓展经营”的逻辑与教诲。大家所关注的仍然仅仅是“拓展经营”。其实“提高心性”是关于人的，“拓展经营”是关于事的。人属于因，事属于果。稻盛先生坚决反对一上来就瞄着成果的成果主义思想。所谓菩萨在因，凡夫在果。企业家如果没有良知的种子，不发生心灵的转变，不在人因、人心上下工夫，而只是专注于事果，那么学习阿米巴经营模式充其量也就是在管理的牛身上长出一个经营的马头，做出个不伦不类的四不像而已。

我已经给大家多次讲过，稻盛经营思想体系可以分成三个部分来学习，三部分之间具有严谨的逻辑关联意义，经营哲学是树根，经营理念是树干，经营手法是果实。实际上，阿米巴经营模式就属于经营手法，属于

果实，是不能够脱离树根、树干而独立生存的部分。稻盛先生坚决反对企业家一上来就追求成果。在稻盛先生看来，成果是善念发心与不懈努力的结果，不必刻意追求，努力之后自然而来，那是水到渠成的事情。

然而我们企业家的思维方式总是不自觉地与稻盛思想的逻辑颠倒，稻盛先生反对的恰恰是企业家们所追求的，稻盛先生注重的恰恰又是企业家所忽略的。如此方式学习稻盛思想又怎么能够学习到真正的稻盛经营思想呢？因此这种表面的学习只是一种手法、一种知识而已，学习不到真正的思想。那么这样打着学习稻盛思想的旗号又有什么实际意义呢？不过是沽名钓誉罢了。

把阿米巴经营当做一种可以独立使用的手法、新的企业管理模式来学习，这是学习阿米巴经营的一个最突出的误区。如果企业家仍然抱着管理的思维，把阿米巴模式直接往管理体系里面加，将二者做简单加法，那是绝对行不通的，也是注定要失败的。其实这种“失败”根本就不是阿米巴经营模式在中国企业实践中的失败，因为这种“混搭”模式根本就不能叫做阿米巴经营模式，只不过是一种仍然在管理机制下的管理组织划小而已。这种管理目标核算的分解划小充其量只能叫做精细化管理而已。坦率地讲，这种精细化管理确实是许多中国企业缺失的，也确实具有一定的日本企业管理模式的特征，但并非阿米巴经营的本质，更不是稻盛经营思想的本质，因为精细化管理仍然属于管理思维、管理范畴，终归属于管理而不属于经营。

如果大家真心想要学习稻盛思想的话，那么还是请企业家彻底清空自己头脑中的管理思维吧，彻底倒空那个管理思想的茶杯吧，然后再往头脑里装入新的稻盛经营哲学与经营理念，从新建立起一种思维坐标系。如果企业家不发生思想原点和思维方式转变，许多阿米巴经营的问题或许会成为中国企业家永远也搞不明白的事情。也就是说，如果大家想要真心学习稻盛经营思想，那么自我实现必须首先发生彻底的转变。当然这种思想转变应该发自于大家的自愿，因为学习稻盛经营思想是没有人强迫的，大家想学就学。如果大家不想学、不能接受稻盛经营思想，那么完全可以不学。

如果大家想学习稻盛经营思想，那么就必须放下头脑之中原本的管理思维。因为管理思维的惯性总是在企业阿米巴模式的设计与实施中不经意之间冒出来进行干扰。如果不能意识到头脑深层管理思维的干扰，如果总是把管理思想与阿米巴经营进行简单加法，最后也只能做成一个不伦不类的阿米巴四不像。这还算是一种好结果，更恶劣的后果恐怕还会有人把自己对阿米巴的无知推给稻盛先生，推说稻盛思想是骗局。

2. 阿米巴模式不是管理是经营

我在第一章中曾经给大家指出，西方管理体系的思想原点与稻盛经营思想体系的思想原点完全不一样。关于这一点，我之前跟大家承诺过会在第二章的第二部分“阿米巴模式是经营不是管理”为大家接着分析。

阿米巴模式是经营而不是管理，这是我在本书中最需要给大家强调的观点、要点，因为经营是经营，管理是管理，经营有经营的逻辑，管理有管理的逻辑，两者根本不是一回事。但是大家似乎始终搞不明白我这句话的真正意思。经营管理、经营管理，似乎大家已经都习惯于这么朗朗上口地说，似乎经营与管理只不过是大家习惯说法的不同而已，在思想逻辑上都是一回事。人们往往都是这样认为的。

其实还真不是这么回事，因为经营是经营，管理是管理，经营与管理各自有各自的属性，各自有各自的机制，各自有各种的规律与法则，是不能够简单地相互混淆使用的。我给大家讲过，经营与管理两者思想的公分母是不一样的。稻盛经营思想是关于经营的，而不是关于管理的。因此我们反复提醒，企业家最好不要再带着原来的那种管理思维来学习、认识、判断稻盛先生的经营思想，至少不要有意识带着管理思想来学习稻盛经营思想。至于埋藏在头脑深处隐藏的管理思维，就得慢慢地去除，并不是一蹴而就的事情。

实际上，企业家敢于在头脑之中把阿米巴经营模式与管理思想混淆在一起做简单加法，都是因为在思想根源上还没有搞清楚经营与管理完全是两回事，所以一直想把阿米巴这只羊往管理思想的圈里面赶。学习稻盛经营思想的困局往往就出在这里。当然我们这里所指的是在认知方面的障碍，更重要的原因还是企业家在内心良知方面放不下个人利益之心。

经营 VS 管理

那经营与管理的区别到底在哪里呢？这个话题如果展开来讲的话，绝对是一个非常庞大的话题，因此本书在这里不太可能做到，而且这也不是本书写作的真正目的，所以我这里只能简要概括地给大家讲一讲。

关于这一问题，我必须追溯到 2010 年 6 月在阳光 100 大会议室所召开的北京盛和塾发起人第一次会议。在那次会议上，阳光 100 易总深有感触地讲：“管理就是管坏人，我们今天学习稻盛思想找到了一个激励好人的方法。”其实这就是我关于“经营与管理到底区别在哪里”这个问题思考的出发点、初始点。在 2010 年 6 月 10 日稻盛思想北京论坛上，阳光 100 易总讲的似乎也是这个主题。

接下来我顺着易总的思路一直接着往下思考，于是也就把稻盛经营思想的许多要点以及阿米巴经营模式的许多问题想通了。其实学习稻盛思想的许多问题都来源于如何认识经营思想的思想原点。比如稻盛经营哲学、经营思想的原点开宗名义的就是“作为人何谓正确”这一原点问题。分解地讲，稻盛经营思想的原点“作为人何谓正确”，一方面是关于“作为人”的，另一方面则是关于“正确”的，即做人的正向价值观，也就是如何

“做好人”。

我前面给大家讲过，德鲁克先生强调管理事，稻盛思想则关注经营人。那么这两者的背后逻辑又是什么呢？其实德鲁克管理事不可避免地要涉及人的问题，毕竟事情必须由人来做，不可能自己完成。那么管理思想关于事情的逻辑到底是什么呢？也就是管理逻辑关于人的真正潜台词到底是什么呢？

其实管理逻辑的潜台词就是管坏人，管理就是管坏人。这是阳光100易总在北京盛和塾发起人第一次会议时的有感而发。管理逻辑的这一潜台词，一般很难说得出口，因此往往只能够保留在潜台词的思想原点方面，也就是管理事的逻辑延伸到人其实就是管坏人，唯有坏人才需要被管。因此管理的逻辑实际上是基于一种不信任人的企业文化。因为我不相信你，我认为你是一个坏人，所以如果我不管着你，那么你就一定会做坏事，就一定会做损失企业利益的坏事，也就是损失企业老板的利益，因此我必须管着你，不能让你去做坏事。企业老板已经假设你是一个坏人，这就是管理思想的一个根本假设。其实这种关于好坏的判断并不是一种真正的价值观衡量，而是一种利益对立的衡量，即假设人人都是自私的，人人都是为了自己的。这就是我所说的第一把尺子的衡量方法，一把利益的尺子。管理的思维原点假设人人都是为了自己，而且还假设企业之中是以老板的利益作为判断好坏的标准原点的，如果员工为了自己的利益行事，就一定会与企业老板的利益相对立，因此就成为以老板利益为衡量基点之上被贴上标签的坏人，这种不能被老板文化信任的“坏人”就必须使用管理的方法来约束。这就是管理就是管坏人的逻辑。然而这种“坏人”不一定是道德方面的坏人，而是利益衡量方面的坏人，是在做事维度方面的坏人，却很容易因为缺乏信任进一步发展成为真正在道德方面的坏人。

管理思想的原点 VS 稻盛经营思想的原点

让我们再对比一下管理思想的原点与稻盛经营思想原点的差别吧。稻盛经营思想的原点是“作为人何谓正确”，是关于人，关于如何激发做好人的，假设你是个好人，假设你能够成为一个好人。然而管理的逻辑是什么呢？管理的逻辑不是“作为人何谓正确”，而是“做错事了我应该如何惩罚你”。一个是关注人，一个是关注事；一个是关注做好人，一个是关注做错事；一个是激发人如何做好人，一个是做错事之后如何惩罚人。两者的基点与逻辑是完全不同的，正是由于这些不同，我们才不能做简单加法。

按照心理学的原理，如果你假设谁是坏人，那么最终他可能真的成为坏人，不仅仅是物质利益对立意义方面的坏人，而且可能成为道德意义方面的坏人。为什么会这样呢？因为无论他如何努力，你都假设他是一个坏人，那么他去做好人的任何努力还有什么意义呢？反正在企业老板的头脑中，他永远是一个坏人，那么他就只能够破罐破摔。

管理就是管坏人。就是这样的逻辑，原点假设员工都是坏人，与企业老板的利益根本对立。管理希望能够管住坏人，然而真实的结果却是什么呢？真正的坏人其实一个都没有被管住，好人却都被管住，困住了手脚，企业的业务效率、做事效率因此全都被管得没有了。循规蹈矩的好人没办法去做事了，然而坏人照样可以钻制度的空子，企业最后也就只能变成一个官僚机构。大家不再需要努力创新去提高做事效率，而且官僚行为的理由讲出来全都冠冕堂皇，条条可以找到管理制度规范方面的理由。我非常感慨海底捞张总在阳光100年会上讲过的一句话：“一个真正想要做事的人，为了完成一项工作，那么必须突破多少管理的障碍呀！”这其实是一位真正有一线实战经验的老总才能说出来的肺腑之言！

管理思想关注的主要是如何守住企业底线、如何守住下限、夯实基石，往往通过管与控的方法，也就是一种能力固化的方法，特别关注于如何“做对事”，然而人心是不可能被真正地、根本地管住的。因此管理最专注管理事，而经营思想其实是关注提升企业上限，经营人往往要通过激发人心、提高心性的方式，是一种努力活化的方法，特别关注于如何“做好人”。可见管理与经营是两种完全不同的方法，具有完全不同的原点假设，两者之间根本无法做简单加法。我这里只能概括地给大家讲到这个程度。

在中国企业之中，大家已经习惯于使用“经理”这个称呼，如果职位再高就叫“总经理”，当然还有叫做总裁的。其实总裁与总经理还是有意义差别的。“经理”其实是一个非常符合中华传统文化意义的词汇，不知道当年是何人首先使这个词汇进入现代企业之中。所谓“经理”，其实既有“经”的意义又有“理”的意义，具有双重意义。“经”所对应的应该是“经营”的范畴，而“理”所对应的则应该属于“管理”的职责，因此“经理”一词既有“经营”的意义又有“管理”的意思。然而这样的双重职责不太容易同时实现，真正的经营人才太不容易找到。真正的经营者都已经去做企业的老板了，如果懂得如何经营的经营者只做企业内部的经理，大家一定感到屈才。因此现在企业内部的所谓经理的工作，实际上就只具有“管理”的意义，而企业真正“经营”的职责只有企业老板自己去做了。在企业原本的框架结构之中，企业往往就只有一个经营者，那就是企业老板。这种企业管理模式在组织框架上实际上属于管理最大化，经营最小化。

3. 阿米巴模式不是包产到户制

一上来就阿米巴经营就是“包产到户”，这是所有人对于阿米巴经营的最初反应、最初级的认识。其实，把阿米巴经营理解为“包产到户”是在企业组织形式上理解阿米巴经营的最典型也是最致命的误区。当然，一上来有这种反应也是相当正常的，我们阳光 100 当初也是这样的反应。我在本书自序中给大家讲过阳光 100 在实施阿米巴经营的时候，基层组织的名称从 ITF 到 UTF 的改变。当初的 ITF 实际上就有基于“包产到户”这种表面理解的认知原因，只不过阳光 100 比较早就意识到了这个理解误区，于是比较早地转头，并没有等到碰到南墙才转头，这是我们很庆幸的经历。概括地讲，阿米巴经营模式应该属于一种小组经营制或者小集体经营制，而不是“包产到户”的个体经营制。

我们阳光 100 非常庆幸能够及早地发现这个问题而回头，然而还有许多企业始终不回头，仍然按照“包产到户”的思维勇往直前，比如海尔的人单筹就是一味地划小到人。海尔的方法是把经营任务分解到每一个“个人”，以个人作为核算单位，叫做“人单筹”。可能许多企业家都听说过这个术语。然而这种“人单筹”的方法其实并不是真正的阿米巴机制。为什么这么说呢？

阿米巴经营在组织形式上确实依赖于一种组织划小的方式，然而组织划小并不是一味地划小为好，阿米巴组织划小也不是单纯为了划小而化小。大前研一先生曾经评价稻盛先生的经营哲学是渗透到了企业组织的内部的，这个评价非常重要。稻盛先生的经营哲学确实打到了企业组织的内部，打到了基层运营组织的层面。阿米巴组织其实是贯穿稻盛经营哲学思想的基础细胞形态。阿米巴的本意实际上就是一种变形细胞、一个变形虫，在企业里面所对应的就是一种动态组织形态。而阿米巴组织划小实际上仅仅是实现基层组织的动态形式而已。

阿米巴组织划小的根本目的

那么阿米巴组织化小的根本目的到底是什么？我已经给大家介绍过，稻盛先生的企业运营思想属于一种经营思想，而且经营的核心是经营人，关键是激励人。阿米巴组织划小只是为了服务于激励人这个目的的手段、手法而已。其实即便是我们回到关于做事的维度上看，阿米巴组织划小也不是一味地划小，只是一种手段而已，并不仅仅是事维度方面的事情或者目的。即便是在事维度方面，还有这样一个原理。组织上“划大为小”是为了在处理事物方面能够“划繁为简”，而不是一味地在组织上划小，直至划到海尔那种“人单筹”的个人。实际上将组织划小到个人，“组织”的意义已经消失，这种单元过小甚至就成为了“划小为繁”。

这里面还涉及一个事物完整性的原理。一个复杂的大事物可以被分解成为若干个独立的小事件，然后由某一类小组织或者叫做阿米巴小组专门负责划小之后的独立小事件，这就叫做事维度的“划繁为简”。然而这种“划繁为简”（简称“划简”）其实是有约束条件的，那就是“划简”到最基础的简单独立事件就可以了。这就是我们所说的遵从事物完整性的原则。如果事物已经划得够简了，而后还要继续将事物进一步划小切分，直至把事物分割到可以与每一位员工个人的操作任务相对应，那么这就是为划小而划小，过度划小，也就是将“组织”划小成“个人”，已经根本不能叫做组织。

这就属于将事物进行了过度切分，人为过度划小，不是按照事物的属性进行划小，不是按照事物的属性划小组织，而是为了一味划小组织人为过度切分事物。也就是说组织划分方式违背了事物完整性原则。那么这种过度切分划小事物的后果又是什么呢？

阿米巴在组织上划大为小原本是为了在处理事物上能够取得“划繁为简”事半功倍的效果，然而组织过度划小甚至划分到个人单元的时候，反而会将处理事物的过程变成了“划简为繁”，事倍而功半的画蛇添足。原本事物已经被划分到最简独立单元，可以委派一个阿米巴小组来处理了，然而如果我们接着把这种事物完整的最简独立单元进一步切分，那么被人为切分之后的每一份工作在完成之后就会出现需要把过度分解事物再重新整合回到一个完整事物系统的“额外工作”。然而这种重新组合而成的事物整体的“额外工作”并不是先天存在，而是被后天人为制造出来的，那么这就完全没有必要。这仅仅是过度划小组织在事物处理结果上的一个表现，过度划小所引发的“额外工作”。

从另外一个方面讲，因为过度划小的工作需要额外重新组合的一步，那么就必须依赖于一种人与人之间良好的合作机制，然而绝大多数中国企业中的员工原本就不太善于团队合作机制，划分到个人的“人单筹”实际上过度强化了个人利益核算思维，如果再加上企业没有哲学共有、理念共享的思想整合机制，那么利益个人化的过度组织分解就会给企业的每日工作带来巨大的“额外成本”。似乎企业的末端被激励了，但实际上企业的系统机制已经被彻底打散了。企业员工们人人各自为战，互相之间缺乏团队意识与合作意识，只有个体，没有团队，人与人之间完全成为一种简单的利益关系。

这些问题都是人为的过度组织划小的错误认识造成的，都是破坏了事物完整性而一味地组织划小造成的，都是单纯地为了划小而划小造成的。实际上也就是把阿米巴经营当做“包产到户”的观念惹的祸。

组织划小的三个原则

稻盛先生在《阿米巴经营》一书中给出过关于组织划分的三个条件或者也可以称之为组织划小的三个原则。然而我们大多数可爱的企业家在企业阿米巴实践的时候并不怎么遵循稻盛先生所提出的这些条件。别说组织划分的条件了，甚至就连企业导入阿米巴经营的目的都是按照企业老板自己的想法在想当然，而不是按照稻盛先生所提出的那三个目标来进行。

在稻盛先生所提出的关于组织划分的三个条件中，海尔的“人单筹”至少违背了第二条与第三条。第二条实际上就是关于遵守事物完整性的原则，而海尔的“人单筹”把独立事物过度分解了。第三个条件是关于不能够损害公司的整体目标与方针，而“人单筹”的利益基点完全是基于刺激个人。其实阿米巴经营有一种核算在小、利益在大的属性，但是“人单筹”则属于无论核算还是利益都过度归小。

稻盛先生在《阿米巴经营》一书中就告诫过大家，阿米巴组织划分并非越细越好。阿米巴经营激发的是一种小组织、小集体经营制，绝不是“人单筹”那种个体核算制，因此绝非大家所认为的包产到户制。也就是说，阿米巴经营绝不是个体户经营，当然也绝不是反过来的大锅饭经营制。按照我的一位研发助手的总结，阿米巴经营是小锅饭，是一种小集体经营机制。我后来根据阿米巴内部分配机制又继续总结过，阿米巴经营还可以看做是一种桌餐制。关于桌餐制的问题，这里就不再给大家展开讲解了。

组织划小的心理内涵

接下来的内容应该说属于心理学的研究范畴。我曾经给大家讲过，西方学术思想之中的心理学、社会学、组织学、伦理学等学科知识能够成为我们理解稻盛经营思想向上攀登的辅助性台阶。其实我一直认为，稻盛先生确实把人的心理需求搞通了，因为稻盛先生一直强调从人的本性、事的本质方面入手思考问题。

心理学家们发现，人的幸福感实际上在小组之中是最强的，比如说一个个人在自己独处的时候，平均每天笑的次数可能有5~6次，而在小组之中可以达到平均16~17次的水平，几乎是个体存在形式三倍的水平。另外人与人之间的沟通与交流，甚至相互之间默契的程度在小组之中也是最充分、最强烈的。一个人一般与自己周围的5~6个人的交流频率最多、最充分，自我存在的价值也最容易得到身边人的鼓励与认可。然而如果身处一个更大的群体之中，实际上超越了身边的这5~6个密友，其实对于那些其他的人，某人头脑中的印象大多都是充满陌生、未知甚至是恐惧的。比如一个人在小组内部发言不需要打腹稿，可以畅所欲言，然而在大场面环境之中，拿着事先准备好的稿子讲话往往还都是战战兢兢、磕磕巴巴的。这就是大集体与小集体对于人性激发的差异。大集体环境对于一般人而言是陌生、疏远与模糊的。因为陌生，所以恐惧，因此在大集体的环境之中，人们都会习惯式的采用守势甚至过度防御的态势，而不会盲目采取攻势或者挑战的态势。因为要熟悉和了解一个陌生的大环境，并且能够在一个大环境之中充分正常自如地发挥甚至超常发挥某人的能力，所需要的时间过程、机会成本、勇气与能力十分巨大，往往不是一般人、也不是企业内部的普通员工能够轻松实现的。请大家不要忘记，阿米巴经营是激励企业大多数员工的努力与挑战的，这种态度与能力往往需要在小组织环境之中实现。小组织环境是能够激励员工的，这其实就是组织划小的妙处所在，也是企业家还没有意识到的意义。

在一个拥有5～6人的小组织、小集体之中，每个成员所感觉到的往往是一种日常、熟悉的环境。环境熟悉而又不怯场，既能够激发出每个人的潜能，又容易感受到赞扬、理解与认可，形成正向激发。其实小组织成员之间的那种互相感觉是人性在日常人生之中不可缺少的，能够在满足安全意识之后进一步激发向上的奋进与挑战意识。可见稻盛先生非常准确地抓住了小组织对于人性的正向激励作用，确实是把人性给参透、认识透了。我多次给大家讲过稻盛先生认识问题、思考问题的方式是抓住了事的本质与人的本性，阿米巴经营小组的运行机制其实就是最好的说明。

阿米巴经营涉及事的本质与人的本性，因此必须给大家重点强调，阿米巴经营是基于一种能够最有效激发人的正向社会品性的小组织人性经营机制，因此阿米巴经营组织绝对不能采用个人主义“包产到户”的单干制，也绝不是所谓的“人单筹”。“人单筹”实际上还是以事绩效维度最为考虑事情的出发点，而忽略了小组织在激励正向人性方面的意义。只有提高心性才能够拓展经营，而不是通过核算压力来拓展经营。阿米巴组织划小的意义所包含的其实是如何经营的提升之理——如何激发人性的正向提升。

规模经济与阿米巴组织的简单关系

稻盛思想的阿米巴机制实际上一种是将企业的整体规模与有效运行组织相分离的逻辑。关于这一点，本书第四章中还会给大家进一步讲解。我这里只是想给大家讲一讲规模经济与阿米巴组织的简单关系。

规模经济其实是经济学的概念，如果引用到企业运营中来，按照西方管理思想关于企业发展的套路，规模企业或者企业规模就是一种大组织。这种关于大组织的企业规模实际上存在着企业有效规模的上下限问题。也就是说，某种企业模式，如果不能满足这种模式的上下限要求，那么就不能够发挥如何规模效益。然而在现实世界之中，企业家往往只注意到了规模经济的最低要求，而忽略规模经济的上限制约，因此也就认为企业的规模越大越好。

然而阿米巴经营实际上属于一种小组织经营。其实这种有效运行的经营小组织也存在着有效组织的上下限问题，不过往往人们最容易忽略的也是这种小组织的下限制约问题，所以才会认为组织划小应该是越小越好，“人单筹”就是这样一种思维，“包产到户”也是这样一种思维。其实这些做法和思想已经完全违背了阿米巴组织关于下限的要求，极大地破坏了事物完整性的原则，违背了阿米巴组织有效运营的原则，实际上把“划大为小”变成了“划简为繁”，过犹不及地反其道而行了，没有抓到事物的本质。另一方面，只关注提升事维度的业绩，违背了小组织有效正向激励人心的核心意义，也违背了提升人的本性的要求。由此“包产到户”的认识，既在经营事的维度上违背了“事的本质”，又在经营人的维度上违背了“人的本性”。可见“包产到户”这种观念在认识上的误区真的不浅。

4. 阿米巴模式不是计件提成制

把计件提成制当做是阿米巴运营，这是另外一种理解阿米巴经营时经常陷入的认识误区。其实“人单筹”也具有这方面的错误。我们前面主要是从组织形式上阐述“人单筹”组织无底线划小到个人的错误，也就是“人单筹”在“人”方面的问题，接下来我们所需要分析的问题实际上是关于“人单筹”在“单筹”方面的误区。坦率地讲，“人单筹”的“单”方面确实每一“单”工作都可以进行核算，但是如果把每单的核算都立即转换为“筹”，也就是单单针对个人都有筹的话，就会出现违背阿米巴经营原则的问题。“人单筹”实际上可以看做是“计件提成制”的另外一种说法或变化形式。

“计件提成制”是“包产到户”思想的很自然的延伸或者变体，“计件提成制”其实根本不符合阿米巴经营机制，而且在更多方面严重地违背了阿米巴经营的基本原理，违背之处绝非一条两条。因此我们必须把这个企业家经常犯的认知错误给大家着重提出来，再重点讲上一讲。

大家知道，稻盛先生是坚决反对成果主义的。稻盛先生所倡导的是一种实力主义，是在思想的原点方面进行反思与反省，思考一切行为是否符合“作为人何谓正确”（也就是“发心”），然后在真正行动的过程之中或者前行的途径上“付出不亚于任何人的努力”（即“努力”），那么这种“发心”+“努力”之后的结果应该是自然而来的，不必刻意强求。这是稻盛先生经营思想、经营逻辑之中非常核心的一条。

海底捞你学不会

请允许我先给大家讲一个关于海底捞的故事吧，我在讲解稻盛经营思想注重发心而不是以成果主义逻辑作为评价结果的时候经常会讲到这个例子。有人说，海底捞学不会。那么，海底捞，大家为什么学不会呢？从我给大家讲的这个故事之中，大家或许就可以找到一些问题答案的线索。海底捞大家之所以学不会，不是因为技法的差距、不是手法的差距，而是心灵上的距离。

故事是这样的，海底捞每开一处新的门店，在开业之前，海底捞总部的工程部都必须进行事先装修，特别是厨房的部分，那是装修工程的一个重点。每次厨房装修都必须在建筑内部设计和安装专门的厨房排烟管道。

有一次，海底捞要新开一处门店，工程部接到装修工程之后发现这处门店的厨房位于一座大厦的顶层，完全可以使用直排排烟的方式，没有必要再使用常规的管道排烟方式。这种直接排烟方式不仅效果好而且还可以节约工程费用，因此工程部就大胆地使用了这种方案。

然而由于相关的工程经验不足，工程部忘记在楼顶天花板处做防水措施，因此等到这个门店开业之后，雨季到来，雨水把厨房给淹了，影响了门店的正常生意。于是门店店长一状告到了海底捞张勇张总那里，要求对总部工程部进行批评惩罚。然而张勇在了解到具体情况之后不但没有批评海底捞总部工程部，反而还嘉奖了工程部的大胆努力尝试。

试问张勇张总如果按照成果主义的逻辑批评或者惩罚了工程部，那么工程部以后还能够做任何的创新挑战吗？那根本是不可能的。我们经常听到企业老板抱怨自己的企业团队没有积极性、缺乏挑战性，其实问题往往并出在团队的身上，而是因为企业的评价体系导向出了问题。如果企业总是以成败成果来衡量一切，那么企业团队的保守态势是改变不了的，只能是不求有功、但求无过的明哲保身作风。人人顾忌挑战多么容易失败，多么费力不讨好，如果谁挑战失败了，惩罚的板子就要打在自己的屁股上了。因为老板企业需要的是成功、成果、业绩成效，而不是以发心来正确认可努力，结果就是大家最好还是不要“努力”挑战与创新了。关注“结果”的成果主义必定会导致过分防守、过分保守的态势，而不会盲目出击、挑战、创新求败。成果主义会导致“防守逻辑”，即“安全逻辑”，努力挑战则属于“进攻逻辑”。“不求有功但求无过”就属于典型的“防守逻辑”、“安全逻辑”，因为成果主义是不包容失败的。然而任何“努力逻辑”、“挑战逻辑”都必须包容失败，“失败是成功之母”。人们从失败中学习到的东西往往比成功要多。从人性的心理特征方面讲，在比较低的心理层级，人们主要通过对成功的学习进行提高，而在中高层的心理层级，人们则往往能够从失败中学到更多。是否“包容失败”其实属于领导力不同层级的属性。

海底捞大家为什么学不会？现在大家应该有一些感觉了吧！其实都是老板成果主义的思维捣的乱。如果海底捞大家学不会，那么学习稻盛先生的阿米巴经营也未必能够学会。阿米巴学不会恐怕这也就只能是“必须的”了。我非常喜欢海底捞张勇张总常说的一句话：“凡事发生了最好多问一个为什么。”这个多问一个为什么，实际上也就是不仅仅要看成果，而且要问发生问题的原因所在。这就是“成果主义”逻辑与“因果主义”逻辑的差别所在。稻盛先生信奉佛家的“因果逻辑”其实也表现在这里。

阿米巴经营与“计件提成制”的区别

“计件提成制”是一种彻头彻尾的成果主义导向，与阿米巴经营本扯不上任何关系。然而许多企业家则因为自己的企业实行了所谓的“计件提成制”，就兴高采烈地告诉我，他们企业已经阿米巴了。其实我心里觉得十分好笑，这也算阿米巴吗？但是我又没有办法三言两语给这些企业家解释清楚，因此也就只能一笑了之。其实这也是我写作这本书的初衷，对于阿米巴经营的大量误解让本人实在有些看不下去。

还有一种情况，在学习稻盛思想时，许多企业老板口口声声地说“付出不亚于任何人的努力”，然而一旦落实到工作评价体系，仍然沿用着成果主义导向和以成败论英雄的思维方式。也就是说，仍然以是否真正达到企业老板所期待的产品或者成果为标准评判员工工作，员工们真实所付出的一切努力其实并不算数，评价系统还是以工作成果的有无或工作任务的成败来计算。如果有工作成果就可以掩盖达成成果的过程或者手段上的一切瑕疵，就像“一白遮百丑”；如果没有成果，看不到物化的成果，那么团队的一切努力都是白搭，对于老板所期待的利益而言都等于零。

另外，“计件提成”所表现出来的成果主义其实是一种非常短线的利益衡量方法，是一种非常典型的短线物质利益刺激法，是一种工作业绩与物质收入最为短线与直接的挂钩方法。而阿米巴的经营核算与工资收入在直接关系方面是脱钩的。但是当大家一听到利益脱钩，各种质疑的声音就会立即发生："那样能行吗？那样怎么可能呢？"其实这种看似不可能的短线脱钩机制恰恰又是阿米巴经营的神奇之处。成果主义的人们很难意识到"人不仅仅只是为了物质利益而活着"的道理，也不知道不是只有物质利益刺激这种单一的方法才能够调动起企业员工真正的工作积极性。

既然大家已经习惯使用"计件提成"的概念，我有时在讲座中也会借用这种形象语言打比方：阿米巴经营不是什么"计件提成"，相反的，阿米巴经营可以看做"计件而不提成"。

另外，关于"计件提成制"的"计件"，也就是工作成果的"核算单位"，我必须再给大家补充一句。阿米巴核算所计算的单位不是产品的件数，不是所谓的产品计件，而是计算每一件工作或者努力所带来的附加价值的创造额，是核算价值金额而不是计算产品件数，而且是计算单位小时的劳动附加价值创造。

关于"计件提成"的危害，不妨大家讲一讲七姓瑶公司老板蒲孟的故事。七姓瑶是一家做家装的全国连锁型企业，但本是高山瑶族的蒲孟一年之中却有大部分时间待在高山瑶的山上，他不喜欢中国现代商业社会之中的利益争斗氛围，甚至连手机都不用，因此大多时候很难找到他。

蒲孟的七姓瑶公司原来使用的就是"计件提成制"。后来他发现，当计件提成的金额与每一合同总金额挂钩的时候，无论设计师、工程队或者销售员都希望接手大金额的单子，而且都会想方设法说服客户增加一些原本没有必要的额外家装配置或者使用一些费用昂贵的配置以增加合同金额。客户最终会发现自己被骗、被忽悠，因此企业早晚都会牺牲客户满意度。而在另外一方面，如果合同的总金额真的增加了，那么企业团队之中的各个部门就会为金额增值部分的功劳分配问题发生矛盾。或者反过来讲，如果合同金额被客户降低了，那么企业团队也会为谁来承担金额降低的部分而发生冲突。无论是上涨或是降低，合同金额的任何升降变化都会影响到企业内部的员工满意度和企业团队的凝聚力。

蒲孟发现更有趣的问题还在于，即便是使用“计件提成制”，全年所有合同单的平均价值并没有多少本质性的改变，也就是说，“计件提成制”并没有真正提升企业的劳动生产率。于是问题就被提出来了，“计件提成制”既没有提升企业的劳动生产率，又牺牲了客户满意度与员工满意度，那么我们使用这种“计件提成制”的真正意义到底在哪里呢？因此蒲孟就把“计件提成制”改成了“计件不提成”。

“计件提成制”这种物质激励法的有限性作用，无论是赫兹伯格的双因子理论还是马斯洛的需求心理学早就已经发现或能够证明了。在马斯洛五级需求金字塔结构之中，物质生理需求属于最低的一级需求，在物质生理需求之上其实还有其他更加高级的社会性与精神性的需求。另外，物质生理需求本身实际上具有一种所谓的缺失性需求的属性，也就是说，如果物质生理需求缺失，就会产生一种负面刺激作用，而一旦被满足，也就丧失了进一步的正向刺激作用。这种负向需求就像人的饥饿状态，让人饿着，那当然不行；然而已经吃饱了，那么再多吃也就没有任何正面意义了。

赫兹伯格的双因子理论说得更加直接。根据因子的刺激作用，赫兹伯格把它们分为具有正向刺激意义与不具有正向刺激意义的两类因子，而员工工资在双因子理论里面其实就是不具有正向刺激意义的因子。也就是说，成果主义到了企业发展的一定阶段以后就不再有正面刺激作用了，即在员工工资水平能够满足马斯洛所讲的物质生理需求水平之后就不再有进一步的正面刺激作用了。而阿米巴经营所关注的其实就是正向因子的刺激作用。

从 output 果思维向 input 因思维的转变

物质利益的成果主义、计件提成、绩效考核所关注的其实是一种果逻辑，是衡量工作的 output 的，然而稻盛经营思想所关注的是因逻辑，是工作的 input 的。实际上海底捞张勇张总所说的“凡事发生了多问一个为什么”的建议，就属于从 output 果思维向 input 因思维的一种转变。

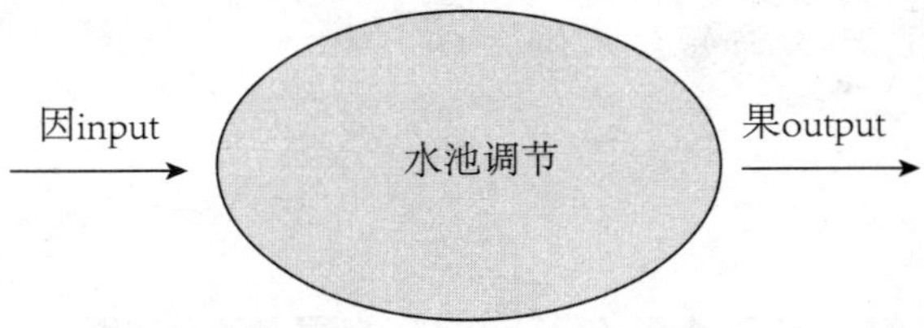

关于如何从 output 果思维向 input 因思维转变，大家是否记得稻盛先生从松下幸之助先生那里学到的水库原理？其实这里面就包含着从 output 果思维向 input 因思维的逻辑转变。我以前做过大约七年时间的水处理行业与水处理系统设计，因此本人对于水池的调节原理和机制转换原理非常清楚，也非常敏感。

以上就是给大家形象讲解的图示，成果主义、绩效主义、计件提成所关注的都是水池的 output 出口方向。其中的隐含逻辑是，任何工作如果不能够成为一种产品，不能够给老板实现摸得着、看得见的价值，那么老板就不会认可。成果主义的老板都是按照成果与成败的标准给员工派发工资。而稻盛经营思想其实是按照进入水池的 input 量来进行逻辑连接的，也就是按照工作努力度来衡量或者支付工资。这里面有一个关于核算与评判逻辑转换的问题，也就是 Input 与 output 之间相互转换的法则。虽然工作的成果 output 还是要核算的，但是员工收入却是按照 input 工作投入量或者努力度来支付。本人大胆估计，关于这个原理，那些不是真正践行阿米巴经营一段时间的企业家还是不太容易搞明白的。我们这里只是必须告诉大家，从 output 果思维向 input 因思维衡量需要进行一种逻辑转变，这种转变中间其实就需要有一种逻辑调节水池。松下幸之助先生的水库原理就具有这样一个调节水池的意义。

5. 阿米巴模式不是短线利益制

——阿米巴经营与短线利益脱钩

“阿米巴经营成果与物质利益脱钩”只是概括地讲，主要是从 output 一侧脱钩，与成果主义的收入分配方式脱钩。其实在 input 一侧还是与收入挂钩的，也就是说工资收入是与 input 努力度投入挂钩的，而业绩成果与收入脱钩是在短线因果关系上讲，其实在中长线上讲也具有某种挂钩的意义，只不过是通过了短线上的努力度而已。所谓努力现在时，能力将来时。

事逻辑与人逻辑

我已经给大家讲过，公司运营总是需要面对两个维度：一个是关于事的，另一个则是关于人的。另外，我们可以使用管理或者经营是两种不同的方式或者模式来进行处理。然而无论是管理方式或者经营方式其实都必须面对人与事这两个维度，只不过各自采用的侧重比例不同、所赋予的权重不同而已。

管理思想、管理模式更加关注于事，经营思想和经营模式更加关注于人。管理思想形成了一种事循环逻辑，而经营思想则形成了一种以人为中心的循环逻辑。在企业的管理思想体系或者管理模式之中，管理元素是被最大化了的，而管理模式之中的经营元素也是有的，只不过是被最小化了而已；然而在经营思想体系或者经营模式之中，所配置的却是管理元素最小化，经营元素最大化。稻盛阿米巴经营属于一种经营模式，而不仅仅是一种经营要素。

在阿米巴经营模式之中，要求经营要素或者经营模块最大化，同时管理要素、管理模块最小化。因为如果企业家仍然抱着管理模式、管理思维学习阿米巴经营的话，就等于是在原本“管理模块最大化+经营模块最小化”的规律模式个管理体系之中加入了经营模块最大化，于是“管理最大化+经营最大化”就超越了企业体系的承受能力，这个企业就等于自寻爆炸，是一种自杀行为。企业能够承载的要么是（1）一个真正的管理模式：管理模块最大化+经营模块最小化；要么是（2）一个真正的经营模式：经营最大化+管理最小化。其实（3）管理最小化+经营最小化，则属于那些还没有走向任何成功的企业，也就是大多数中国民营企业的现状：一方面管理不到位，属于管理最小化，另一方面也不注重经营企业员工人心，属于经营最小化。其实许多来盛和塾学习稻盛经营思想的企业就都属于这种情况，因为学不会企业管理而来学习稻盛思想，把阿米巴经营当做挽救企业命运的最后一根稻草，希望把自己的企业死马当做活马医，属于有病乱投医。而第四种情况（4）管理最大化+经营最大化，则属于一种自杀行为，超越了企业的能量级别边界，在逻辑上是根本不可能的。那些带着强烈管理思维学习稻盛阿米巴经营的企业家其实就是这种情况。我反复给大家讲，阿米巴经营不能与大家头脑中的管理思想做简单加法，其实就有这方面的原因。

关于管理模块与经营模块最大化最小化的认识来源于我们阳光 100 易小迪总裁在 2012 年 11 月一次企业内部电话培训会上的感悟。这方面的机理对于那些根本还未践行过阿米巴经营的企业家而言，未必能够真正理解其中的深刻意义。

那么，如果我们非要把这种事循环逻辑与人循环逻辑进行一种比较，那么对于事逻辑、事目标的起点而言，经营逻辑有一个向前延伸的表现。比如《经营十二条》在业务目标第二条的前端就有一个向前延伸，延伸到大义名分这一步，也就是延伸出来的《经营十二条》第一条。

然而在事逻辑的结尾终点，也就是在物质成果主义的终点之后，经营逻辑还有向后延伸的一步，也就是如何使用事果逻辑的核算结果来点燃人所构成的组织激励。这就是为什么在《阿米巴经营》一书中如何核算的内容被安排在第四章，而核算之后的第五章才是如何打造激情四射的组织。这其实就是用事逻辑的核算结果来点燃人心，是经营逻辑在人维度的向后延伸。

也就是说，经营人的逻辑链条比管理事的逻辑链条要长，要多出前后的环节，前后都需要进行从事向人的延伸。其实这种前后延伸就是在更深的层次上思考问题的一种表现，就像海底捞张勇张总说的“凡事发生了多问一个为什么”一样，把发生的问题向人的深层方面想一想，找一找问题与人的关联是什么。正因为存在着这种向前向后的思考延伸，管理事的逻辑就是事目标与事结果的逻辑对接，而经营人的逻辑就变成了人心与人心的逻辑对接，用事业大义名分的动力源头逻辑对接组织努力之后被点燃、被人心激励等人性提升的结果。

因此如果大家要想深入理解阿米巴经营到底是怎么一回事，就必须明白“事逻辑”与“人逻辑”两种维度的机制问题。管理逻辑与经营逻辑属于两种不同的处世方式，绝对不能将两者简单混为一谈。其实阿米巴经营中所谓的划小，是关于事逻辑的，属于管理最小化，必须将复杂事物“划大为小”、“划繁为简”。因此阿米巴组织划小必须遵守事逻辑，尊重事物的完整性，不能过度切分，并不是脱离事物属性将组织划小到越细越好、越小越好。

划小与归大

阿米巴经营在事逻辑方面是划小，在人心经营方面的逻辑则是一种归大，比如将企业老板的个人利益转向企业存在的大义名分与使命感，将员工的个人利益转向小组贡献与荣誉感，其实都属于经营最大化的范畴。请大家注意，阿米巴业绩核算结果是用于点燃组织而不是点燃个人的，不是根据业绩成果简单地让个人拿钱、拿奖金、拿提成。之前已经说过，阿米巴经营属于“计件不提成”，不会在物质利益上立竿见影。这种发钱的经营模式太过简单，是最懒隋的企业老板的经营方式，属于经营最小化的方式，根本没有经营人心的任何努力。最懒惰的方式，海底捞张总其实就有过如此的概括。

“计件提成制”实际上是将做事的事逻辑与做人的利益得失相挂钩、相连接，以期得到一种短期刺激效果。而阿米巴经营则是将做事的成果与人的利益得失观尽可能地分离开来，无论是企业老板的个人利益还是企业员工的个人利益都一样。阿米巴经营属于利益分离法、脱钩法，是斩断利益逻辑、斩断利益思维的，是一种斩断短线因果逻辑关系而建立中长线逻辑的方法。或许还要等看完本书第五章“三把尺子”的内容，大家才会有更深入的理解。

经营事的方法在于划小。其实所谓的管理事的逻辑就是将复杂的事物简单化，也就是从大到小的逻辑。经营事在手法上继承了这样的属性，也就是有效性属性，其实都是一种事逻辑。做事就是要划繁为简才有效。然而经营的整体逻辑则是从无到有、从小到大，符合归大的法则。这是一种目标逻辑，而不是手段逻辑。

经营人也是如此，在整体目标上，经营人心在于归大，让人放下短线物质利益之心，共同归属于共享大业的缔造。然而放下利益这话说起来容易，做起来实在太难了，所谓人无远虑必有近忧。因此真正的阿米巴经营不是那么容易学得会，它必须建立在经营之道上，而不仅仅是经营之术、经营手法那么简单。其实能够放下多少短线利益之心，就能学到多少稻盛思想关注于中长线的思想，就能学到多少阿米巴经营。稻盛经营思想是将经营业绩、经营企业与经营人生相关联的一种逻辑，是通过“做好人”而“做好企业”的一种逻辑。“事逻辑”在于划小，“人逻辑”在于归大，就是这个道理。“核算”属于“事逻辑”，“激励”则属于“人逻辑”。前面给大家分析过的“计件提成”之中的“计件”属于“事逻辑”，而“提成”则属于激励人的“人逻辑”。但是使用“提成”的方法激励人，效果非常有限，因为那只是一种短线小激励，违背“人逻辑”被激励在于大的要求。

阿米巴在事经营上，要不断细化，往更小的方向上走，但是却存在着关于“小”的下限问题，不能够一味地“划小”，不能够破坏事物的完整性。另外在时间维度上也要核算划小，从年度目标走向月度核算、周核算甚至日核算就是在时间维度方面的划小。在所谓的空间维度方面，核算则是从整个企业细化的部门、阿米巴组织甚至到人（但是不与个人收入的“筹”挂钩）。核算表的各种费用项目也需要尽可能地细化。

然而将事物细化不是为了分钱，而是为了及时发现问题、进行改进。在时间维度上的细化是为了鼓励“每日精进”；在空间维度上的细化是为了实现“人人精进”。这就是与海尔“人单筹”的区别所在。

然而在经营人的维度方面，在人的利益或收入方面，在时间维度方面，阿米巴经营是从短线利益往中长线方面转变，而不是永远短线提成的那种收入分配方式。阿米巴经营必须斩断短线利益思维。这是在时间维度方面的从小到大。

在空间维度上，人的收入分配其实也是从小到大，往大方向走，是从个人利益结算中心向小组织、小集体利益分配制度的方向转变，向共同富裕、互相感恩的方向走。我把这称之为小锅饭或者桌餐制。

借用前一个话题所使用的 input/output 图。阿米巴经营的收入分配是在 output 方向上与业绩成果脱钩的，但是在 input 方向上进行重新挂钩。这种在 input 方面的挂钩不仅仅包括努力度的投入，还包括发心的衡量。比如我们给大家举过的海底捞工程部的例子其实就是非常好的说明。这里面涉及企业评价体系导向改变的问题，如果企业的评价导向仍然是成果主义的，以成败论英雄，那么阿米巴经营机制就无法实现在 input 一侧与努力重新挂钩的逻辑。

阿米巴经济收益如何处理？

接下来就给大家出一道考题。有人问，如果阿米巴经营出现盈利，那么阿米巴小组可不可以分钱？我就多次被问及关于阿米巴经营收益如何处理的问题。

其实这是一个伪问题，还是因为不理解阿米巴经营机制才会提出来的。所谓的阿米巴经营出现盈利，其实是阿米巴经营必需的经营目标！反过来讲，如果阿米巴经营出现亏损，是不是就应该有人被罚钱呢？这种是否盈利分钱或者罚钱的问题仍然是将个人收入与右侧的 output 挂钩的想法，仍然是一种管理思维方式。我们说过右侧 output 与工资收入已经脱钩，而新的收入分配方式应该根据左侧的 input 来计算，包括努力度投入与发心衡量。其实根据左侧 input，努力工资制已经被计算过一次了，怎么还能够再计算第二次呢？就像商家促销方案只能使用一种，不能够反复叠加使用。因此关于阿米巴经营盈利分配的问题完全是一个伪问题，是根本还不理解阿米巴经营到底是什么的人提出的问题。阿米巴长的责任就是提升阿米巴小组的核算，就是使这个阿米巴小组盈利，那是阿米巴长努力的结果。阿米巴长的努力已经在 input 一端被支付过收入了，怎么还能够按照经营结果又来一次呢？

另外，我还有一个关于能力与努力工资奖金动态换算的公式，这里就不给大家继续展开讲解了。因为阿米巴工资机制不是三言两语就能够讲得完的，现在大家只需要明白收入计算应该从右侧的 output 一端脱钩，再从左侧 input 一端挂钩就可以了。

6. 阿米巴模式不是分权是赋权

“赋权”机制的概念是我从三矢裕教授《阿米巴模式》一书中首先看

到的。我认为这确实是阿米巴经营机制的一项本质特征，既与事有关，也与人有关。我只不过是根据自己对稻盛思想与阿米巴经营属性的理解，帮助大家对三矢裕教授定义阿米巴经营模式属于“赋权”这个概念进一步展开分析而已。

显然，中国企业家真正所熟悉的其实是关于“分权”的概念。大家可能会将阿米巴“赋权”制与一般的企业规模“分权”制混为一谈。所谓的企业“分权”机制，是如果一个企业的规模做大了，已经做成大型集团，拥有许多分公司、项目公司或门店，那么企业老板原本那种亲力亲为的管理方式肯定就再不灵光了，不得不“分权”于他人。这就是兵法上所讲的“势重而分”、“事大而分”的道理。责任担子太重了，仅凭老板一个人、一个经营管理者扛不起来了，就必须由经营管理者的“经营最小化+管理最小化”向“经营最小化+管理最大化”的管理模式转变，所谓的职业经理人团队或者职业管理人团队就需要被引入的企业内部，一个原本扁平化的企业结构就需要向引入了中间管理层的企业立体的组织结构转化。

那么企业“分权”在本质上到底采用的是什么样的企业方式呢？是采用集团化的集权统一管理方法，还是项目分权的分散管理制度，或是采用所谓的矩阵式的管理结构呢？所谓矩阵管理其实是两个管理维度的机制。据说 IBM 现在已经发展到四个管理维度。然而其实这些方法都是沿着西方管理思维的套路给大家展开讲解的。

现在又冒出了一个所谓的“赋权制”，中国企业家可能就彻底晕菜了。赋权？这是什么东西？好像从来都没听说过，可能又是一种关于企业经营管理的什么权吧。企业经营“赋权制”与企业管理“分权制”到底有什么关系呢？“赋权”与“分权”二者有什么不同吗？二者会不会是同一个东西，只不过名称不同而已？那么我根据自己的理解在这里给大家分析分析，看一看“赋权”与“分权”到底如何不同？

还是让我们先沿用之前企业经营关于人与事这两个维度的概念展开说明。我们知道管理思想属于一种“事导向”思维，那么表现在业务开拓方面，一定是先有事、先有机会，而后再去找人来分担，不管是找专家、挖能人还是雇佣普通员工，都是是“先有事而后才有人”的机制，就是“事先人后”的顺序逻辑。人服务于事，事领导于人，这就是“事导向”逻辑。

然而稻盛先生每每在进行业务拓展的时候所遵循的是一种“人逻辑”，是一种真正以人为导向、以人为先导的逻辑，是“先有人而后有事”的逻辑。如果没有找到合适的人，即便是有事业的机会、有所谓的商业机会，稻盛先生也不会抢着去做。稻盛的经营思想是一种“以人为先”的思想。稻盛先生所提倡的“提高心性拓展经营”也是遵循“人先事后”的逻辑。“提高心性”当然指的是人，如果没有人那么还提高什么心性呀？“提高心性”属于人因，则“拓展经营”则是事果。稻盛先生始终遵循“重因而轻果”、“先因而后果”的逻辑。而后果是自然而来的，无需事先强求。“提高心性拓展经营”也可以看做是《周易》讲的“积善之家必有余庆；积不善之家必有余殃”。

“分权制”与“赋权制”的差别

其实所谓的“分权”机制就属于“事导向”。因为事业已经做得很大，企业老板自己亲力亲为的方法已经顾不过来，所以必须把事业分出去让别人帮着做。这就属于“分权”机制，“事大”则分，不得已而为之，而“分权”缺乏信任，就得借助于各种管理手段。其实稻盛先生关于阿米巴机制的最初想法也是处于“事大而分”的不得已。然而稻盛先生在这种“分权制”的想法之上又有了思想上的飞跃，摆脱了做企业到底是为什么的困局——那个三天三夜的艰苦谈判。

“分权制”其实就是一种“事导向”，为不得已而分之，分权于人而心不甘、情不愿，也不放心。“分权”而无信任，因此就必须使用一系列严格的管理手法来监管，因为“分权”等于是把处事权分给了那些原本并不令老板放心、甚至可能会时时成为坏人的人，所以就需要一种时时监管的机制、一种全方位无缝的管控机制，时时帮助老板睁大了眼睛看着，因此需要一种管理最大化的体系。可见管理思想的本质就是一种不信任文化。如果真正信任了，那还需要看管吗？

那么“赋权制”又是什么呢？“赋权制”首先是一种“人导向”的机制，在表面形式上似乎也是把事物处理权分给了别人，然而分割权力的原因或者逻辑与“分权制”完全同。“赋权制”是一种“人先而事后”的逻辑，是因为我首先信任了你，你与我的思想达到了哲学共享、思维共有，而后我才会分给你权力，而不是因为事业规模过大而不得不“分权”——因事而分权。“赋权制”是有信任基础的，以企业已经建立起来的信任文化为基石，因为思想已经一致、共有了，所以赋予某人权力，这才叫做“赋权”。因为信任而分权，而不是因为事迫而分权。至于“赋权”之后，经营者经营什么、经营体的经营目标是什么往往不需要受管理制度的强迫与限制，因为不是“事导向”而是“人导向”，你做什么我都能够相信你。

可见，“赋权制”与“分权制”是两种完全不同的机制，一个是“人导向”，一个是“事导向”；一个是“人先而事后”，一个是“事先而人后”；一个建立在企业信任文化基础之上，一个则建立在不信任的企业管理文化的基础之上，两者完全不是一回事，根本就不是同一种思想导向或思想基点。因此基于信任文化的阿米巴经营机制必须以经营哲学、经营理念为基础，不能单独以手法方式而存在，必须建立在信任的人心之上，遵循“提高心性拓展经营”的顺序逻辑。因此我反复强调，企业如果要导入阿米巴经营模式，那么企业的评价体系的导向就必须发生相应的改变。企业以往的那种成果主义评价体系属于“事先而人后”，按照业绩考核而发工资。而阿米巴经营的评价体系应该以努力度为导向，属于“人先而事后”的逻辑，因此企业的评价体系必须发生导向的改变，必须以评价人的努力度为导向。

“小孙悟空”

孙悟空分身是一个激发稻盛先生阿米巴经营模式的思维引爆点。当企业规模逐渐做大，稻盛先生自己原本的那种业务全流程亲力亲为的全面抓就不再适用了。这种不适应并不是因为个人能力的问题，而是因为个人精力的问题。稻盛先生原本是研发、生产、销售一把抓，但是当企业规模达到200人的时候，那种亲力亲为的方式就顾不过来了。于是稻盛先生就想到了孙悟空处理困局的方式。

孙悟空到底是怎样一种突破极限困局的方式呢？孙悟空脖子后面有观音菩萨赐的三搓毫毛。每当危难来临时，孙悟空手脚应付不过来，就会一吹毫毛，变出一群小孙悟空来对付妖魔鬼怪。大家读到这里可能只是心中一笑，并不能借此往下深想。在这里就把我的想法与大家分享一下。

不知道大家是否还记得海底捞张勇张总所说的“凡事发生了多问一个为什么”？其实我们这里也需要多问一个为什么？为什么稻盛先生列举的是小孙悟空的例子？小孙悟空到底具有什么样的特征？小孙悟空到底与阿米巴经营有什么关系？

小孙悟空其实至少具有这样两个基本特征。第一个就是每个小孙悟空都手拿一个金箍棒，本领与孙悟空本尊同样利害、具有相同的能力。对应于阿米巴经营体，就是具有与企业整个经营体同样的经营能力，能够自己选择经营目标、自己展开经营，就像小孙悟空不需要等待孙悟空的主体发布命令一样。第二特征更加重要，就是小孙悟空都是孙悟空的分身，不仅在能力大小方面与孙悟空本体一样，在思想想法方面也与孙悟空本尊一样，也就是说具有相同的思想、相同的价值观，以及完全相同的思维方式，就像阿米巴经营的企业能够哲学共有、思维共享一样。

不妨再给大家打一个比方，如果孙悟空毫毛一吹，不是吹出一群小孙悟空，而是吹出了一群小牛魔王，那么结果又会是怎样呢？那可能就不是来帮助孙悟空，恐怕还得先跟孙悟空的本尊打一架。也就是说，这种分身可能不是来帮忙的，而是来给添乱的。其实没有哲学思想共有的“分权”制往往就会引起利益冲突的问题。

不知大家是否真正深入思考过稻盛先生使用小孙悟空来比喻阿米巴经营的问题？

7. 阿米巴模式不是精细核算制

做阿米巴经营，如果大家的思维只围绕着“事逻辑”转圈子，只关心事果实，就会陷入做阿米巴经营的一种核心认识误区。如果大家按照这种事果思维延续下去，阿米巴经营就会围绕着阿米巴核算表兜圈子，认为企业只要有了核算表就等于已经阿米巴经营了。因此企业原本的管理团队就会把业绩精细核算作为追求的终极目标，“为了核算而核算”，完全忘记阿米巴核算是为了点燃人心、点燃组织。记得与我们阳光100做过交流的崛口先生讲过这样一句话：“不要把阿米巴核算结果当做阿米巴经营的终点。”阿米巴核算结果仅仅是经营人心的开始，“如何使用核算结果”其实比“核算结果”本身更重要。

如果只是单纯核算而忽视或忘记了阿米巴经营的真正目的，那么核算也就只是“为了核算而核算”，不仅没有点燃组织、激励人心，而且可能反过来招人烦。阿米巴经营是点燃人心的。关于点燃人的问题，稻盛先生还特意将人分为自燃型、可燃型与不燃型三类。其实这种分类与阿米巴经营点燃组织、点燃人心的用意有关，而不是只把员工或者属下性格分类完事就终结。

如果只是“为了核算而核算”，失去了点燃人心的意义，或者为了企业老板的利益而“核算”，那么最终被激励的可能只有企业老板自己而已。这样一来阿米巴核算所走的还是一种成果主义的套路。“核算”到了事果就成为最后的终结，没有在经营人的维度上向后延伸。其实只有向后延伸、延伸到人，事的果逻辑才能够转变成为经营人的因逻辑，事果的“核算”才能够点燃人心。

阿米巴经营决不能“为了核算而核算”，阿米巴业绩核算的目的是点燃企业广大员工的人心。其实“为了核算而核算”的潜台词就是为了完成老板下达的任务指标而“核算”。即便单单站在“事维度”上讲，阿米巴“核算”为了提升任务业绩，需要及时发现问题，并时时改进。就算为了及时发现问题，“事维度”的核算结果也不是终极，更不是根本目的。提升事是手段，激励人才是真正目的。

稻盛先生坚决反对的是那种基于成果主义的“核算”。讲到成果主义，我们不得不承认，中国的企业家老板其实非常喜欢成果主义思维。然而中国企业老板，特别是中国民营企业老板的成果主义与美国企业文化的那种成果主义还是有很大区别的。

其中一个重要特征就是中国企业老板的成果主义是一种比较缺乏刚性、数量化、精细化的只求结果的思维，因此在中国企业家的头脑中，所谓成果，比较容易跟着感觉走，也就是说中国企业家真正的刚性管理思维还没有真正被锤炼成，西方企业管理意义上的那种真正的绩效成果主义也没有被锤炼成。另外，抱着管理思维的精细核算制其实仍旧是在沿袭一种管理最大化的思路，核算表只是一种给企业老板查看的管理手段，而不是真正给广大基层阿米巴长们促进经营的工具。

对于中国企业家而言，工作业绩结果远没有达到精细核算制管理的程度，中国企业家们也没有那样的思维基础与习惯。因此，中国企业如果搞阿米巴经营，精细核算制这一课还需要补上。阿米巴经营确实需要一种精细核算制，但是反过来讲，精细核算制本身不等于阿米巴经营。如果缺乏对稻盛经营思想哲学与理念的认知，企业老板就会被精细核算制带到沟里。一看到自己有了精细核算表，就认为自己的企业已经阿米巴经营了，但其实还差得远。

另外，这种精细核算表往往还会走上专业化核算思维的道路，无论是财会专业还是其他技术专业，结果都是核算表越做越复杂，不但指标体系非常复杂，逻辑也非常复杂，外人根本看不懂，完全走向了专业化壁垒的道路，根本就不像阿米巴核算表所应该具有的家庭主妇记账本的属性。这根本不可能一看就懂，根本不可能不学就会。这种核算表、核算机制，不仅没有起到点燃人心的效果，而且还会反过来招人烦。

“心理加速律”

我从中学时代就开始建立起一套有效的学习方法，后来我发现与阿米巴经营模式在许多方面都有相通的地方。其中有一个我称之为“心理加速律”的原理，如果要学习什么东西，就应该有这样一个办法，让你自己越学越爱学，越学越喜欢学，越学越愿意学，越努力越能看到自己付出的成效，越能看到成效也就越能激励自己进一步学习。这样就形成一种良性加速的正向循环。反之，就属于“心理减速律”，越学越不愿意学，越学越厌学，越学越没有兴趣，越失去学习的任何积极性。因此学生厌学并不是因为他不是一个好学生，而是老师并没有交给他学习的好方法。就像我们常说的，没有不合格的士兵，只有打败仗的将军。

企业员工先天具有一颗畏惧变革、抗拒变革的心，因为不知道变革之后的企业利益结构对于自己到底会怎么样。因此像学习稻盛经营思想这种需要“动根动本”的事情，最好在手法上还是润物细无声为好，不需要如何暴风骤雨。我最欣赏的是一种化变革为游戏的方法，这才是一种高超的手法，一种不容易遇到抵抗的手法，一种可以化人于无形的手法，一种真正能够做到润物细无声地改变人心的方法。换成兵家思想的用语，润物细无声的方法就是人不知我之所攻，故亦不知如何抵抗变革之所守也。

阿米巴核算中“人工费”的摆放位置

或许大家已经发现，阿米巴核算表中的“人工费”一项并不在费用项之中，而是在附加值的项目中。有些人归于日本企业文化等原因，然而我对于这种解释绝对不能认同。这种解释完全是曲解稻盛经营思想的一种表现罢了，只是在表面形式上学习稻盛思想、认识问题而已。如果稻盛经营思想中这个也可以归为日本企业文化、那个也可以归为日本企业文化，就像我们在第一章中给大家纠正过的那种观点——阿米巴经营完全是一种日本企业文化，我们中国企业完全不用学。如果真是这样的话，也就完全没有必要在中国企业界传播稻盛经营思想了。如此一来，一句日本企业文化，大家就可以都打住了。什么叫做思想？什么叫做文化？思想具有一种超越文化的属性。我们现在对中国企业家传播的是稻盛思想，而不是日本企业文化，所以就请不要再用什么日本企业文化来说事了。如果打着日本企业文化的招牌来推广阿米巴经营，那么在当今中国的企业文化环境中又有哪个中国企业家会来学习呢？

在阿米巴经营核算表中，“人工费”为什么不放在费用项之中呢？首先，人与事属于两个不同的经营维度，具有不同的机制，本来就不应该混为一谈。只有在“事导向”的管理思维中，人力才会被降格作为一种物化的资源来对待，叫做人力资源，与厂房、机器、原料、资金同等对待，这是一种人服务于事的逻辑。显然稻盛经营思想的“人导向”思维是不应该如此对待的。

稻盛先生《经营十二条》的第五条所说的就是“销售额最大化费用最小化”。如果我们将“人工费”纳入物化的费用事项之中，那么“人工费”也就变成了最小化的事项，这与稻盛经营思想追求员工物质与精神两方面的幸福是矛盾的，与经营最大化的经营思想也是矛盾的。实际上稻盛经营思想所追求的是员工幸福最大化。如果把“人工费”放在费用之中，那么压低、克扣员工工资不就成了一种必然的手段吗？还奢谈什么员工物质与精神两方面的幸福呢?

那么把“人工费”放在附加价值里还有什么其他意义吗?当然有!企业创造的附加价值实际上成了一种三方分配的方案:(1)给社会(交税)的部分;(2)企业老板或者股东获得的部分;(3)企业员工分配所得的部分。这种三分方案充分体现出把企业员工当做企业主人、事业伙伴和经营合伙人的思想。社会、企业、员工三方都受到平等的尊重,而分给员工的部分又符合《经营十二条》的第五条原则,是“销售额最大化”,而不是“费用最小化”,这也符合经营最大化的原则。

其实阿米巴经营核算表之中关于“人工费”摆放位置的方式恰恰反映了稻盛经营思想从哲学到理念再到操作手法、组织层面的上下贯穿性、一致性。稻盛经营哲学不仅仅是嘴上说说“利他”而已,而是在行动之中能够做到才算数。

“月度发表制的意义”

阿米巴经营体核算结果“月度发表机制”的意义,是一件非常重要的事情,也是当初我们在书本上学习阿米巴经营的时候没有十分注意到的。其实阿米巴经营体的月度核算只是一种结果,如何使用这个核算结果才更重要,并非结束月度核算就没事了。就像我之前讲过的,事核算的意义是为了激励人心、点燃组织。

核算之后的月度发表会上,经营者需要需要根据核算结果找原因。核算好的、达标的要总结经验找原因;核算不好的、没有达到预期目标的也要找失败的原因、不达标的原因,找各种改进办法。不仅仅是自己找,而且需要阿米巴长们一起帮助找、互相找。核算发表会实际上是一个共同学习的机会,是一个大家共同提高的机会。

另外,不仅要针对前一个月度目标的核算完成情况找原因,还需要提出下一个月度目标以及相应的实现或者改进办法,别人也可以针对这个目标与方法提出质疑或询问。

总之，阿米巴月度发表会的机制是非常重要的，是将“果逻辑”的核算制向“因逻辑”的核算制进行转换的关键。如果缺少了这一环节，那么核算就不可能真正成为激励人心、点燃组织的手段，只能是“为了核算而核算”、“为了老板而核算”、“为了管理而核算”的表面形式罢了。

然而中国企业在学习阿米巴经营时最大困难之一就是不会开“月度发表会”。因为“月度发表会”机制本身需要精心培育，从不会开到会开。这种从无到有，从小到大，从不会到会的过程，其实就叫做经营。如果一上来就要求手下什么都会，什么样的人才都有，什么资源都是现成的，想要什么就有什么，那不是又回到了管理思想的能人文化上面去了吗，花重金到市场上去雇、去买就得了，不要学习经营了！

大家必须清楚记住这样一点，阿米巴经营人才是花钱到就业市场上去雇不到的。阿米巴经营人才必须由企业自己培养。在企业最初开展阿米巴经营的时候，一定会感觉企业内部非常缺乏这样相应的企业基层经营人才，而这些人才是一时间找不到的。因此这样的阿米巴经营人才才需要企业自己培养！

那么为什么阿米巴经营机制已经建立起来了，这样的经营人才还是没有涌现出来呢？面对这种情况，企业家不妨扪心自问，自己真的在企业中建立起这种经营人才的培养机制了吗？

8. 阿米巴模式不是预算管理制

其实这也是我们阳光100集团至今仍在发生的一个问题。稻盛先生讲过，定价就是经营。这句话听起来似乎很简单，然而做起来却非常不容易。定价经营对于企业老板这一企业原本的唯一经营者都很难把握，是一件事关企业生死存亡的事情。稻盛先生原来想使用经营面馆的考题来检验经营者，后来也都放弃了，可见经营与定价还是考验经营者的一个难题。

企业老板：唯一的经营者

在企业原本的管理框架之下，是一种“管理最大化+经营最小化”的组合，“经营最小化”往往表现为企业只有一个经营者，那就是企业老板。如果说企业之中还有谁具有一些经营头脑的话，或许就是主管销售的老总或者营销团队了。大家知道，在许多成功企业之中，70% ~80% 的高管一般都是销售出身，这恐怕与善于与客户沟通以及具有经营头脑是分不开的。其实高级管理者与中低级管理者最大的区别就在于高管日常工作的 70% ~80% 是与人打交道，直接与事打交道的工作只占 20% ~30% 的比重。因此，成功的企业高管往往情商非常高，擅长激励别人与下属，善于调动他人的工作积极性，其实也就是善于经营人心。只不过这些成功的企业高管可能并没有清晰地意识到这一点，还以为是自己手中的管理权所发挥的作用。其实真正成功的高级管理者所依靠的力量一定是源自于对人的激励。管理力发挥的作用是负向的，属于负向刺激，让人惧怕。而一个人真正能够被激励一定是源自于正向激励，也就是来自于人心的激励。只不过过去大家往往把这种激励人的能力归功于所谓的个人魅力或者个人品质，而没有使这种个人魅力或者个人领导力建立在系统提升的方法之上，没有把这种个人能力转换成为系统经营人心的能力。其实稻盛经营思想体系就能够起到这种正向系统激励人心的作用，也就是通过经营人心提升事业业绩——提高心性拓展经营，还是这八个字，“因”与“果”都在其中。只不过稻盛思想强调的是“因”的一面，“果实”自来，不必强求。而绝大多数企业家却直接冲着“果”去，不讲“发心”，结果只能是“恶果”连连。

我们以往认为经营是对于外部市场的，而对于企业内部还得靠管理。

因此在以往的企业之中，那些对外、面对外部市场开发的人、需要与外部客户打交道的人，才可能具有经营意识。特别是只有企业老板才会具有那种全局性的经营意识，具有将生产、销售与市场联动的全过程经营意识。毕竟生意都是老板自己的、得失也都是老板自己的，所以老板自己最上心，经营的积极性也最容易被自我点燃。

然而对于企业内部的员工，大家认为自己都是被雇来打工的，只不过来挣奶粉钱而已。无论是企业老板、企业管理团队还是企业员工，往往都是这样认识问题。至于企业整体的经营如何，与员工们的关系似乎并不太大，员工们的工作动力与企业老板利益动力源头之间的距离相差较远，普通员工一般很难感受到被动力点燃的热乎劲。员工们往往都认为大不了把老板炒掉，自己再换一家企业来干，其实也是一样的。对于普通员工而言，工资收入的差异似乎并不是太大，甚至好像越跳槽薪水越高。大家有一种习惯的说法，人在河边走，哪能不湿鞋。其实本人愿意换一种说法来比喻职场，人在职场跳，哪能不崴脚。就像夜路走多了总会遇到鬼，枪林弹雨里面蹦多了总会挨枪子儿一样。

以往的企业只有一个经营者，也只有一个被真正点燃的人，那就是企业的老板。企业之中的员工是被物质利益所驱动，是一种被动状态，绝不会被真正点燃。实际上，任何一个人一旦被真正点燃，做起事情来的状态完全变成一种主动爆发。然而如果是仅仅被驱动做事，那就完全是一种被动“出力不出功”的状态。主动与被动，两者所爆发出来的动力状态绝对有天壤之别。一个属于核动力，是原子弹般的、是被精神点燃的，另一个则仅仅只是血肉之躯的打磨而已。

以往的企业管理机制，属于经营最小化，只有企业老板一个经营者，需要企业老板自己对市场负责、对经营负责、对定价负责。企业老板具有被点燃的核动力，属于按照经营机制在行事，也就是老板自己通过市场价格机制感受外部市场能量、感知市场需求从而进行资源调配。然而在企业内部，管理机制以及员工的每日工作似乎与外部市场机制并没有多大关系。

在外讲自由，在内讲管控

记得大约在10年前我们阳光100易总有过这样一句感慨："市场经济，在企业外部是市场经济机制；然而在企业内部我们所使用的好像还是一种计划经济体制。"在外讲自由，在内讲管控，这就是我们绝大多数企业家对于企业内外机制的认识。当然不仅仅是中国企业家这样认识，恐怕全世界的企业家基本上也都是这样认识的，唯有稻盛先生是一个例外。中国几十年来的经验告诉大家，市场经济、价格机制的效率是高的，计划经济的效率是低的，这是当今中国企业家应该认同的观点。

然而在我们企业的内部，我们一般讲的都是管控机制，而是经营机制。对内属于"管理最大化+经营最小化"，似乎经营只是一种对外的方式，而管控才是对内的办法。因此我们总是讲企业管理，而企业管理所使用的方法其实就是一种管控机制、管控逻辑。前面已经给大家讲过，管控、管理的深层的意思或潜台词其实是一种不信任文化。这是在思想层面上看，那么在具体操作层面上管控机制又是一种怎样的表现呢？

这种管控机制下，企业内部的员工不需要考虑企业围墙外部的风风雨雨，他们所负责的不是价格、不是利润，而只是成本。企业员工只需要对成本负责、对费用负责就行了。非常典型的现象就是企业内部的所有生产部门都是"成本中心"，而不是"经营中心"，因为经营是老板一个人的事情。那么沿着这个思路继续走下去的话，管控机制 + 成本中心 = ？

如此一来，就出现了一种预算管理的思想，管控机制 + 成本中心 = 预算管理，也就是费用管理，把老板所认可的费用成本控制在一定的预算范围之内，这就是预算管理。然而，预算管理无论是在本质还是在经营机制、理念与手法上都是违背稻盛经营思想的，也是违背阿米巴经营机制的。

阿米巴经营在手法上是把外部充满活力的市场机制引入企业系统内部

中来，也就是将外部的市场定价机制引入企业的内部结构中来，建立一套企业内部的价格分解系统、价格机制、定价机制，我们称之为企业内部定价系统。

成本思想实际上是一种顺向叠加思维，也就是，产品的成本 + 合理利润 = 定价。然而市场或者客户在交易终端未必认可这种加法定价方法。这种加法定价其实就是一种产品导向的思维，只有在产品稀缺、供不应求的市场条件之下才有可能成立。然而在市场导向、需求导向或者客户导向的真正成熟的市场机制之中，成本价格顺向加法未必能够成立。也就是说，真正能够成立的价格成本机制往往是一种从外部市场认可的价格倒推法，从最终市场价格反向推导到产品的成本上来，看看企业在这种成本条件下到底能否最后把产品做出来。如果在现有条件做不出来，那么就应该看一看是否可以通过研发新技术、降低产品成本把这种客户需要的产品给做出来。这就是阿米巴经营的市场动力机制向企业内部的推导、传导方法，需要产品在销售—生产—研发的全过程链条上形成相互关联的联动机制。实际上稻盛先生京瓷公司的大量技术创新都是这么被逼出来的，也就是一种能力将来时，把不可能变成可能的努力式动态能力，把原本不可能生产出来的东西变成现实。其实这才是经营的本质——从无到有的价值创造。

稻盛先生在创业之初所争取到的订单大部分都是别人不愿意接的、别人做不了的单子，这也是将塑造稻盛先生“敢为天下先”的品德的动力源泉之一。因此稻盛先生有一种“能力将来时”的思维，不要用你现有的能力来判断行还是不行，努力三个月之后再看看到底行还是不行。

实际上，就是因为感觉到了从价格到成本应该是一种倒推分解的机制，海尔才有倒逼法的叫法。不知道海尔的倒三角是否也与此有关？我只是这样猜想而已。我认为其实海尔把逻辑链的推导关系倒过来就已经足够了，而那个三角未必非得倒过来。三角形，无论是正向的还是倒向的，都还属于某种管理构架。关于这一点，大家在阅读本书第三章与第四章的内容后才会有更加真切的理解。我们阳光 100 易总也有一种关于“倒预算”

的说法，虽然“倒预算”这种说法，易总在本意上是把阳光100每一个项目公司作为一种经营中心看待，需要直接面对真正的经营成本，然而我却一直不太认可这种“倒预算”的提法。

“倒”机制是对的，把产品思维倒过来变成客户思维，然而“倒过来”的不见得非得是“三角”或者“预算”，那仍然是集团管控集权制之下的一种预算倒分解制而已。而阿米巴经营“倒过来”、被倒分解的应该是价格而不仅仅是成本或者预算。也就是说，阿米巴内部定价机制是一种经营机制的“价格分解制”，而不是目标指令、管控机制之下的“成本分解制”。其实预算方法始终都是一种关于成本的方法，预算管理仍然属于一种管控机制，不是经营机制。

另外，预算管理在两方面违背了稻盛先生的《经营十二条》第五条原则——“销售额最大化+费用最小化”原则。因为预算管理的结果往往是相反的，那就是“销售额最小化+费用最大化”。年初的时候各个部门把业务目标报得低低的，绝对不去主动挑战什么高目标，不会自己给自己找麻烦；同时再把费用预算指标报得高高的，给自己留下费用回旋的余地。大家经常所看到中国国企到了年底集中花预算，一花就是几万亿，其实就是预算管理最形象的一种表现，彻底违背了稻盛先生《经营十二条》的经营原理。

“低预报业务目标+高预报费用预算”其实也与成果主义的评价体系导向有关。既然以成败论英雄、论功行赏，那么还是“不求有功但求无过”吧。因为挑战高目标实在太不划算了，万一失败，一定是费力不讨好的事情，那么还是守好自己的一亩三分地吧。稻盛先生的阿米巴经营、《经营十二条》其实都是激励创新、激励挑战高目标的，然而预算管理的方法则完全反其道而行。而在企业管理的框架之下，每一个行动单元都会自觉不自觉地采取一种过度防御的姿态，不会贸然挑战高目标。

阿米巴经营的企业内部定价机制

坦率地讲，阳光100自推行阿米巴经营以来一直存在着想绕开内部定价机制的倾向，当然原因是多方面的，其中一个比较重要的原因就是员工团队之中没有懂经营的人才，基层员工没有懂得如何定价的人才。然而推行阿米巴经营机制的时候，任何企业之中都不会有现成的阿米巴经营人才，所以才需要人才培养，因为阿米巴经营机制在本质上就属于一个人才培养机制。以往的企业只有一个经营者，那就是企业老板，那么企业团队内部怎么可能还有其他的经营人才呢？如果有的话，这种人早就离开老板的公司自己去创业做老板了，哪里还能在这里给别人打工呢？

阿米巴经营的企业内部定价机制是绝对绕不过去的一道坎儿，而且越想绕过这道坎儿就会把原本应该简单的阿米巴机制搞得越来越复杂。价格改革是任何市场机制的变革都无法回避的一件事。阿米巴经营机制，将市场价格机制引入企业内部之中也是一样。

其实这里面还涉及关于动力点燃与动力传递的机制问题。预算管理所依靠的仍然是一种管理方法的指令式、命令式的传递机制。依据指令分解、指令传递机制，目标、指令作为一种信息虽然可以按照管理逻辑链进行传递，但是企业老板个人被点燃的动力无法随着指令链传递给企业基层的员工。企业基层员工接收到的只是一种指令，而不是能够点燃的动力。然而真正的阿米巴内部价格分解制却具有传递市场动力与思想动力的机能。

9. 阿米巴模式不是管控打分制

阿米巴经营所实施的是一种企业内部定价制，运行的是一种企业内部市场机制，因此企业内部的各个阿米巴经营体之间所存在的相互关系其实是通过价格关系来衔接的，是一种买卖关系，是相互平等的，甚至在相互关系之后更倾向于一种交易关系后者的买方市场地位，也就是说买卖双方在关系上面是后端权力、买方权力更大一些。这与市场价格向企业内部倒推的逻辑链条有关，动力来源于外部市场。价格链条越接近市场则话语权越大。然而管理指令制所定义的业务链逻辑则一般是前端的权力比较大，因为前端是由老板颁布的命令所驱动的，老板让业务链的前端先开始生产、设计或者采购，企业内部业务链的下家就不敢不接手。如果不接手，就是违背老板的意志，那么你还想在这个企业里面干下去吗？恐怕就该卷铺盖走人了吧！这也就是说在有老板意志所主导的企业里面，业务链条距离老板越近则话语权越大。

那么在指令性结构里面又是如何评价某一个工作环节的业绩表现呢？这不是通过前后环节的价格、定价或者买卖关系来决定的。业务链的下家说了不算，但是往往业务链的上家也说了不算。那么员工工作成果到底是谁说了算呢？其实还得是企业的老板，或者管理的领导说了算。领导又是如何说了算的呢？这里就出现了一个似乎比较科学的方法，不是通过老板、领导拍大腿凭感觉说了算，而是通过绩效考核体系、通过一个打分评价体系说了算。

绩效考核制或者评价打分法可以看做是目标指令分解制、费用预算管理制的一种必然的延续结果。目标指令分解可以看做是起点，费用预算管理控制是中间过程，而绩效考核、评价打分则可以看做是结果、终点。其实无论是严格的绩效考核还是相对软性一些的评价打分法，所反映的仍然是管理者不放心的心态，总是假设有一个高高在上的管理者站在那里去评判他人的工作业绩。这种方法也恰恰让企业员工们感觉到自己始终是不被人信任的打工者而已。记得日本崛口先生与阳光100进行阿米巴交流的时候说过一句令我极其震撼的话：“一个员工作为一个打工者或是作为经营者、企业伙伴所表现出来的那种能量爆发的差别是你根本无法想象的。”

工作质量把控的技术标准≠阿米巴经营机制的核算标准

关于评价打分法，本人需要给大家讲解的一个问题就是，在推行阿米巴经营的时候大家很容易将工作质量把控的技术标准与阿米巴经营机制的核算标准混淆在一起。对于质量把控，这种管控思想实际上绝对必须，比如各种 QC 标准，这是纯纯粹粹的事逻辑。评价打分制是适用于质量把控的。然而经营机制所侧重的则是关于如何提升组织运营效率、如何通过激励人而提升组织运营效率。

做一个比较形象的比喻，比如 110 米跨栏，质量把控就属于每 10 米所设置设的跨栏，如果达不到标准、跨不过质量的跨栏就会耽误经营奔跑的速度，但是为了提高奔跑的速度而把跨栏都给搬开是不允许的。阿米巴经营所关注就是跨栏跑的速度、效率，也就是奔跑的总成绩。

关于阿米巴经营效率混淆于技术专业工作的质量把控的问题，还有阿米巴经营小组把专业工作与经营任务混在一起的问题，其实阿米巴经营是会帮助专业工作的质量提升的，然而把专业技术工作的指标简单汇总起来是不能等于阿米巴核算的。这种混淆阿米巴经营与日常专业工作区别的做法，实际上就是把阿米巴核算引向专业技术核算制的误区，走向了专业产品数量衡量的误区，于是就会致使企业的阿米巴核算一方面让外行人看不懂，另一方让专业人士没有精力去做、没有意愿去做，结果阿米巴核算就成为不伦不类的四不像。这种核算方法不是一看就会，也不具有通用性属性，而凡是需要基层员工再花费额外时间精力才能够学会的东西，根本就不是企业内部的定价机制所应该有的。

跨栏为谁而设？

关于质量把控和质量跨栏设置，涉及到底跨栏为谁而设、为什么而设的问题，如果是为了满足最终市场上客户的要求、为了实现客户满意度，那绝对没有问题。QC 质量控制最终就是为了这个服务的，企业也绝不能够让残次产品流落到市场上去。当年海尔砸冰箱的举动就具有这方面的意义。

然而如果把控机制里面混杂着老板不信任文化的个人利益原因，或者产品的质量把控既有保证客户满意度的目的又有老板的不放心、不信任，那么在激发工作主动性方面就会发生问题。其实为了保证客户满意度的质量把控是可以点燃人心的，而老板不放心的管控把控则是熄灭员工工作积极性的。我们权且把这两种把控区分为质量控制与管理控制我们不应该把这两方面的管控混为一谈。阿米巴经营机制真正代替的是企业的管理控制机制，而不是产品的质量控制机制。产品的质量控制机制原来该是怎么样就还是什么样，并不受影响，不能因为企业组织型态由经营替代了管理，就把产品质量管理也替代了。我们所说的组织由经营模式替代管理其实是人维度的事情，产品专业质量把控是事维度，完全是两回事。

关于管理控制对于员工、对于人维度的阻碍不禁让我回想起了海底捞张勇张总的那个感慨：一个真正想要做事的人，为了完成一项工作，必须突破多少管理的障碍呀！

我们必须认清真正的产品质量把控与管理把控人的思想完全是两回事。质量把控是关于产品的，最终为了实现客户满意度，本身是员工日常的工作标准、生产标准，是绝对不能够被放松的，就像110米跨栏跑的跨栏是绝对不能撤掉的。而管理把控实际上是为了企业老板的安心而多设置出来额外限制员工的跨栏。阿米巴经营机制是代替这些额外管理跨栏的，并不是代替那些必要的产品质量跨栏。我们企业一线的专业人员往往把这两者混淆了。

其实不仅仅是一线员工混淆了，就连阿米巴核算机制的设计者们往往也容易发生这种混淆，把阿米巴经营核算表本身设计成为另外一种管理人的机制的跨栏，使阿米巴核算成为另一种给企业老板看的业绩考核工具，而不是作为帮助阿米巴基层经营者提高经营效率的家庭记账本。

我们一直讲，阿米巴核算表应该简单，而且必须简单，就像是家庭主妇记账本，因为它是为一线员工日常专业工作之外提供的一种经营核算工具，应该是帮助奔跑的加速器、助推器，帮助一线员工以经营的思维安排自己的每日工作，而不能成为一种额外的管控考核工具。阿米巴核算表实际上是帮助员工把每日工作做得心中有数，成为需要的帮助而不是额外的负担。阿米巴经营应该是打火机，是用于点燃组织的，而不是熄灭人心的灭火器，不能用来熄灭员工主动工作的积极性。因此大家必须清楚，阿米巴核算表是给员工、给阿米巴长自己用的，而不是给老板或者外来考核者看的。

然而在阿米巴核算表设计的时候往往会发生这样的问题，一方面与工作技术标准、产品质量标准相混淆，因此必然遭到有责任心的员工和管理者的反对，认为按照经营指标工作就会牺牲产品质量；另一方面，把阿米巴核算表设计成为给管理者使用的工具或者是给企业老板核算看的标准，无形之中成为一种绩效考核的工具，那么员工甚至阿米巴长又重新成为被动工作的奴隶，回到被考核的角色，根本不是主动的基层经营者，员工的人心也就根本不可能被点燃。

阿米巴核算表应该用于阿米巴长的每日经营用，用于基层经营者的一线经营，而不是管理者的考核监督管理。阿米巴长都是有日常具体工作的一线工作者，他们的日常专业工作已经足够饱和，而且原本的工作只对成本费用负责，不对经营负责。如果给他们在常规工作之外又额外增加一个被考核的新的经营维度，而且还与工作收入脱钩，那么他们一定既不会、也不愿意使用这些具有监督考核意味的核算表，因为他们根本就没有做过经营者。

如何解决基层经营者排斥“额外”的经营责任的问题？

那么应该如何解决基层经营者排斥“额外”的经营责任的问题呢？一方面阿米巴经营核算表必须简单，就像家庭主妇记账本一样，不学就会，一看就会；另一方面，能够让人感觉到这个工具对自己的工作确实有帮助，能够使日常工作经营效果心中有数，能够及时发现问题、启动改进，能够不断提升自己的工作业绩。就像使用计算器代替算盘的时候，大部分人都不会反对，因为带来了效益和附加增值，而且不需要学，一看就会。另外还有一个方面或许更加重要，那就是能够让阿米巴长真正感觉到自己是企业的主人、自己是被信任的经营者，而不是被考核的打工者。

那么还是让我们回到评价打分法的问题上吧。一方面，评价打分法仍然属于一种管理的思维、一种考核的方法，并不是经营的方法，并没有把员工当做企业的主人，而是仍然把员工当仆人、当属下，当做不能够信任、需要被管理、需要被评价的人。另一方面，正如我们前面讲过的，混淆质量把控与管理把控的关系，认为经营代替管理之后会牺牲产品品质和工作质量。

需要跟大家说明的是，阿米巴经营的企业内部买卖关系建立起来之后，产品质量不是降低了，而是提高了。因为在打分制的情况下，可能有10分、9分、8分等，可能6分就已经成为最低的及格分了。无论是10分或是6分，下一道工序可能都必须接受，因为这个生产指令是由老板下的，业务链的下家敢不接吗？耽误了老板的生意由谁来负责？

然而阿米巴经营就不一样了，产品只有合格与不合格之分，如果是残次品，那么业务链的下家就不会买，阿米巴经营的决定权在下家买方。就像当年海尔砸冰箱一样，在市场机制下，产品品质其实是提升了，因为是下家的买方说了算。如果是不好的东西、不合适的东西，那么下家可以选择不买。其实阳光100现在推行阿米巴经营所遇到的最大障碍就在这里，业务线的下家仍然是在接任务、接单、接指令，仍然是按照管理指令线的逻辑进行工作的传递，下家不敢不接，不敢对上家说不。耽误了老板的生意谁来负责？其实这还是只有一个经营者，经营只有老板说了算。阿米巴长并没有把自己当做真正的业务经营者，上家仍然可以理直气壮地向下家推卸责任，认为都是业务下家拒绝接单而耽误了老板要求的工作进度，因此下家——那个虚拟买方就绝对不敢说不。然而在真正的市场机制里面，如果卖方的东西卖不出去，原因只能是在卖方自己这里，怎么可能推卸给没有购买产品的客户呢？如果真的想推卸责任，又能往哪里推卸呢？

10. 阿米巴模式不是成本分解制

其实在关于阿米巴经营不是预算管理制的讨论中，已经给大家提到了这个问题，阿米巴经营所建立的内部市场机制是一种价格分解制，而不是成本分解制，更不是由成本费用管理派生出来的预算管理制。实际上，只有通过市场价格的反向分解才能够向企业内部传递外部市场动力，才能够使企业业务链的各个深层环节感受到真正市场温度的冷暖变化，才能够真正培养基层经营者的经营意识。然而预算管理的成本分解事实上仍然是一种指令分解，指令信息所传递的仍然是一种管理意识，表达的还是老板意志。因此企业还是只有一个经营者，绝不是可以点燃基层员工的阿米巴经营机制。另外，成本分解、预算管理往往缺乏价格分解的联动机制，形成对于市场温度变化的惰性反映。

预算管理仍然是一种以成本中心角色定位的假设，产品生产部门分解到的只是成本。除了销售部门之外，企业的其他部门都只是成本中心、费用中心，即便是企业的物质产品生产部门和本应该灵活的反映市场，也只是被当做费用部门、成本中心而已，对于市场需求的感觉非常迟钝，与市场温度的变化缺乏互动与联动性，因为外部市场温度根本就没有办法传递到企业内部的业务链上来。

为了能够更好地说明问题，我需要先给大家分析一下价格决定相关机制的数学公式。首先：

成本 + 利润 = 价格（1）

接下来再清晰一些的公式应该是这样的：

生产成本 + 销售利润 = 市场价格（2）

这里的成本，不仅仅是生产成本，还包括各种其他成本，比如管理成本、办公服务成本等，我们这里把这些成本都归在生产成本之中，目的就是为了能够说明简单。也就是说，这里的生产成本实际上是除了销售成本之外的各种成本项的总和，销售利润是扣除了销售成本的销售净利润。于是，这个公式就成了如下这个样子：

$\sum$生产成本 + 销售利润 = 市场价格（3）

那么这个公司里面的潜台词实际上是这样的：只有销售部门直接对企业的利润负责，也就是销售部门才会被老板看做替自己履行经营职责或者创造市场价值的部门，而企业之中其他所有部门实际上只是对产品的成本负责而已，因此其他部门的价值创造就往往容易被忽视。另外，因为其他部门被看做是费用部门，所以往往会被老板纳入资源分配最小化的范畴。

针对上述公式，我们还可以变换一种写法：

总成本 + 总利润 = 市场价格 或者 $\sum$成本 + $\sum$利润 = 市场价格（4）

$\sum$成本，就是各个生产性部门、各个成本中心的工作之和，而所谓的$\sum$利润，实际上被看做是销售部门的贡献或者各个区域公司、各个分公司的销售之和。公式（4）往往就是企业老板最习惯的一种思维方式，也可以说是企业老板作为企业唯一经营者的思维方式。“成本”与“利润”只有到了老板这个经营者的头脑那里才需要加和，才得出价格，才有定价的经营意识。定价就是经营。那些成本中心自然不是经营，只能被纳入管理范畴，这是一种必然的结果。谁面对价格，谁面对定价，谁才是真正的经营者。上述公式所反映的就是企业老板面对定价的情况，一种企业只有企业老板一个经营者的情况。

那么如果按照阿米巴模式在企业内部展开经营，价格的公式又应该是什么样的呢？我们这里如果仍然沿用以成本正推价格的加法方式给大家举例，也就是说并不是以市场价格的倒推分解法来进行说明，那么阿米巴小组经营的公式就是这样的：

总（成本＋利润）＝ 总价格，或者

$\sum$（成本＋利润）＝ $\sum$价格＝ 市场价格（5）

在数学意义上讲，公式（4）与公式（5）的意义其实是相等的，然而对于企业的运营机制而言，意义就完全不一样了。公式（4）所反映的是企业传统的运营方式，基于企业管理机制的运营方式，除了销售部门之外，把其他部门都当做费用部门、成本中心来对待，企业利润只是被人为地记在了销售部门的头上，也因此在企业管理模式的框架之下，似乎只有企业的销售部门比较具有经营头脑，能够真正获得市场动力。

公式（5）在一定程度上所反映的应该是阿米巴经营思想的思路，企业之中的每一个业务部门都是一个经营中心，既有自己的成本费用也有自己的价值利润创造增值的部分，于是“成本”与“利润”创造两者之和组成自己部门所负责内部产品的一个小价格，这些小价格的总和就是最终得到的呈现给外部市场的市场价格。

价格分解法

阿米巴经营向企业内部引入市场机制使用的是一种“价格分解法”，而不是“成本分解法”。一般而言，“成本”与生产有关，然而实质上决定“价格”的往往与“成本”无关。其实认为价格与成本有关，那实际上是成本决定论的正向加法所假设的。真正的价格机制其实是由市场决定的。而且市场机制非常残酷，如果市场价格比企业生产的成本还要低，那么就意味着企业经营失败、经营亏本。虽然生产过程已经完成了或者成功了，但是经营过程却失败了。企业以往的机制，实际上就是一种将企业的生产活动与经营活动相分离的做法——生产活动不对经营活动负责。

如果企业生产等业务中心只是成本中心的话，那么就一定没有经营意识，因为不是市场决定论，那么也就根本无法培养出任何经营意识或者经营人才。其实每一个生产中心都是一种自我保护的壁垒，都只对自己所关心的部分负责，而不对整体负责，也没有与市场相通的价格联动机制，不可能传导或者感受市场温度，这一切都是因为生产只与成本有关而与市场无关。

其实成本只能够做加法，而不能够做减法，也不能够做分解法，因此以成本为中心的思考方式其实在本质上绝对不是真正的分解制，成本导向是在成本的基础之上再加上所谓的合理利润，然后逼迫市场客户承认。那么市场为什么必须认账呢？其实只有在产品稀缺、供不应求的卖方主导市场的条件下，这种逼迫客户的方法才有可能实现，然而在一个成熟的买方市场时代，这种逼迫客户的方法根本不可能实现的。

那么我们使用成本分解、成本中心的思维会生产什么样的后果呢？如果生产部门都是成本中心，都只是花钱的，那么逻辑上就只能够使用预算控制的被动模式，于是管理的逻辑当然就跟着来了。

一方面，生产中心、成本中心都是以自我利益为目的的自我保护中心，那么各个部门就会互相争夺预算和企业资源配置，于是资源浪费、费用最大化就会成为一种必然的趋势。也就是被动式的过度防御角色所采用的一种必然态势，给自己留下保护空间。同时，能够支配企业资源、费用预算配额多少的能力往往也就成了企业内部衡量权力与话语权的一种标志。这种保护每一个成本中心自我利益之后的加法汇总而来的产品价格机制，一定是缺乏市场压力、缺乏市场竞争力的，以至于对于客户需求反应非常迟钝，甚至可以毫无顾忌地牺牲客户满意度。这样的组织最终一定会走向僵化与官僚。

另一方面，因为只对成本负责，因此每一个成本中心所创造的真正价值就容易被忽略，这些部门因为看不到自己努力的价值在哪里所以就一定缺乏创新的动力。其实缺乏创新动力也是成本中心缺乏市场感受、缺乏市场压力的一种必然结果。研发、创新、生产及销售与客户、市场根本没有联动起来，没有被逻辑打通。

在企业规模小的时候，企业老板往往是自己从头到尾一把抓，因此业务全流程的逻辑联动性非常好，企业运行效率也非常高效。许多成功的小企业都是如此，其实稻盛先生的京瓷公司在200人以下规模的时候也是这样。然而当企业规模扩大了，企业老板不得不分权于人，企业业务链被一段一段地分割，实际上这种可以感受市场温度的联动机制也就被破坏了。这往往是成功企业家们意识不到的变化。然而稻盛先生的过人之处就在于虽然企业规模扩大了，但是能够传递市场温度的联动机制被稻盛先生创造性地逻辑式地保留了下来，这就是阿米巴经营机制。

接下来，还是回到我们的公式分析上来。那么反过来对于销售部门的影响又是怎么样呢？如果按照原来的那种公式（3）或者公式（4）操作的话，一方面，企业的价值创造容易被销售部门的业绩所攫取，销售部门的价值创造就容易被高估。比如为什么在成功企业里面销售出身的高管比例比较高？懂得经营其实只是一方面的原因，实际上也有自身价值创造被高估的因素。然而在另一方面，市场压力往往完全由销售部门来承担，那么销售部门为达成交易而压低售价或者过度承诺的事情往往是不可避免的。

因为销售部门似乎只对利润部分负责，不对产品的成本负责，所以企业销售部门与生产部门、成本中心之间的冲突就会加剧。如此一来，企业团队的内部对立关系就会爆发，也就是销售部门为了实现客户满意度而不惜牺牲企业内部的员工满意度，甚至不惜牺牲股东满意度而达成自己的利益追求。

阿米巴经营模式的价格机制

接下来我们回到阿米巴经营模式的价格机制，概括总结性地讲，阿米巴组织不是成本中心，阿米巴经营真正能够传导市场动力的也不是成本分解，阿米巴经营真正分解的应该是市场价格，给每一个部门分解出来的小价格既有成本费用的部分也有利润（附加值）创造的部分；然后每一个部门或者基层经营体按照销售额最大化与费用最小化的原则展开经营。另外，每一个部门的费用成本与自己的经营价格相互关联联动起来，各个业务部门之间也价格联动起来，而且这种价格联动机制的源头来自于外部市场，由市场价格分解出小价格之后再倒推出成本。如果成本遇到压力，那么就可以促进全业务过程各个业务环节的技术创新。

在这种阿米巴经营模式之下，每一个生产环节都成了经营中心、价格中心，既是价值创造中心，也是技术创新中心，而且创新以不断改进、每日精进的方式持续发生着。

另外，阿米巴经营之中的每一个价格中心都是通过做减法倒推而得来的，也就是通过市场价格机制分解得来的，具有共同的市场动力源头。这种企业内部价格在本质上一直具有外部市场的终极特征，因为内部价格分解能够传导外部市场温度。另外，这些分解之后的一系列小价格具有一种价格联动的传导机制，而且每一个价值创造的环节都会被承认，这也就在根本上促进了各种业务点的创新。因为价值创造得到承认、创新效果容易因为组织划小而被看到，因此每个人的努力与积极性都会被点燃。这些都是阿米巴经营传递外部市场温度的精妙之处。

11. 阿米巴模式不是负向惩罚制

稻盛经营思想是正向提升法。在实际操作方面，比较侧重提升、正向与鼓励。我认为，这是我在阳光100集团与崛口先生公司交流之中所得到的最大的一个收获。否则我们对于稻盛经营思想关于"作为人何谓正确"、"提高心性拓展经营"、点燃激励员工人心、物质精神两方面的幸福、反对成果主义等一系列理念思想的认识，还都停留在比较虚幻和空洞的层面，还只是停留于表面思想的认识上，无法落到实处。

照本宣科的咨询师的那一套，在讲台上拿着麦克蹦来蹦去的那一套，其实太容易学会了，可是那种忽悠式的方式能够叫作真正的学习稻盛思想吗？如果学习稻盛思想总是虚着来、只是学习表面形式、只是当做知识来了解，那么企业能够实践的其实也就只能够是一种表面的阿米巴形式、打着阿米巴的旗号或者招牌而已，最后落地的可能还是管理思维的惩罚打板子的方式。其实所有评分打板子和负向惩罚制依然是管理手法的那一套，而不是经营机制，充其量也就是把管理机制换了一个名称而已。是否仍然沿用负向惩罚机制，其实是稻盛经营思想与阿米巴经营机制是否学习到位的一个重要标志。

通过与一些踏踏实实实践了十年以上阿米巴经营的日本企业家的交流，我确实感觉到了把稻盛经营思想学到家的状态到底应该是什么样的表现。这些交流活动确实教会了我们如何真正使用稻盛经营思想的原理原则去解企业实际面临的应用题，至少我现在是拥有这样的感触、体验与收获。

稻盛思想讲的是“提高心性拓展经营”，关注的是提升，关注的是如何提升做人的上限与如何提升做企业的上限，包括企业老板个人品德的提升、企业员工与阿米巴长经营意识的提升，还有企业经营业绩的提升与企业集体素质的提升。总之，稻盛经营思想是一种提升法，而不是压制、管制法。因为是提升法，所以在阿米巴经营手法上也就更加侧重正向激励的方法而不是负向惩罚的方法。

例如，“作为人何谓正确”所关注的就是上限的问题，使用的是表扬与激励机制，教会如何做好人、做正确的事，都是正向的。目标是正向的，手法也都是正向的。因此我一直认为，阿米巴机制应该被设计成打火机而不是灭火器，不能够扑灭员工们被点燃的努力之心。一定要激励正向心理，开启并加速走向一种良性循环。那些不属于正向激励的东西大家最好就别往阿米巴经营的这个筐里面放，比如一些道德的底线、红线，那些都应该由企业的制度体系来管，并不是阿米巴经营范畴。就像谁要是触犯了法律，那不是还应该归司法管吗？不要把什么东西都往阿米巴里面装。我们之所以说阿米巴不是万能的，也有这方面的意义。阿米巴不是解决所有问题的机制，而是解决经营问题的手法。经营模式是“经营最大化+管理最小化”，其实管理模块还是有的，只不过最小化了而已，退到了后台。

由于阿米巴经营是作为落实经营提升法的一种手法，因此阿米巴经营不使用那些负向惩罚手段。负向惩罚手段不是激励点燃人心，而是压制熄灭人心。之前也讲过，一切不能够激励人的方法，如果公司必须具备的话，那么就不要一股脑地往阿米巴体系里面放。阿米巴不是解决所有问题的。阿米巴机制不使用负向惩罚手段，其实这与阿米巴机制在本质上属于人才培养机制、领导力培养机制、学习提升机制有关。所需要培养、学习的经营意识都是员工原本不会的，因此往往就需要通过失败来学习。所谓“失败是成功之母”，如果不能够包容失败、不能够容忍技术性的经营错误（经营意识不到位），那么恐怕根本就不会有任何人敢来学习阿米巴经营，那么也就谈不上什么人才培养了，更不是真正的阿米巴机制。

阿米巴经营人才需由企业自己培养

请大家记住，阿米巴基层经营者在企业里面永远都不会与生俱来，人才市场上也根本找不到，阿米巴经营人才必须通过企业自己来培养。然而人才培养的机制就像小孩学习走路一样，如果你不允许他摔跟头的话，他就永远也不会自己走路。

因此一个合格的教导者的最大责任就是让学习者尽量少摔跟头而能够快速学习到应该学习到的东西、快速进入角色。也就是说，一个学习者身上所反映出来的错误其实往往都是教导者在教方面出现了问题。

概括地讲，阿米巴经营的人才培养机制在本质上是一个教导与学习的机制，既教做人的道理、人生价值观、企业经营哲学，也教经营意识、经营手法、经营技巧。

相对而言，企业管理框架之下的能人文化就不是这样的培养逻辑。企业花高薪在人才市场上雇来的人是不能够被容忍犯能力方面的错误的。花那么个大价钱就是购买既有了的能力。“没有那个金刚钻儿就别揽那个瓷器活儿”，买来的一定是有本事的，能力与岗位需求相匹配，一到岗就必须能够胜任、能够干活，否则花那个大价钱干什么？能人文化购买的是已有能力，因此“培养机制”或者“提升机制”就不一定是必备的。可见，能人文化的能力是一种过去时，企业老板高薪购买的是一种“满能力”、既有能力。至于能力的培养那就是能人自己的事情了。

当企业经营遇到问题该怎么办？

企业经营不可能是一帆风顺的，一定会发生各种内外问题，总不能够遇到什么问题、发生什么错误都一概表扬吧？也就是说，如果企业经营发生了问题，那么我们到底应该怎么办呢？我们应该怎么处理这些问题以及造成问题的相关的人员呢？

其实阿米巴经营的一个重要的意义或者重要功能就是及时地发现问

题、分析问题与解决问题。按照阿米巴的原则，企业如果能够突破在表面价值方面看问题，那些能够及时发现问题、并且及时解决问题的人可能就应该被鼓励，而不能够效法 kill the messenger with bad news（杀死带来坏消息的信使）那种昏君的方法。

其实对待问题不同的态度与企业的整体评价体系也是密切关联的。大家知道，阿米巴经营是突破问题表面意义而向深层次上找根源的方法，而不是简单地在问题发生与否方面进行直接评价，不是只根据问题或者直接损失发生与否进行奖惩决定。其实直接的奖惩方法都是果思维与成果主义思维的典型表现。海底捞张勇张总不是讲过："问题发生了，一定要多问一个为什么"嘛，而用直接使用物质奖惩挂钩的方式来处理其实是一种最懒的方法，也就是最懒的当企业老板的方式，直接打板子，让错误犯得没有意义，没有产生正向价值，也就是没有学习提高、经验吸取的意义。如果是这样的话，恐怕这种技术性错误以后还会有人再犯，只不过后犯错误的人自己学乖了，会把所犯的技术性错误掩盖起来不让老板发现，避免影响业绩、屁股挨板子，也就是用"道德错误"掩盖"技术错误"。其实这对于企业的长久兴衰而言才是真正致命的。

也就是说，对于员工技能不足而犯的各种错误、问题，如果企业缺乏系统的、正向的处理机制与方法，也就是不能让所犯的负面错误产生正向价值，不能让负面错误付出的代价转变为有正面意义，那么那些在企业内部缺乏正向价值导向引导的人们，一定会自觉不自觉地开发其负面意义，向负向价值的方向延伸。其实负向惩罚机制还起到了一种负向引导的作用，等于在告诉大家，赶快把问题与错误藏起来呀，否则可就要挨板子了。因此负向惩罚机制迟早会产生这样一种负面效果，负面手段早晚会结出负面果实。正所谓种什么因得什么果嘛。

计件提成、业绩与收入直接挂钩属于成果主义的正向挂钩机制，而谁做错了什么事就立即处罚其实属于成果主义的一种负向挂钩机制。无论正向还是负向其实都是成果主义的挂钩机制，都属于海底捞张总所说的那种

很懒的企业运营方法

然而如何让事物的负向结果产生一种正向价值呢？另外，又如何让事物的正向结果进一步产生正向的放大价值和附加价值，也就是经济学上所说的正向的 externality？其实这才是真正高超的领导艺术，一种真正高超的领导力，也就是 James Burns 所说的 transforming 领导力。transforming 逻辑转换，向正方向转换，也就是稻盛先生提倡的提升、提高的方向。

既然问题已经发生了，那么接下来，我们应该如何进行评价呢？仅仅就负向损失的直接结果的技术工作方面进行评价，还是就以鼓励揭示问题的道德真诚方面进行评价呢？由此就可能开启将负向错误向正向价值转化的新机会。或者在发生问题之后我们是否应该进一步在寻根探源的努力和改进创新方面进行评价？其实这些问题都涉及了企业评价体系的导向问题，也就是企业评价体系到底建立在“作为人何谓正确”利他主义的原点之上，还是建立在老板的利益得失的原点基础之上呢？企业到底是以发心主义或者努力态度作为评判标准，还是以成果主义的直接成功作为评判依据呢？这其中既涉及企业家的品德与胸怀。

按照我对于稻盛经营思想的理解，既然问题已经发生了，那么分析问题的原因往往比问题结果的奖惩来得更加重要。反省一下问题到底是怎样发生的？发生的问题到底是什么？问题的属性是什么？是技术熟练度问题，还是挑战性问题，或者是道德问题？如果是道德问题的话，那么就触及到了公司的管理底线、制度底线，那就不是阿米巴经营应该管的问题了。

或许接下来，我们更应该问一问，问题为什么会发生？问题的发生是个人问题还是系统问题？问题本身是个别性的还是普遍性的、或是制度性程序性的？是否还涉及企业其他更深层的原因？是否因为企业深层机制方面存在问题而导致的？是否已经超越了具体操作团队的职责范畴？另外，问题能不能够被说清？问题能不能够被量化？问题能不能够被解决？问题的重要性或者改进价值是多少？等等。

其实关于问题属性分析才应该是一项最具有正向价值的活动，而且关于问题分析的交流与讨论还能够促进经营人才的成长与经营意识的培养。那么，如果是基于这样的考虑，对于问题、对于给企业坦诚带来问题的人或者事，我们是不是应该在一定程度上心怀感恩呢？其实每当问题被充分地分析、能够被说清楚的时候，我们距离问题的解决方案也就不太遥远了。

因此，为了企业能够长久地健康成长千万不要把实际工作中所发生的问题都给埋起来，而是应该揭出来，做到“无私见真”。我经常讲这样的话：凡是见不得光的地方，凡是信息不透明的地方，那一定是隐藏私利的地方。其实阿米巴经营机制、玻璃般的经营，就是一种能够及时发现问题、有效解决问题的机制，因此稻盛先生的企业才得以持续高速地发展。

如果企业的上上下下都按照“作为人何谓正确”的原则行事，那么企业的各种问题就不会被隐藏起来。也就是说，在问题很幼小的时候，基于能够在发现问题之后采取正向鼓励的阿米巴经营机制，就会及时发现、提早解决问题，甚至于防患于未然，避免让问题发展坐大

显然强调惩罚机制的管理模式容易把问题逼得被淹埋起来，特别是当问题还比较小不容易被察觉的时候，就会被那些认为自己犯了错误、一定会被惩罚的人刻意隐藏起来。隐藏问题的后果就是，一方面，一个原本可以及时被发现、被解决的非致命错误，当终于纸包不住火的时候，或许就已经被延误成为一个可以威胁企业整体安危的恶性肿瘤；另一方面，原本的一个技术错误、工作错误或者根本就不应该算在个人头上的错误，由于管理惩罚机制的原因，一个关于事的技术错误往往就会演变成为关于人、关于人品的道德错误。

管理的逻辑原本就是想管坏人的，然而结果却是坏人都没有被管住，而好人的手脚却都给管住了。另外，因为坏人往往最擅长把坏事藏起来，如果问题已经大到再也藏不起来，纸包不住火的时候，那么推卸、栽赃给别人、毁灭证据往往也是这些人最擅长做的事情。

另一方面，按照管理与惩罚的思维，如果出了问题、造成了老板的损失，那惩罚的板子就一定要打到具体某个人的屁股上，总要找一个所谓的责任人，也就是要找到一个可以被打板子的对象。

做错了事就应该打板子，发生了错事就必须有人挨板子，必须找到责任人，否则缺失了责任人，在逻辑上就等于是必须由老板个人承担损失，那么老板不就成了哑巴吃黄连，怎么能够心安呢？企业中强势的老板怎么能这么做呢？其实这个时候老板根本就不用动嘴，管理团队早就心领神会地冲上去了。

难道打完了板子，问题就能够真正被解决吗？造成的损失就能够被挽回吗？同样的问题就真的可以不再发生了吗？如果不找到问题的解决方案，这个错误以后不是还得反反复复地发生吗？大家都明白，惩罚打板子并不等于真正解决问题。问题既然已经发生了，那么到底是打板子重要，还是解决问题重要呢？

稻盛经营思想、经营哲学的原点是“作为人何谓正确”？然而管理模式的打板子的惩罚机制却总是想着“如果你做错了那么应该怎么办”。两者的思想基点、思维逻辑是完全不一样的，一个是关于“做对人”的，一个是关于“做错事”的。

正向加分制——阿米巴经营只使用正向激励制的做法

从崛口先生那里，我们学到了关于阿米巴经营使用正向加分制而不是惩罚倒扣分机制的做法，也就是阿米巴经营只使用正向激励制的做法。点燃人心依靠的是正向鼓励、激励。当然加分制、扣分制这都是我的一种形容，因为阿米巴经营根本就不是打分制，也没有那个打分的管理者。

经营思想是一种提升机制，关注上限、关注能力将来时，不是简单的成果评价法，不以成败得失看问题。如果做对了，符合企业所倡导的价值观，比如积极找原因、提方案，那么就赢得附加分、奖励分、挑战分。这样的人就可以被迅速提升，因为他们一直走在企业价值观所倡导的那条道路上。对于那些表面上是负向成果的人与事，有可能是由于正向发心而缺乏经验造成的，海底捞工程部的例子就是一个很好的说明。即便看似完全负面的问题，其实也能够转换成为一种正向价值的提升，或者成为正向价值提升的贡献者，也就是让错误犯的有意义。实际上只要是技术性错误，都是可以解决的，对于团队学习而言都是有正面价值的。技术性的错误犯了一次，如果能总结经验的话，就不会再犯第二次；然而道德性的错误，一旦打开了潘多拉之盒，就会一发而不可收拾。

我把阿米巴经营正向激励的方法又称之为一种冷冻法。崛口先生讲过，对于那些做对了事或者敢于挑战高目标的人，我们应该给予表扬与快速提升，因为稻盛思想是提升法嘛；而对于那些做错了事或者所做之事不符合企业价值观的人，我们并不采取利己批评或者惩罚方法，而是什么也不说。做对了的人得到表扬、提升，做错了的人，什么也得不到。相比那些老是做对而一直快速晋升的人而言，经常做错事的人，就会一直原地踏步，甚至后来者都噌噌噌噌地超过了他们，想必他们自己也一定无地自容了。我把这种方法称之为冷冻法，把人冻结在那里，因为没有提升的理由。稻盛经营思想是提升法，想要提升总得先给个理由。

再给大家讲一个关于海底捞的例子。惩恶与扬善其实是相连的，企业行为之中单纯惩恶的意义其实并不大，扬善才是关键。杀鸡儆猴，猴都跑了；杀一儆百，百已不在。那么这种“杀”又有什么意义呢！我们就讲一个海底捞新员工不小心打破玻璃杯的故事。员工打破了玻璃杯其实自己就已经够闹心的了，员工不可能是有意而为。然而店长知道了以后就要罚相关人员 100 元钱。张勇知道后就说，以后不要再罚了，他们又不是有意的。但店长们不听，反而下次谁再打破了玻璃杯，罚款变成了 200 元。

我这里是想结合一个以前听过的相声给大家讲一讲相关的道理。相声的内容大概是这样的：一个外地乡下人到了北京王府井，不经意吐了口痰，戴红箍的治安员发现后说不准随地吐痰，罚款 2 元钱。于是这个外地人一边掏钱一边抱怨：“北京的物价够贵的呀，连吐口痰都得 2 元钱。”外地人拿出一张5元的给治安员，治安员说："5元呀，没钱找。"于是外地人呸的一声又吐了一口说："不用找了。"

这就是我想给大家讲的道理：惩恶不是为了扬善吗？教会人如何做正确的事情才是关键，教会"作为人何谓正确"才是关键。单纯为了惩罚而惩罚的惩罚机制又有什么意义呢？根本就没有起到任何扬善的作用！

12. 阿米巴模式不是目标分解制

这个话题与后面第16小节关于指令驱动制的话题也是有关联的，大家可以相互对照着一起来看。我们已经在本章第7小节关于精细核算制的话题中给大家纠正过一种错误的认识，那就是把核算制、精细核算制误认为是阿米巴机制。确实许多中国企业关于精细核算和工作数据化这一课是缺失的、是不擅长的，因此在学习稻盛经营思想的时候，这一课还是需要补上。然而即便是补上了数字计量化这一课，也绝对不等于企业已经实现阿米巴经营了，其实那还差得很远！精细数字化往往是关于事的，然而阿米巴经营主要关注人，因此仅仅依靠精细核算制是不可能完成阿米巴经营从事逻辑向人因果方面的机制转换的。

其实，单纯的精细核算、带着管理思维的核算机制，关注的仍然只是事逻辑的业绩成果，仍然是一种成果主义的思维导向，而对待工作目标的动力传递意义却被忽略。因为在原本的企业结构之中，按照管理的企业构架，经营模块属于最小化，企业只有一个经营者，那就是企业的老板。这种只有一个经营者的企业构架，不可避免地决定了企业之中业务目标、工作目标的结构与机制。这一点其实是学习阿米巴经营模式时容易被中国企业家忽视的一个问题。如果企业的目标结构特别是目标传递结构没有发生本质的改变，仍然是在延续原本那种管理体制的指令传递机制，那么实行阿米巴经营也就只能够停留在一种表面形式、表面手法上，换汤不换药，不过是把管理模式换了一个新名目而已，不可能触及到企业思想的根本改变。我们一直说，学习稻盛经营思想需要动根动本的。

或许我们可以更加尖锐地指出，其实有些企业老板是希望企业员工学习稻盛思想、学习阿米巴经营而不是自己学习，一心希望员工能够做到“付出不亚于任何人的努力”，而自己并不需支付更多的工资或者费用，也就是“又让马儿跑得快，又可以让马儿不吃草”，这多划算呀！

我在讲座中多次讲过这样一个道理，目标是谁的，动力就是谁的，那个确立目标的人也会被目标的动力所点燃。另外，目标源、动力源的位置也会决定目标和动力的传递方向、传递机制以及动力结构。

在那种管理的构架之中，企业的根本经营目标是由企业老板自己亲自制定的，然后通过层层指令分解下达给属下、管理团队，直至基层执行层员工。因此，一旦企业运营转变成阿米巴经营模式，大家肯定是不会运用那种适用于新模式之下的目标确立机制，甚至也根本就没有意识到关于经营模式目标机制与企业原本在管理机制下的目标机制有什么本质的不同，因此在那些肤浅的阿米巴实践中，企业运作依然一直是在沿用管理模式框架之下原本的那种工作“目标分解制”以及“指令传递制”的运作方法——老板制定年度大目标，然后企业计划部门将业务目标进行分解，再层层指令下达到执行人员。也就是，企业的基层只能是一个被动的执行层，只是执行最后分到手里的工作目标而已。企业的高层甚至企业老板才是真正负责制定目标的那个人。因此企业的高层也叫做决策层，而企业基层仅仅是执行层，与目标制定无关。那决策层到底应该决策什么呢？其实决定业务目标就是其中最重要的一项。

真正的阿米巴经营并不是“目标分解制”，也不依赖“目标指令制”的传递方式。“目标分解制”与“目标指令制”合并在一起或许应该叫做

"目标指令分解制"或"目标指令传递制"吧。"目标分解制"实际上是一种"自上而下"向下压制的集权指令制。在表面形式上，阿米巴经营看似是一种"分权制"，与集权制是完全不一样的。然而阿米巴经营在本质上是一种"赋权制"。我们前面已经给大家讲过关于"赋权制"与"分权制"的区别，一种是"人导向"，"人先事后"，事服务于人；一种是"事导向"，"事先人后"，人成为一种物化资源，服务于事；"人导向"是一种信任文化，而"事导向"则是基于一种不信任文化。

阿米巴经营以信任人为导向的"赋权制"在目标机制上如何表现？

阿米巴经营机制实际上是一种"自下而上"的"目标承诺制"，当然这种"自下而上"的"目标承诺制"其实是阿米巴经营的一种成熟形态。然而中国企业老板们所习惯的往往是"自上而下"的"目标指令分解制"。其实不仅仅企业老板自己习惯于此，就连整个的公司企业文化、企业构架、企业团队包括基层企业员工都已经习惯了业务目标"自上而下"的"指令分解制"。这是整个企业团队"管理思维"惯性所表现出来的一种"必然"，而且是大家集体意识不到的一种"必然"，属于"集体失忆"。

业务目标"指令分解制"中，业务目标通过"指令式传递"的方式向下传达，目标作为一种信息，确实是被传递出去了，然而目标真正需要传达的能量与动力却传达不出去。我一直反复强调：目标是谁的动力就是谁的，目标是谁的谁就会被点燃。在管理的企业机制之中，无论目标如何分解传达，无论是集权制还是分权制都无法改变企业目标和业务目标是企业老板个人的现实，执行层员工最终得到的只不过是老板目标分解到手的一部分而已，基层员工实际上只处于一种"被目标"状态，被动接受由企业老板这一单一经营者所确立的目标，因此在这种管理机制下，真正能够被目标所点燃的只有企业老板自己而已。企业员工不可能被真正点燃，企业员工被动工作只是为挣工资而不得不听命于老板的指令，不得不被动地工作而已，不可能有真正主动积极的工作热情和工作动力。奶粉钱、按揭还款、医疗费，或许这些才是员工工作的真正目标，这叫做员工需求 need，并不是企业的目标 purpose。

其实企业目标与员工需求的关系问题与我这一年多来所关注的赖瑞·杜尼松教授/上校（《西点领导力》作者）的领导力理论构架有关。根据这个领导力构架，稻盛经营思想确实属于一种非常高超的领导力。稻盛经营思想的提升属性与 James Burns 所说的高级领导力的 transforming 转型属性完全契合。James Burns 本人把领导力划分为 transactional“交易型”领导力与 transforming“转型”领导力两种。似乎所有伟大而成功的领导者实际上都具有 transforming“转型”领导力的高级特质。稻盛先生的经营思想也是如此，经营在本质上就具有了 transforming 转型属性。

目标指令分解实际上忽略了目标机制的真正意义，只是作为一种信息传递，而忽略了目标应该传递能量、传递动力的意义。如果目标机制传递的仅仅是信息而不是能量，那么员工的人心又如何能被点燃？如何能把企业老板制定的业务目标转化成为员工所认可的自己的工作目标呢？信息不具有点燃性，信息本身没有什么能量，唯有能量才具备点燃性。

大家应该还记得阳光 100 企业发展走过的那四步吧，其中第四步流程动力化就是关于企业动力的。阳光 100 学习阿米巴经营的初始原因实际上就具有一种感觉企业动力缺失的饥饿感，也就是企业发展原本的那种物质资源导向动力的边际效益在迅速丧失，因此企业发展必须从物质资源动力向员工人心动力发生转变。这种转变就是 transforming。

然而要想真正解决企业发展动力饥饿感的问题，调动企业员工人心的动力，那么就需要在企业的目标机制上下工夫，包括企业的大义名分目标与企业的具体业务目标机制，也就是企业目标与业务目标。其实这也就是稻盛先生《经营十二条》的真正意义所在，让目标传递携带动力。搞阿米巴经营，如果缺乏对稻盛经营思想理念的深入理解，就会寸步难行。其实我原本想深入讲解《经营十二条》，然而由于各种原因未能如愿。机会错过了或许也就只能永远地错过了，正所谓过了这个村也就没有那个店儿了，因此我以后不会在公开场合讲解《经营十二条》的相关内容。其实阿米巴经营也是一样，除了这本书，我也已经不太会公开讲解了。

还是让我们回到阿米巴经营“目标承诺制”的话题上来吧。所谓“目标承诺制”，是一种非常成熟的阿米巴运营机制的目标机制，它建立在充分“赋权制”的体系之上，需要具备比较成熟的经营意识、经营意志、经营理念与经营人才之后才可以实现。然而这种成熟阿米巴经营形式不可能一步到位，不可能一上来就学会。因为在企业中新担任阿米巴长的人选原本只是企业的执行层或者基层经理，而经营意识是先天没有的，因此经营意识必须从零开始培养，阿米巴长不可能一上来就知道如何制定自己阿米巴经营体的工作目标。

然而学习稻盛经营思想和阿米巴经营不能够以不会为借口，因为大家之前所掌握的还是“目标指令分解制”。如果以基层员工的“不会”为借口，那么还是回到管理体制的“目标指令分解制”吧。坐地等待一个现成的分解目标似乎简单、轻松，不用费脑子。其实这种“不用费脑子”的工作惰性恰恰就是员工人心没有被点燃的表现。从无到有，从不会到会，这其实才是经营的本质，才是经营人才与经营意识的培养机制所需要做的事情。经营就是从无到有，从不会到会。稻盛经营思想讲的是一种努力现在时、能力将来时，通过不懈的努力，通过“付出不亚于任何人的努力”，从现在不会转变成为将来会了，这就是经营。经营的核心是人不是事，不仅仅是提升事业绩水平，提高人、培养人才是关键。因此企业当下没有经营人才、员工不会经营，都不能成为不能学习阿米巴经营的借口。因为阿米巴经营实际上就是干这个用的，就是培养经营人才、培养经营意识的，而不是替企业老板精细化核算考核员工的业务业绩。

因此从企业管理模式“目标指令分解制”的现状发展到成熟的阿米巴的“目标承诺制”是需要过程、需要时间的，不能够一蹴而就，也就是说需要有一种过渡性的具有培养初始经营人才的机制与手法。针对这个问题，我曾请教过川端先生。川端先生告诉我这个过渡形态就是“目标沟通协商制”。这是一种“自上而下”与“自下而上”相结合的双向水平沟通机制，三矢裕教授在《阿米巴模式》一书中也指出了上下导向相互结合的阿米巴人才培养特点。

阿米巴月度发表会的机制与意义

阿米巴月度发表会其实就具有上下双导向目标机制相互结合点的意义。阿米巴月度发表会可不是在形式上念一下前一个月核算指标完成情况再宣布一下本月工作数字目标就完事了那么简单。阿米巴月度发表会一方面具有传递决策层想法的意义，这是自上而下的，这种传递并不是通过指令方式传达目标，而是通过沟通交心的方法实现；另一方面，月度发表会还具有指导阿米巴长经营意识成长的意义，这是“自下向上”发展上的意义，教会基层经营者逐渐学会如何发现阿米巴的经营问题、学会如何自我制定阿米巴经营目标，而且往往是通过及时发现问题而纠偏来实现的。问题被暴露出来、被及时解决，经营意识、目标意识也逐渐学会了。因此阿米巴月度发表会机制具有一种双向促成长的意义，属于月度学习场，而不仅仅是工作业绩回报场。如果意识不到月度发布会这方面的意义，那么月度发布会只能够成为汇报工作的一种形式。其实任何月度发布会，对于一个新导入阿米巴经营的企业来说在最初也是不会做的，需要企业老板这个原本唯一的企业经营者以身作则地带领大家开月度发布会。

通过月度发布会的这种目标沟通协商机制，阿米巴长们最终就可以学会如何自我制定经营目标，然后才能够逐步走向阿米巴经营成熟状态的“目标承诺机制”。其实只有当目标制定完全属于阿米巴长自我承诺的范畴，那么这样的工作目标才真正成为了阿米巴长自己的，阿米巴组织在这个意义上才能够真正被的点燃，因为目标是谁的动力就是谁的。

阿米巴月度发表会实际上属于一种比较正式、比较正规的目标交流协商机制与场所。其实阿米巴经营还有另外一种非正式的目标沟通渠道，那就是“空吧文化”，翻译成中文应该叫做聚餐会。我认为，稻盛先生非常擅长利用这种非正式场合传递高层决策并有效收集基层的信息意见反馈。有人会仅仅把“空吧文化”看做是一种日本文化，那就又错了。其实稻盛先生是利用这种文化来传递需要传递的稻盛思想。进一步讲，我认为稻盛先生往往是借助于大家所习惯的方式来传递他本人的想法，这才是本质。大家一定不要被事物的表面形式蒙蔽了双眼，就像我们之前给大家讲过的阿米巴核算表中“人工费”的位置一样，千万不要一句日本企业文化就阻碍了大家的思想，不再继续深入地思考下去了。还是海底捞张总讲过的那句话：凡事都应该多问一个为什么。

13．阿米巴模式不是末端改进法

稻盛先生的经营模式从运作逻辑上讲属于一种“改进法”，但不是所谓的“末端改进法”。大家所习惯的“改进法”往往都属于“末端改进法”，只是发生在事物的表面，很难触及到事物的根本，也就是很难从根本上解决问题。“末端改进法”又可以叫“末端刺激法”，虽然往往能够立即见效，但是见效之后往往又迅速失效，只是一时间缓解症状，很难从根本上解决问题。阳光100易总对于这种“末端刺激法”曾经有过一个非常形象的比喻，就像蔬菜市场或者花卉市场已经打蔫了的蔬菜花草，小贩在顾客到来之前往上面喷点儿水，那些菜蔬花草就像企业员工得知老板到来了一样立刻就精神起来了，但是过不了一会儿，客人一走保证又都蔫了，这是因为表面刺激不能够解决根本的问题。

其实所有的管理手段，只要是出于管理监控企业员工的目的，所能够解决的问题都一定只是末端问题而已，只是玩手法、玩手段，并不能够在根本上触动员工的人心，只是一种外部指令性的强加而已，不能够获得员工发自内心的认可，也就不可能真正地点燃人心，更不可能真正使员工具备企业主人般主动的工作态度。就像我们前面给大家讲过的，工作目标始终都是老板的，是老板使用管理手段从外部强加的。因为管理手段是外部强加的，所以也就只能起到外部刺激的作用，而且是一种负向刺激，那么刺激外部枝叶的成果主义，也就只能够停留在“末端刺激法”的层次而已。

企业“变革法”与“改进法”

我们在前面给大家讨论过关于企业“变革法”与“改进法”的区别。西方管理模式通常在手法上比较喜欢使用“企业变革”的方法，虽然在实际意义上往往只能够触及到问题的末端，但在形式上却是暴风骤雨。

本质与形式、根本与末端并不是一回事。西方的“企业变革”虽然在形式上来的是暴风骤雨，阵势蛮大的，但是对问题在根本上的触动却非常有限。所谓成果主义只能够发生在表面，触及到的是“果”而不是“因”，属于“果逻辑”不是“因逻辑”，就像一般植物的果实都是长在表面、现在枝头，那些绚丽的鲜花也都是展现在表面炫给人看的。然而事物的根本问题，那些植物根上的东西往往是看不到的，挖出来看是肮脏、难看的，一般是最见不了光的东西。

稻盛先生的经营思想是一种解决根本的方法，必须“动根动本”。稻盛先生就是在“事的本质”与“人的本性”上下工夫，都是直面问题的根本，针对的都是“本”（“本质”与“本性”的“本”）。然而在表面形式上，稻盛先生所使用的却是一种“渐进法”、“改进法”，而不是“自上而下”暴风骤雨的企业“变革法”。经营“改进法”是和风细雨的，讲求的是一种润物细无声的姿态，是“自下而上”的时时改进、主动改进的方法，把“改进”当做一种工作的“常态”。稻盛经营思想、阿米巴经营模式所提倡的“提升法”其实就是一种每日精进、人人精进的方法，与积极改进的方式相挂钩。

"每日改进法"是员工自觉、自发的一种行为，而且改进的成效与阿米巴小组经营制结合起来更容易彰显、容易看到，所以员工从中尝到了甜头，这也是因为企业员工自己已经在阿米巴经营之中成为了企业的主人，员工已经对自己的工作目标负起了责任。

"时时改进法"的一个最大的好处那就是能够及时发现问题并把问题解决于幼小与萌芽状态。我们在前面分析惩罚机制的时候已经给大家分析过了，负向惩罚机制会导致在工作之中犯了错误的人想方设法地把问题隐藏起来。这些人不是把自己的努力放在如何发现问题上，或者发现了问题寻找解决方案，不是关注于如何努力挑战未来，而是努力去隐藏已经发生了的错误。于是就不可避免地出现两个致命的后果，一个是在道德方面，是关于人品、人性的；另一个则是在技术方面，是关于事的。

成果主义不是喜欢成果嘛，那么现在这个成果来了，可惜来的并不是什么正向之果，而是负向成果。其中的一个重要负向成果就是：把技术上的问题或者错误演变成为人在道德方面的错误，因为他们天天所想的就是如何隐藏、遮盖、说谎、不能让老板知道。所谓的"报喜不报忧"也都是这么出现的。如果实在隐藏不了了，结果很可能就是栽赃陷害，嫁祸于人。这个负向结果就是人的道德良心变坏了，这也是在人维度方面成果主义可能结出的一种成果，事做坏了，人也变坏了。

成果主义在事方面的负向成果

那么在事方面成果主义又会结出什么样的负向成果呢？因为拼命地隐藏问题，于是原本可以很好解决的小问题、处在萌芽状态的问题就会被人为地培养成一个大问题，培养成一个纸再也包不住火的大问题。因为问题太大了，所以企业变革就派上了用场。企业变革往往就是为了周期性解决因为企业弊端养成的大问题，然而企业变革的解决方案往往又只是在事物的表面，很难真正突破问题遮盖的真正坚冰。其实所谓大问题往往是企业深层的问题生长到表面上来了而已，再也包不住了，成为浮出水面的冰山一角，成为了侵蚀企业正常机体的恶性肿瘤。

不知道我们是否可以比方，如果阿米巴经营机制是关于培养解决问题的人才的，是关于人的，那么企业管理惩罚机制恰恰就是培养企业所存在的问题的，是关于事的，而且还把技术性的“事维度”问题培养成为“人维度”的道德问题，把幼小问题培养成为硕果问题、肿瘤问题，结果企业变革的逻辑就不得不派上用场，用于铲除企业肌体已经爆发的肿瘤，而铲除恶性肿瘤的手法比较“血腥”，一定要暴风骤雨，一定要从表面动刀子——外科手术。

“企业变革法”是“自上而下”发生的，是企业老板发动的，动力源头还是在老板，也是企业员工不得不被动接受的，能够解决的却只是冰山的表面问题，然而在表面形式上却来的暴风骤雨。因为问题已经积攒得太久，老板不下狠手就不行了。相反，“企业改进法”是“自下而上”的，是企业员工在一线主动启动的，时时发生，日积月累，积小为大。但是这种阿米巴企业时时“改进法”的“小力量”却能够彻底解决企业机制中存在的一些根本问题，能够撼动企业的参天大树。阿米巴经营所使用的就是“小”的力量、“小”的妙用。阿米巴经营就是“通过做小而做大”、“通过做人而做事”，这是稻盛先生传递出来的典型的东方思维逻辑。

“企业变革”

据说“企业变革”的成功率一般最大也只有49%。这指的还是单一“企业变革”的成功率。如果两项“企业变革”同时进行，而且还存在着成败相连的因果关系，那么这样的“企业变革”的成功概率就会下降到24%的水平。如果是三项变革同时进行呢？成功率就下降到12%以下，基本上属于“十不成一”了。

我们前面已经给大家讲过了，“企业变革”往往又是因为许多小问题已经被积累培养成了大问题才爆发的，因此老板总是希望通过一次“企业变革”就解决一系列问题。然而恰恰因为企业老板想通过“企业变革”解决一揽子的问题，也就是说把多项“企业变革”任务装在一个篮子里面，于是大多数“企业变革”的命运注定是失败的。企业老板自己往“十不成一”的“企业变革”的篮子里面装东西，那么“企业变革”注定失败的命运又能够怨谁呢？那不是企业老板自己的选择吗？

我想说的就是这样一个道理，如果企业家把推行阿米巴经营按照“企业变革”的方式来对待，如果这种变革不能够真正触及到企业深层的根本问题或者忽视了企业深层思维方式的彻底转变，那么这种所谓的阿米巴企业变革注定是要失败的。反过来讲，如果这种真正变革能够触及到企业的根本价值观体系、评价体系，或者确实发生了企业思维方式的转变，那么操作形式、手法上的暴风骤雨无异于在“表面”与“深层”同时开展的两线作战，既在根本上又在形式上发生变革，所以这种“企业变革”的成功率也是非常低的。“两线作战”此乃兵家大忌也。

因此，学习阿米巴经营模式时最好还是给企业一个渐进的过程，以充分学习稻盛思想稻盛经营哲学、经营理念为铺垫，在形式上采取润物细无声的方式，不要动不动就采取“企业变革”的方式和“企业革命”的逻辑。因为“企业变革”本来是企业管理框架的内容，其潜台词就是老板希望借助“企业变革”改变他人尤其是手下员工的做事方式。老板希望改变的是别人而不是自己，正因为假设改变的是别人，所以企业老板才会下刀那么快。然而学习稻盛经营思想这种“变革”（如果我们仍然沿用“变革”这个术语的话），首先需要改变的其实是企业老板自己，是首先革自己的命。老板对自己下手、下刀的时候恐怕就没有那么果断了！

14. 阿米巴经营不是能力衡量法

以往的企业都是在管理构架基础之上进行企业运营。我认为，这样的企业管理构架实际上存在着这样一个潜在假设，那就是追求一种规模最大化。只有企业组织体大到了一定规模的时候，管理的逻辑在成本收益上才能够成立，对于管理的需求也才会产生。也就是说，在企业规模比较小的时候，企业老板往往使用的是一种自然原生态的、事必躬亲的、全面一手抓的方式，处在这个阶段的企业还根本谈不上什么管理，只是按照老板的个人逻辑或者个人习惯、个人感觉在运作企业。企业之中发生的所有问题都抓在老板一个人的手心里。比如京瓷公司在200人以下规模的时候，稻盛先生也是所有事情亲力亲为。只不过当京瓷企业规模超越了稻盛先生个人处置能力上限，他并没有选择走企业管理思维“事重而分权”引入管理团队的常规老路而已。

选择企业的管理模式实际上就具有追求企业“规模经济”的潜台词，企业规模扩大、企业管理结构变得复杂，那么似乎企业构架很自然地就必须与管理构架的能人文化形成一种关联。也就是企业发展到一定的规模，似乎只有能人才具有“分权而治”的管理能力，才能够把企业玩的转、管得了。甚至当善于管理的所谓职业经理人团队，也就是所谓的能人团队顶上去的时候，往往还会要求企业创业的老板与元老能够主动退下来。企业老板似乎成了公司里多余的人，尽管这种“退下来”对于大多数企业老板们而言都是心不甘、情不愿的。

无论是喜欢还是不喜欢，无论是心甘情愿还是心有不甘，似乎大多数企业家都已经习惯选择依赖于企业管理团队的能人文化代行职权，似乎如果离开了这些能人团队，企业就一定是玩儿不转。只是区别在于，一些企业老板并没有放弃自己在企业内部的最高决策角色，于是职业经理人只能委曲求全地在老板麾下为高薪工作。或许另外一些更加强势的企业老板会把手插到管理机制之中，当然也会有一些弱势的老板会彻底退下去，成为大撒把的甩手掌柜，或者干脆把公司股份彻底卖掉。实际上，希望40岁就能够退休而后享受生活那是许多老板创业之时所追求的梦想。

如果企业用人制度依赖于能人文化的话，那么企业的整个体系就会向少数能人倾斜，包括资源、薪资与权力，而且刺激少数能人主要依靠的又都是物质激励手段，依靠高工资、股权配送等手段来挖能人、留能人。实际上企业的整个管理体系也都是根据能人的需求特性来设计、设置的，能人的能力也主要通过物质成果主义的考核体系进行考量。其实所谓的成果主义实际上就是根据能人量体裁衣而制作出来的东西。

企业所谓的能人文化，就是激励企业的少数能人，而且主要依靠物质手段。企业老板只需要与少数能人直接打交道就完事了，他们的精力也还能够顾得过来，而且使用物质刺激手段，与老板原本的物质利益思维是一致的，不需要发生多少思想方式的转换，也算是比较简单。海底捞张总不是讲过嘛，使用物质刺激、绩效考核的方法其实是一种最懒的企业管理方法，是最懒惰老板的做事方法。确实是这样的。然而企业能人文化却存在着一些致命的弊端，我们会在接下来的第三章讨论管理模式的三大基本矛盾时再给大家接着进行分析。

然而稻盛先生的企业经营思想所使用的方法是激励企业大多数员工，将企业所有员工聚集在企业的大义名分之下，众人拾柴火焰高一起干事业，而不是依靠激励少数能人，使用的激励方法则主要依靠精神激励，通过良性正向的方式激发员工的使命感、荣誉感、成就感等来点燃与经营广大员工的人心。当然保证员工的物质幸福也是不可缺失的，企业的目的是建立在员工物质与精神两方面的幸福之上的，而不是瘸腿或者一条腿的幸福。

“能力”与“努力”

这里给大家分享一下阳光100在学习稻盛经营思想体会关于“能力”与“努力”方法不同之处时，易总即兴所发了一个感触：关于“能力”，未必人人都可以成为李杜（李白与杜甫），然而关于“努力”，却是人人皆可以成为舜尧的。也就是说，仅仅依靠能力方面的激励只能够是小范围的事情，然而提升正向价值观的努力的激励则可以是大多数人的事情，对于可燃性员工、甚至对于每个人而言，都可以起到点燃激发的作用。其实我们还可以把能力激励看做是成果主义，是果逻辑，而努力激发则是一种过程主义，是因逻辑，在过程之中“付出不亚于任何人的努力”。我还记得在接触稻盛思想之前，阳光100易总曾经讲过这样一句话：“挣钱看能力，花钱看品德。”当时我就已经觉得与众不同，然而在学习了稻盛思想以后，我进一步知道，连挣钱都需要依靠品德。

谈到“努力”的意义，最重要的事情可能还是需要大家看一看稻盛先生著名的成功方程式，也就是“成功 = 价值观 × 努力（或者激情）× 能力”。其实“努力”可以看做是在正向“价值观”加持之下对“能力”爆发式、激发式、点燃式、挑战式的使用。

对比稻盛先生通过“努力”换取成功的思想，在中国当今社会里、在中国物欲化的人群之中，到处都充斥着一种不劳而获的思想，比如许多中国房地产老板前些年都体验到的睡大觉赚大钱的经历。那些不努力的烂尾楼，因为后来高房价的机会赶对了，于是天上就掉下了馅饼，烂尾楼甚至最后比有品牌、有理念、努力销售的一线品牌企业赚得还要多。其实这就是社会价值取向系统出现错位的一种表现，这不仅仅是某些企业、某些个人的价值观取向出了问题，而是整个中国社会都出了问题。现在整个中国社会都处于一种浮躁的状态，都只关注末端，都是一种机会主义导向、一种笑贫不笑娼的成果主义。从这个意义上讲，企业界学习稻盛思想其实也起着改变社会价值观取向的意义，这也是许多奔波于企业界义务传播稻盛思想的人们的良苦用心。我们甚至可以这么说，在企业界改变价值观取向比在学校里面的意义都大，因为现代人类社会实际上是生存在一个企业主导社会组织形态的时代。

阿米巴经营的人才经营机制实际上是一种“衡量努力法”，而不是与静态能力相挂钩的“衡量成果法”。这句话听起来好像挺简单，然而真的做起来并不容易。比如，在具体核算阿米巴收入的时候，我们体会到这样一个原则，那就是，不是通过自己努力而获得的业绩，就不能够算作你这个阿米巴经营体的业绩，也就不应该纳入你的核算或者不能够计入你这个阿米巴经营体的收入。有一次阳光100某个项目发生质量索赔问题的时候，就发生过这样的问题。一个部门的损失和成本成为了另一个部门的核算收入，这就是收入与努力脱节的情况，一个部门或者一个人并没有真正做什么，却产生了收入。这或许应该叫躺着也中枪、睡觉也赚钱。不知道大家是否想到了这样的问题？这种不劳而获的方式，这种把自己的收入建立在别人过失赐予的基础之上的做法绝对不应该被鼓励。心理学家也经常奉劝大家：绝不要把别人的帮助计算在自己的决策之中，那可能是不靠谱的，是会令人失望的。其实关于是否把别人的帮助计算在内，也是形成正向思维、良性思维、积极思维的一个关键。

如果自己的决策基础已经包含了他人帮助的因素，那么就等于已经假设别人必须帮助。也就是说，如果别人真的帮助了，那么你也不会心怀感恩，而是认为别人的帮助本来就是应该的。如果最终别人并没有出手帮助，那么你就会很失望甚至心怀不满、抱怨连连。这就是负向思维的人思考问题的方式。

相反，如果自己在决策的时候并不计算他人帮助的因素，那么事后别人确实没有提供帮助时，你也不会失望，因为原本就没有考虑嘛。然而别人确实提供了帮助，你就会心中充满了感恩。这就是正向思维的人思考问题的方式。这种思维方式往往容易促成团队合作机制的形成。

另外，如果不计算他人的帮助因素，那么就唯有依靠自己的力量、依靠自己的努力去实现看似既有能力不可能实现的目标。这其实是稻盛人生精神与京瓷创业哲学的一个核心法宝。这就是背水一战而激发努力的原理，也就是置之死地而后生的法则，把自己逼到死胡同而不得不穷则思变、突破困局，如此也就容易产生各种创新的动力。

因此在计算阿米巴经营体收入的时候，我们就必须按照“努力”换取“收入”的原则，凡是天上掉馅饼的事情都与你无关，不应该计入你努力的收入，因为这种果实与你的努力没有丝毫关系。

学习稻盛经营思想必须知行合一

其实本章给大家列举的这些误区问题，都属于在理解了稻盛经营思想与经营理念之后所做的“应用题”。如果这些应用题大家都会做，那就说明大家已经真正理解了稻盛思想。否则，在面对企业具体发生的各种问题时，如果大家仍然手足无措，仍然按照与稻盛思想相反的管理思维方式思考问题的话，那么学习稻盛经营思想充其量也就是学到了一些表面知识而已。这样学习稻盛思想，只喊口号而不会实际操作，又有什么实际意义呢？学习稻盛经营思想必须知行合一。

企业家如果是真心的学习稻盛思想，就必须学习把自己培养成为一个小稻盛。稻盛先生怎么思考问题，那么大家就怎么思考问题，这才是把稻盛思想真正学习到了家。另外还必须拥有稻盛先生那样的胸怀，而不是螃蟹打洞。其实川端先生与嶇口先生的思维，就让我有这样的感觉，那是真正学习稻盛思想到了家的小稻盛。如果大家细细品味他们讲出来的话，你会发现非常符合稻盛经营思想的原理与原则。

这本书给大家总结出来的经验，实际上都是我们阳光100通过自己的实践摸索出来的。比如刚才给大家提到的那条原则，不要把自己阿米巴经营体的业绩建立在别人工作发生错误的基础之上，也就是阿米巴经营体的收入必须来源于自己工作正向努力的结果，否则计算“收入”在原则上发生错误的话，那么就会造成企业团队之间的关系紧张与对立，就会牺牲企业内部的员工满意度，不是凝聚团队而是涣散团队。

其实海底捞张总将集团总部的考核组改变为教练组也有克服这种错误的意义。所有的考核思想、管理打分体系实际上干的也都是这个事，以发现别人的错误作为自己的工作业绩，甚至把扣别人工资作为自己的收入来源或者提成来源，因此考核组无论走到哪里都会招人恨，又怎么能够点燃前线员工主动工作的积极性呢？

阿米巴经营需要衡量努力度，而不是能力值。大家所习惯的关于能力的思维其实还都是一种“事导向”，而衡量努力度则是“人导向”的，是以人作为判断标准，以培养人为判断标准。不妨给大家介绍一下海底捞围绕人的评判方法。比如海底捞的店长可以分为ABC三级，但这种店长分级却不是以经营业绩的多寡来划分的，而是以店长手下具有百分之多少的优秀员工来划分。优秀员工的比例越高，那么店长的级别也就越高。其实优秀员工的比例越高，店面的实际经营业绩自然就越高，那是不言而喻的。就像稻盛经营思想所讲的，企业利润会自然而来，不必强求。

如何衡量员工的努力度

关于阿米巴经营如何衡量员工的努力度，京瓷化学无锡的宋总给我介绍过一种很有效的方法，我称之为“排队找人法”。当然这不是三言两语就能够在这里给大家说得请的，但我希望企业家首先能够记住的是，阿米巴经营衡量的是员工努力度，是努力度的投入input，而不是以能力的果实output。还是请大家记住本人之前所提供的那个结构图：

果output实际上是与“能力”挂钩的，“能力”在管理模式之中对应

于物果或者业绩成果在表面上的因，其实这只是在管理思维上的一种表面因果关系而已。然而稻盛经营思想真正关注人在发心方面的因，与 input 挂钩，与投入的“努力”挂钩，与果逻辑脱钩，是一种“努力度衡量法”。从“能力”向“努力”转换，这其中有一个重要的逻辑转换关系，就是这个调节水池的意义，也就相似于那个水库原理。

有人会说，没有能力的人再努力又会有什么用呢？我们在这里可以借用一个关于成功商业模式的概念来给大家解释一下，尽管商业模式原本属于管理思想延伸出来的东西。

那么什么叫做成功的商业模式呢？所谓成功的商业模式就是使用平均、平常甚至平庸的资源造就辉煌的商业业绩的方式。如果必须依靠使用一流的资源才能够成就一流的业绩，那其实不能够叫做成功的商业模式，因为成功的只是其中的那些一流资源而已。如果使用一流资源成就二流业绩，就应该属于失败的商业模式，根本谈不上成功，因为商业模式使用的资源价值被打折了。

稻盛先生的阿米巴模式与这种关于成功的商业模式在思想上是相通的。稻盛先生也认为，阿米巴经营能够使那些看似传统、落后甚至夕阳的行业同样成就辉煌的业绩，其实这也完全符合成功商业模式的定义。

稻盛经营思想是一种提升法，讲究“提高心性拓展经营”。而且稻盛思想关于“能力”的认知是一种将来时，而不是“能力”现在完成时。比如稻盛先生很少使用名牌大学毕业的那些所谓具有业务能力的高材生，因为阿米巴经营本身就属于一种人才培养机制与能力提升机制。“能力”是一种将来时态，不以“能力”的过去时态的固化眼光来看待。

因此在阿米巴经营体系中，根本就不存在所谓的没有能力又如何努力的问题。对于真正的阿米巴经营而言，这实际上属于一个伪问题，因为这种问题关于能力的定义还是基于“能力现在时”或者“能力过去时”的认识，是以企业的现实情况员工有没有能力作为判断基准的。然而稻盛先生讲的是“能力将来时”，是通过“努力”与提升而获得的“能力”，因为阿米巴机制本身就是一种“努力”提升机制。实际上稻盛先生对于“能力”进行了全新的定义。

或者再换一个角度，具有企业内部阿米巴经营“能力”的人才不是天生的，企业必须使用阿米巴人才培养机制从头培养。而人才市场上的是企业管理框架之下的管理能人或者技术能人而已，其“能力”与阿米巴经营没有多大关系。

另外，不知道大家是否注意到在稻盛先生的成功方程式之中，能力、努力、价值观之间是一种互为乘法的关系，而不是互为加法的关系。其实乘法与加法的区别意义巨大，不仅与价值观的方向加持有关，而且还与提升的空间程度有关。

心理学上有一个非常著名的ABC法则，属于积极心理学的范畴，与人的乐观与悲观观念有关，我认为也适用于阐述努力与不努力的关系。ABC法则中，A（Adversity）——代表负面，不好的事件；B（Belief）——代表负面事件发生时内心自动化的悲观想法；C（Consequence）——代表负面事件的后果负面的感受与行为。或者更通俗一些，A——某一事件；B——头脑中的想法；C——产生的结果。

人们会认为负面事件A导致了负面结果C，但实际上心理学认为是想法B导致了负面结果C而不是事件A直接导致了C。那么要想改变C就必须改变B，也就是将悲观的想法、解释转变为乐观的信念。

然而B通常是不自觉的、意识不到的、很难捕捉到的意识，所以要通过专门的训练人员才能够捕捉到这些想法。

ABC法则其实具有积极心理学的意义，也就是如何培养良性、正向的思维方式。

如果我们把ABC法则延伸到稻盛经营思想与阿米巴经营关于“努力”与“能力”的意义方面来，可以把A定义为“能力”，B定义为“努力”，C定义为“业绩结果”。那么A能力与C结果之间就属于一种表面因果关系，也就是“事维度”的因果关系，“能力”与结果之间的关系；而B与

C 之间的因果关系就属于“人维度”方面的因果关系，一种“努力”与果实之间的因果关系。努力 B 必须通过不断地训练，也就是要“付出不亚于任何人的努力”的正向积极乐观的心态。

15. 阿米巴模式不是下限管理法

我们在本章第 11 节讲解负向惩罚机制的时候实际上已经给大家重点讨论过相关的问题，这里只是做一些补充而已。我们在学习阿米巴经营时发生的许多误区其实都是与管理下限的方法、负向管理的方法有关，这些问题属于一种系统问题，而不仅仅是一些单一独立的误区。我们很难使用一个明确的分类把这些问题彻底地区分开来，因为它们都生长在同一个管理思维的根子上的，而稻盛先生的经营思想、阿米巴经营模式属于另外一个根系，属于另外一棵思想大树。

管理是一种管理下限的方法，一方面是针对事维度管控的方法，另一方面则是在人维度方面管理人性的下限、负面性因素所使用的方法。我们在前面给大家介绍了心理学的 ABC 法则，针对事维度的管理属于 A 逻辑或者 AC 逻辑，而人维度的管理则属于 BC 逻辑。

我们概括性地讲过，管理就是管坏人，属于 BC 逻辑，既包括管坏人也包括管理人性坏的一面，也就是管理人的下限，针对人可能发生的负向行为。因为管理是关于下限的、管理的是人的负向行为方式，所以所使用的方法往往也是负向的方法或者比负向行为更加负向的方法，或许这可以看做是一种“负负得正”的逻辑、“以恶治恶”的方法，负向惩罚机制就是如此。稻盛经营思想的正向提升、提高心性的方法实际上是针对人性善性、提高上限的方法，属于“正正得正”的方法。如果在提高人性“正性”上限的时候不是使用一种全新的人性“经营”逻辑，就会产生“负与正相乘得负”的结果，也就是使用管理逻辑、管理方法学习阿米巴经营，注定是失败的负向结果。我们反复跟大家讲，学习稻盛经营思想是不能够带着管理思维做简单加法的，稻盛经营思想遵循的是一种乘法法则，比如成功方程式就是乘法法则。如果带着管理思维与稻盛经营思想进行乘法的话，就会造成“负与正相乘得负”的结果，管理思维是关于负性人性、下限管理的法则，属于“负负得正”，而稻盛经营思想则是关于正性人性、如何提升上限的，属于“正正得正”。

然而人们一般却认识不到管理思维、管理方法本身是一种负面的方法，针对人性负面进行管理，属于“负负得正”的法则。因此人们往往就会把管理当做一种正向的东西，进而当做简单加法法则。管理思维被大家当做正面加法法则来认知，那么不妨告诉大家一个秘密：一切通过管理手段来提升企业业绩的方法，其实都是按照百分比来计算的，都属于加法法则，也就是算术法则，是“术”层面的法则。然而稻盛经营思想的乘法法则是高于“术”层面的更高一级机制的法则，即级数增长法则，是倍增的。因此如果能够真正学习到稻盛经营思想，那么企业的业绩增长一定是倍增的，而不仅仅是百分比增长。

关注下限、管理下限，其实是“发展”第一个阶段的特征或者职能。然而“发展”不能够永远停留在第一阶段，否则还能够叫做“发展”吗？“发展”不应该仅仅是关于规模、数量的改变，而是具有机制、法则、游戏规则的转变，也就是 transforming “转型”的属性，这是领导力在本质上所具有的属性。稻盛经营思想就具有这种“转型” transforming 属性，因此稻盛经营思想是一种高级领导力思想。

“发展”，那么就一定要超越第一阶段、超越仅仅对于下限的关注，迟早需要走向对正向、上限的关注。关注正向、上限，怎么才能够提升上限呢？其实积极心理学、ABC 法则等都是关于这个问题的。

凡是做过家长的人都会有这样的体验，好孩子绝不是打出来的，而应该是夸奖出来的，这就叫做“赏识教育”，也就是正向激励法。既然好孩子是这样教育出来的，那成年的员工呢？其实也是如此，怎么能够仅仅靠打，靠负向惩罚呢？

惩罚不会出人才，只有培养才会出人才。阿米巴经营其实就是一种人才培养机制，而不是业绩核算达不到目标的惩罚机制。稻盛经营思想在本质上是关于如何提升上限、如何激励员工向正向提升的。

负向惩罚的有限性与正向激励的无限性

可以给大家举一个极端的例子，比如一个员工月薪5000元，如果犯了一个错误被罚1000元，那这个员工最多一个月只能够犯5个错误，否则月工资就要被罚光了。如果超过了5000元的下限值，惩罚机制还有什么招呢？还能够怎么样呢？员工也会破罐破摔，大不了卷铺盖走人，把老板炒了也就算了。这就是我们要跟大家讲的关于管理下限有限性的问题。我们讲过，惩恶是为了扬善，如果仅仅是单纯的惩恶，那么效果其实是很有限的。

有人说，杀一儆百。其实即便是杀一儆百，充其量也只是告诉大家别去做坏事，并不等于被儆之百的人就理所当然地知道如何去做好事。这种“不做坏事”就等于知道如何“做好事”的假设在逻辑上是有跳步和逻辑缺失环节的。知道“什么是不应该做的”并不等于就知道“什么是应该做的”，更不等于一定就具有“应该做某些事情”的能力。前者是负向逻辑，后者是正向逻辑，两者不能混为一谈。

稻盛思想的原点是“作为人何谓正确”，是关注“如何做好人”，也就是“如何提升做人上限”。所谓“做人的上限”表现出来的就是“人的品德”——正性人性。因此如何提升“做人的上限”就是如何提升“人的品德”。稻盛思想就是将如何“做好人”的道理与如何经营“好企业”的道理结合在一起。这也就是我们阳光100感觉找到企业标杆的原因所在——

通过做好人能够做好企业，实际上也涉及本书第一章讨论的第一个问题——学习稻盛思想的发心问题。

稻盛经营思想是关于上限的提升法，而不是关于底线的打压法或者管理的下限法。管理下限的作用其实是有限的，然而提升上限的意义却是无限的。崛口先生曾经感慨企业员工作为被动的打工者与作为主动的经营者所激励出来的动力的差别是巨大的、超越想象的。当员工成为企业主人、成为老板事业伙伴时，那种积极性被点燃之后所爆发出来的工作核动力是难以想象的。这就是主人与仆人的本质差别。当然这并不是像当今许多中国人所习惯戏称的那种跪着的主人与站着的仆人的差别。

那么在企业实践阿米巴经营的时候，对于企业员工而言有一种非常有效的激励办法，并不是人手一本的发书方式，而是一种榜样力量的培养方法，因为榜样的力量是可以放大的，也就是符合乘法法则。其实这个榜样首先是企业老板自己。我们发现所有在日本成功实现阿米巴经营的企业都具有一个共同的特点，就是强调企业老板在正向价值方面以身作则的表率与榜样作用，而不是仅仅要求手下员工的努力付出，单纯让企业员工"付出不亚于任何人的努力"，反而让企业老板自己成为一个轻松的甩手掌柜。

这里面其实涉及另外一个理解阿米巴经营思想的误区，虽然我们并没有作为一个独立的标题来给大家讲，但是也属于企业老板在学习阿米巴经营时在学习动机方面容易犯的错误，也就是本书第一章第一个讨论标题关于学习动机方面的内容。

学习阿米巴经营的动机误区

这个学习阿米巴经营的动机误区到底又是什么呢？我们在第一章之中给大家分析过，有的中国企业家学习阿米巴经营是冲着世界500强来的，而有的企业家则是把阿米巴经营当做可以解救自己企业眼下困局的最后一根稻草，把稻盛思想当成了一种"稻草思想"，甚至有的人还把阿米巴经营当做包治百病的万能药方、手法。所以在这里我们就需要给大家再补充一个学习阿米巴经营的思想方面的动机误区。

比如有的企业家学习稻盛经营思想不是出于成就一番事业的目的，而是觉得学习阿米巴经营之后，努力经营的事情就可以放心大胆地交给企业员工，自己可以清闲地享受生活了。因为企业自主运营的效率提高了，那么老板自己完全就可以清闲了。睡觉睡到自然醒，数钱数到手抽筋，这多好呀！真是神仙一般的生活！然而这种思想仍然还是管理思维与利益思维的延伸而已，把阿米巴经营当做一种管理手法。管理上去了，自己就能够退下来享受清闲。这种退下来不属于那种“职业经理人上去了，企业老板退下来”的心不甘、情不愿，而是彻底心甘情愿地退下来做一个清闲的甩手老板。这其实完全是为了个人利益且不劳而获、少劳多获的想法。最好是别人努力干活，自己坐享收钱。让别人努力，让自己享受。这根本就不是稻盛经营思想。

稻盛先生所讲的“付出不亚于任何人的努力”是一种自我努力付出最大化的思想，然而那些贪图清闲享受的企业家所追求的人生意义却是一种自我努力最小化、付出最小化的想法。所谓“努力最大化”、“付出不亚于任何人的努力”在这些老板的头脑之中是要求别人的，而“努力付出最小化”才是他们自己所追求的。这也就是稻盛先生在 2010 年 10 月青岛论坛听完某位企业家发言之后生气的原因所在，完全扭曲了稻盛经营思想的本质。

这也与本章第 7 小节中给大家讨论的阿米巴核算表中的“人工费”的位置安排有关。如果“人工费”被安排在费用事项之中，那么就适用于最小化法则。然而如果人工费最小化了，那么既违背企业谋求员工物质与精神两方面幸福的目的，也违背了“付出不亚于任何人的努力”的“努力最大化”原则，因此我认为“人工费”这一项必须从费用项之中提出来，放在附加价值创造之中，这样才符合“努力最大化”的原则。这可不是什么日本企业文化，我们讲过，如果什么东西都归于日本企业文化，那么稻盛经营思想就没有必要学习了，当今中国人又有谁会对日本企业文化感兴趣呢？稻盛经营思想所传递出来的其实是中华传统文化、中华传统思想，这是谁也抹杀不了的。

因此在稻盛经营思想中，“费用最小化”并不适用于“努力”付出这一项，大家应该将“人维度”与“事维度”分开、区别对待。人的努力付出实际上是应该最大化的。然而在原本的那种自我利己利益的思维体系之中，事与人实际上是混在一起的，并且要求人必须服从于事。因为事的成本要求最小化，那么人工成本也就应该最小化，甚至连企业老板自我的努力付出也最小化了，最好是不劳而获，天上掉馅饼，只要躺在沙发上就能赚钱。“努力最大化”、“付出不亚于人的努力”实际上属于“经营最大化”的范畴，是经营模式的机制，是“经营人心最大化”，甚至“经营人生最大化”。稻盛先生讲过：“工作的意义就在于提高心性、磨炼灵魂，让人生价值在谢幕之时比开幕之初提升一些。”

日本相关的研究学者发现，企业践行阿米巴经营之后，企业家不是更清闲而是更劳累了，工作量比以前更重，只不过是工作所关注的重点不一样了而已。虽然企业家可能在体力和肉体上的感觉、工作时间上的度量感觉更累了，这也是“付出不亚于任何人努力”的一种表率需要，但是人在精神和心灵方面的感觉更加轻松、更加充实、更加正向、更加幸福、更加愉快，不需要再挣扎于利益矛盾的争争斗斗，团队不再勾心斗角，也就是不再累心，企业团队在整体上已经形成了一种正向良性的加速度循环机制。

我在传播稻盛思想的讲座之中经常强调，“付出不亚于任何人的努力”，在指导经营者的《经营十二条》中是第四条，然而在提升企业老板自己品德的《六项精进》中是放在第一条的。其实这样的逻辑顺序安排是非常重要的。“付出不亚于任何人的努力”，首先是企业老板自己应该做到的。

另外，当企业老板按照《经营十二条》第四条“付出不亚于任何人的努力”要求自己手下的经营者和员工的时候，应该问一下自己，《经营十二条》的前三条到底做到了没有？特别是《经营十二条》的第一条大义名分到底真正做到了没有？如果企业老板还没有做到《经营十二条》前三条，就根本还没有资格要求别人做到“付出不亚于任何人努力”的“第四条”，更没有可能要求别人做到《经营十二条》第五条“销售额最大化费用最小化”的财务经营原则了。

我一直强调稻盛思想的逻辑逻辑，因为稻盛先生是理科出身，所以稻盛先生阐明事物和讲话的逻辑性非常强，也就是说，稻盛思想的表述逻辑与稻盛思想要点本身一样重要，因此大家在学习稻盛经营思想的时候最好不要将稻盛思想的某一条理念单独拿出来学习或者施加于人。比如，《经营十二条》的前后逻辑顺序实际上具有一种积累属性或者累加机制，需要从前往后一条一条地学习与实现，绝对不能够跳着来、挑着来或者有所缺失地选择着来。也就是说，那种管理逻辑的“空降法则”在学习稻盛经营思想的时候是绝对不适用的。管理思维其实属于一种算术法则，而且是一种加减算术法则，符合算术交换律的属性，各种要素之间的前后顺序其实无所谓，不会改变计算结果。然而稻盛经营思想的法则已经上升到了一种“矢量法则”的层次，是讲前后顺序的，属于单向性法则。向上提升就是单一方向，稻盛思想属于“提升法”。

关于管理下限的问题，结合本章第 11 小节关于负向惩罚机制的话题，其实任何事情或者问题的发生，总是需要通过某个人体现出来的，因为事与人一定是结合在一起的，如果没有了人，事或者事理也就没有多少存在的意义了。即便我们关注的只是如何解决事情问题，只是希望通过解决问题来提高企业机体素质，我们也是应该感谢那个给我们带来问题的人。因为问题既然已经发生了，那么我们就应该按照积极心理学的逻辑看做是一件好事，这样总比把问题淹没起来要强得多。

如果非要责怪那个带来问题的人，那么他对于自己的第一次错误体验就只能认为自己是天真 naive 倒霉了，以后的日子他或者其他人就一定会把问题隐藏起来。这也算是吃一堑长一智吧。负向的方法往往会带来负向的心理、负向的果实，这都是被逼出来的。

发生这种情况，说明企业老板并没有把心思放在思考问题为什么会发生、为什么会出错上，不是去研究问题的解决方案与改进方案，不是去研究如何将坏事变成好事，不是设法让负向事物创造正向价值，而是让负向的问题继续走向更加负向的结果。这其实是在放大负向结果，把原本有限的负向事物作为一种反面教材、负面榜样在员工心理上进行无限地放大。

基于管控思维，企业老板或者管理层总是拿着板子到处溜达，设想随时有问题发生就必须随时准备打人。结果是，如果手下人做错了事情，那么就只会忙着如何毁灭掩埋证据，可千万别让老板发现，那个板子可千万别打在自己的屁股上，因此甚至不惜嫁祸他人、栽赃陷害，把技术的错误演变成为道德的错误，把微小的错误培养成为酿成巨大灾难的错误。

也就是说，管理下限这种方法的结果往往是适得其反的，不仅没有避免人犯错误，反而还很可能逼着人去犯更大的错误，把技术错误演化为道德错误。根本不像稻盛先生实学双重确认原则的那种发心是出于避免别人犯错误的目的，而不是单纯地为了负向惩罚的打板子。管理模式其实是做不到“负负得正”的，那属于乘法法则。然而管理机制的层级只能够是加法法则，管理手法的“负值”加上人性的“负值”，结果仍然是负的，这是由法则所决定的。管理模式还没有突破法则、超越层级的本领。不同的层次有不同的法则，切忌把自己所在层级的认识当成了一切真理。其实那差远了，根本就不能够混为一谈。管理有管理的法则、管理的逻辑，经营有经营的法则、经营的逻辑。

不妨再给大家讲一个海底捞将考核组改为教练组的故事，我认为非常具有代表性。海底捞集团高层原来有一个考核小组，经常下到各个门店去监督考核工作。想必中国企业家都非常熟悉这个套路。然而每当考核组下到基层门店的时候，门店都会把真实的问题隐藏起来以免被考核组发现扣分。基层门店所展示出来的永远都是业绩光鲜的一面，报喜不报忧。这就是考核文化的结果，考核考核却发现不了真正的问题。

后来海底捞张总发现了这个问题，就把考核组变成了教练组。其实教练组还是原来考核组的那些人，只不过是换了一个名字而已。然而教练组的目的是帮助各个门店解决各种实际问题，而不是发现问题扣分。教练组每次到门店的时候都非常受欢迎，因为他们是帮助门店来获得加分、解决实际问题、正向创造价值的，所以门店所发生的各种一线问题也就不再被刻意地隐藏起来，而是被充分地暴露、揭示。

考核组换成了教练组，考察大家的动机与目的改变了，那么门店对待问题的态度也就发生了相应的改变，问题就会被及早地暴露出来了，也就便于被及时地解决。从考核组向教练组的改变，实际上必然涉及企业评价系统导向转变的问题，也就是到底应该在事件维度结果损失的发生方面进行评价，还是问题发生之后在探根寻源的努力方面进行评价呢？也就是是否应该在寻找问题的解决方案方面进行评价？

16. 阿米巴模式不是指令驱动制

“指令驱动制”与本章第 12 小节讨论过的目标分解制也是有关的，全称或许应该称作目标指令分解制，因为指令具有驱动的意义，所反映的实际上就是企业目标自上而下分解之后再通过一系列指令机制进行关于业务目标的信息传递。之前已经讲过，这种目标的指令性传递方式的最大问题就是目标作为一种信息确实被传递出去了，但是这种目标传递却不能够传递能量和动力，也不可能让企业员工动力点燃之后达到真正主动地为分解到手的指令性业务目标而努力工作的效果。“指令”指出的只有“令”，没有动力激励作用，传递的只是一种信息，而且是强迫式的。也正是因为没有能量传递，没有动力点燃，所以只能够依靠“命令”与“强迫”了。

动力源头、动力走向与动力机制

我们前面已经给大家讲过，目标是谁的动力就是谁的。建立在以自我利益为中心基础之上的企业管理思维、目标分解机制与指令驱动机制，企业的事业目标与具体的业务目标都是企业老板自我的，属于个人目标、个人逻辑。无论目标如何分解，始终都无法改变企业目标是老板目标的本质，无论被精细核算制分解到多么细小的程度，也无论分权机制做得如何高妙，始终也无法改变目标是老板源头的这个事实，那么企业之中始终就只能够有一个经营者，被能量点燃的也就始终只有企业老板自己一个人而已，积极主动经营和工作的也就只有一个人。企业员工始终不可能转变成为点燃之后工作的主人。无论对企业员工说了多少遍的“付出不亚于任何人的努力”，然而员工们真的会去听吗？真的会去那么做吗？其实根本就不可能。

我们在自序之中曾经给大家讲述过白立新博士的那句话：“中国的企业家们在过去的十年（WTO 之后的十年）使用的是德鲁克思想，也就是西方的管理思想来武装起企业家的头脑，然而在未来的十年里，中国企业家或许需要使用稻盛思想来净化大家的心灵。”

其实白立新博士的这句话反映出中国企业正在面临发展动力已经逐渐枯竭的问题。以往中国企业的发展动力主要依靠外部资源，属于外部资源型、外部机会型发展导向甚至是外部政策型导向。特别是中国的房地产企业，这种资源与机会导向的现象更加明显，因为我们阳光 100 就是做房地产的，对于这一点的感触最为深刻。中国企业在过去的 30 年都是通过向资源要价值而发展的，实际上根本不是价值创造而只是价值转换、价值传递而已。比如房地产企业就是通过向土地要价值，盖房子、买楼其实都是为了实现土地价值、实现资源价值。

房地产最典型的例子就是，企业辛辛苦苦地做了几年，又请国外大师设计建筑，又搞品牌推广，又做苦心销售，那结果呢？却发现辛辛苦苦做了几年还不如在这几年里面睡大觉，只需简单倒手卖土地获利丰厚呢！这种结局真是让人哭笑不得、啼笑皆非。这其实就是整个社会的价值取向出了问题而发生的一种表现。这种社会游戏规则实际上就等于是在鼓励“不劳而获”、等待天上掉馅饼的逻辑规则，因此像阳光 100 这样的中国房地产企业能够走到学习稻盛经营思想的行列中来实在不易！阳光 100 能够成为中国企业学习阿米巴经营队伍里面第一个吃螃蟹的企业其实与阳光 100 作为房地产企业的行业属性没有多大的关系，而是完全取决于易总本人的品德与决心。然而大多数的中国房地产企业实际上都是通过向土地资源要价值或者土地创造价值的经营方式而发财，根本还到不了向产品创造要价值的程度，更不要说通过人的“努力”创造价值、向人心良知要价值了。

如果抛开房地产这个行业属性来讲，中国企业在过去的十年所走的发展道路都是向外部资源要价值，也就是说，推动企业发展的动力主要来自于外部资源的推动，这与中国企业所使用的企业管理模式也是相适应的、相符合的。那么为什么一时间稻盛经营思想会忽然兴盛起来呢？

当今中国企业界对于稻盛经营思想的热烈需求反映出来的到底又是什么本质问题呢？就是因为原来推动企业发展的那种动力模式、外部资源模式似乎已经走到了尽头，物质资源的刺激效果对于企业发展而言已经开始失效，或者说资源发展模式的边际效益已经基本上趋零。这种发展动力枯竭，无论对于企业的外部发展环境而言，还是对于企业的内部机制而言，其实都是如此。

也就是说，中国企业家正在产生推动企业下一步发展的新动力的需求问题。这是我认为的一个学习稻盛经营思想非常深层而且根本的原因，可谓是天象变化所致吧！如果没有这样的动力需求，企业家恐怕对于稻盛思想未必能够产生真正的兴趣。其实现在企业界中的国学热也是如此，比如许多企业现在都在学习《弟子规》，可能也是这方面的原因，与动力需求有关。大家应该还记得阳光 100 企业发展所经历的那四步吧？第四步实际上就是解决动力问题的，即使第三步的流程有了，还是需要找到动力来推动的。

有需求就需要有供给，其实西方的管理方法并不能够满足中国企业家终极的内心需求。中国人有中国人自己的思维方式与心理特征，中国人自己的企业模式需求是无法依靠西方人的学术研究或者管理模式来满足的，实际上西方管理界也没有义务担负这样的责任。

概括地讲，中国人有着特别强烈的人性方面的需求，中国人血脉之中流淌着对中华老祖宗留下来的思维方式的根性与血脉的需求。然而西方的理性主义思想传统天生排斥人性，因此也就不可能提供一种“人性主义”的认知供给。西方思想无法提供人性培养的系统方法，以满足东方企业家的思想与心理需求。虽然西方这一百多年以来也有了所谓的心理学研究，然而与中华传统方式对人的认知还是有很大区别的，关于人性的基本假设、思想原点也是完全不一样的。

由于西方思想缺乏对任性的系统认知，所以对于导致企业成功的企业领导者要素往往归结于个人魅力，属于个人逻辑，而非系统逻辑，是可遇而不可求的，因此也就没有办法学习。然而如果我们站在一个高层次上认识的话，稻盛经营思想实际上既能够满足企业需求又具有东方传统思维特征，既满足对人性的认知又具有系统逻辑的方法，完全符合了当代中国企业界的时代要求。

企业内部动力传递机制的改变

如果推动企业发展的动力发生了改变，那么企业内部的动力传递机制也需要进行相应的改变。然而这又是大多数中国企业家根本意识不到的问题。如果企业家仍然把新的动力形式向原有的企业动力结构之中注入，一定会出问题。就像人体结构一样，如果突然吃进了一种新的食物，人体之中原有的消化机能一定不会适应，因为人体中的消化酶无法识别、不会分解，人体就绝对不会充分吸收，甚至还会拉肚子。企业动力改变了，企业的动力传递结构也需要发生相应的改变。当然还有其他更形象的例子，比如烧柴油的车与烧汽油的车不能够混着来，烧煤的炉子与烧天然气的炉子在结构上也一定是不一样的。

企业动力形式与动力源的转变以及相应的企业内部动力结构的转变、动力传递机制的转变，对于开动企业的发展机制非常重要。对于以往那种基于管理机制的企业结构而言，企业之中只有一个经营者，那就是企业老板，是企业之中的动力源，属于“管理最大化+经营最小化”的企业结构。也就是说，企业只有一个经营动力源，无论是确立企业思想、确立业务目标，还是感受市场温度、进行定位决策，一定都是企业老板发起或者是说了算的。因为企业是老板的，买卖是老板的，经营也就是老板的，企业所有目标都是老板的意志体现，那么企业之中也就只有老板被自己的利益追求所点燃，老板就是企业的动力源头、是企业的动力源，因此也只有企业老板才能够主动工作，而不能够被点燃的员工只能被动地工作。同时也因为企业老板这个动力源坐在企业金字塔的顶端，因此这种企业的动力传递就一定是“自上而下”的。

这种企业单一经营者、单一动力源的结构，一方面决定了企业业务目标是按照指令性链条、自上而下地分解，另一方面决定了企业经营逻辑循环的源头一定只是业务目标，企业老板的利益源头在企业运作之中一般是隐性的，而不是像稻盛先生《经营十二条》作为业务目标的第二条之前还需要再添加有光明正大的大义名分的第一条。因为这种建立在利己思维体系之下的业务目标作为经营的第一条是不言而喻、不容讨论、不允许被挑战的，那就是企业老板的利益或者所谓企业股东利益。

因为企业目标永远是老板的，根本不允许质疑或者讨论，那么企业员工也就只能够被动地进行每日工作。我们多次讲过，目标是谁的，谁才有积极性，谁才会被点燃。因此企业老板不要总抱怨员工没有工作积极性、没有工作主动性。如果业务目标链就是按照被动式的方式设计出来的，就是这样时时运行的，那么又如何要求员工能够主动地工作呢？其实管理构架的意义就是把发自企业源头的动力一层一层地“管”到消失为止，因为管理本身就是动力的消耗者而不是动力的点燃者。

员工只有被动地工作，说实在的，那不是员工的选择，而是企业老板的选择——到底是希望自己企业的员工能够主动的工作，还是被动地工作？员工其实只是处于“被选择”的状态而已，选择权并不在员工，被动者不存在选择，因为在以往的企业管理的框架结构之下，只有企业老板才有主动权、选择权，企业员工只能够“被选择”，或者说只能够选择“被动”，这是由企业的管理结构所决定的。

另外一方面，因为企业是单一经营者结构，也就是单一动力源结构，那么也就决定了“自上而下”的指令传递结构与动力递减结构，而且“自上而下”的传输一定是一种下压法、压制法、压迫法、压力传递法。这种动力结构其实并不能够算是一种真正的激发动力，而只是压力层层传递而已。我们讲过，目标指令性分解所传递的其实只不过是一种指令信息，并不是真正被点燃的那种主动工作的动力，充其量只不过是一种压力式、被动式的动力而已。与其说是动力，倒不如直接说就是压力。

然而稻盛经营思想点燃人心、点燃员工则是一种积极、主动意义上的真正的动力，是发自员工内心的自主激发，而不再是压迫式的不得已而为之的被动接受。这种动力具有一种“自下而上”的属性，是向上提升的，也就是稻盛思想讲的“提高心性拓展经营”。因此如果引入阿米巴经营，那么企业整个的动力结构就会发生变化，企业管理结构原本的那种目标分解制、指令驱动制甚至整个信息传递结构都必须发生改变。这往往是企业家在刚刚推行阿米巴经营的时候不容易意识到的问题。

建立在管理框架的企业结构其实是依靠目标“自上而下”分解与指令驱动以及利益奖惩来驱动的。如果按照老板目标、按照指令行事而有业绩成果的话，就会得到正向物质报酬；如果违背了老板意愿、不能够按照指令行事而又业绩一塌糊涂的话，就一定会得到负向的果实或者惩罚。

然而依据稻盛经营思想运营的企业却不是这样驱动的，我甚至认为连“驱动”这个词都最好不要使用。驱动本身就具有被动、压制、负面的意义。稻盛思想讲的是点燃，点燃员工人心才是稻盛经营思想的根本动力源。如果让我们先抛开经营哲学与经营理念的部分，聚焦于阿米巴经营向企业内部引入市场机制来讲，那么阿米巴经营实际上是使用一种价格机制、企业内部价格机制而不是企业内部指令机制来推动各个业务链环境之间的相互关系，而且市场价格机制的动力注入源头与指令机制“自上而下”的注入方式、注入方向也是完全不一样的，甚至是方向完全颠倒的。坐在那里等待指令到来的机制能够是主动工作吗？能够是阿米巴经营的“赋权制”吗？那么反过来讲，如果一个企业真正地阿米巴经营了，那么指令驱动机制还能够有位置吗？

真正的阿米巴经营必须建立在企业双向沟通机制的基础之上

指令驱动机制是一种单向制，而真正的阿米巴经营必须建立在企业双向沟通机制的基础之上。沟通机制在本质上是一种双向制。指令驱动属于“自上而下”的单向制，然而一旦阿米巴了，其实并不是彻底改变成为一种“自下而上”的另外一种单向机制，阿米巴“包产到户”就是这样的单向性机制的想法。阿米巴经营是建立在双向沟通制的基础之上的。经营哲学向下落实到基层运营组织层面，能够落德了地。稻盛经营思想所有大的方面都能够落地、落实，包括大义目标、哲学思维、经营理念都需要落地，而不是虚无缥缈的空谈；而所有基于基层的每日运营又都可以向上提升，每日精进、提高心性。也就是，高的东西能够下得来，低的东西能够提高得上去，这就是阿米巴经营的双向性。其实这是一种阴阳上下交互的结构，也就是《周易》之中“泰卦”的结构，大吉大利。然而如果中国企业家在学习稻盛思想的时候，只会空喊口号不知如何落地的话，就属于中医所说的虚火上头、心肾不交，也就是《周易》的“否卦”了。因此，学习稻盛经营思想必须多知道一些中国传统文化。

17. 阿米巴模式不是老板核算制

站在企业老板的需求层次上设计阿米巴核算系统或者为了老板考核的目的而设计阿米巴核算系统，这也是一个不容易意识到而又一定会发生的误区，就像第16小节给大家分析过的，阿米巴经营引入的是市场价格机制，是一种“由外而内”的动力机制，事动力初始动力直接注入在基层，但是企业高层仍然习惯于使用企业原来的那套“自上而下”的指令机制发号施令、传递企业或者老板意志，根本就不会使用阿米巴经营的沟通协商制、人才培养制与月度发表制。一方面，无论是晨会还是月会都容易流于形式而空洞无物，另一方面，应该通过沟通协商机制所传达的东西却仍然以指令、文件的形式下达，因此应该发挥沟通机制的月会或者晨会就只剩下空洞的形式了。也就是说，只有在形式上打着阿米巴的旗号，而在骨子里面仍然是管理逻辑。那种“自上而下”所设计出来的阿米巴核算表，那种只是为了给企业老板看而设计出来的核算表，那种企业只有一个经营者的核算表，那种出于监管考核目的核算表，永远都不可能成为真正的阿米巴核算表。

关于“站在企业老板需求层次上设计阿米巴核算系统”的问题，主要涉及企业引入阿米巴经营之后在设计符合本企业的行业特征与业务特征的阿米巴核算表时经常在设计思想中发生的问题。在设计阿米巴核算表的时候，如果企业老板是委托他人进行设计的，那么这种问题注定是避免不了的。

阿米巴核算究竟是为谁设计的?

在原本的企业中只有一个经营者，大家已经习惯各种经营数据汇总在一起都是给企业老板看的，所以也就习惯将阿米巴核算表以及阿米巴核算中的各种核算指标都设计成为一种给企业老板审看的模式，而且按照原本管理思维的各种指标维度进行设计，也就是企业老板最关心、最喜欢看的那种方式。

受谁委托当然就替谁负责，与“拿人钱财与人消灾”的道理是一样的。当然这本身是没有什么问题的。因为大家都已经习惯了这种思维方式，那么无论企业老板委托了谁，受托人就一定是会为企业老板分忧的。因此被企业老板委托的阿米巴经营体系设计者原本肯定就是一位企业的管理者或者头脑之中武装着管理思想的人。这种委托设计者，虽然可能是老板信任的管理者，但是一定非常习惯于使用原有的管理思维，这也是一心想替老板负责的表现，一心想设计出一个老板喜欢看的核算表。然而问题就出在这里。

过去企业只有一个经营者，那么如果老板能够喜欢设计出来的核算体系也就无所谓了，因为核算表确实是为了给企业之中的经营者看——那个唯一的经营者企业老板。然而阿米巴经营所改变的是企业的经营结构，也就是从企业只有一个经营者的内部管理结构转变成为企业具有众多小孙悟空的基层运行式的经营最大化的组织结构，从对外经营的一个经营者变成在企业内部展开经营的一群基层经营者，因此也就需要核算表出现效应的改变。

然而企业阿米巴核算体系、核算表的设计者却往往还抱着企业只有一个经营者的那种管理思维进行设计，而根本忘记了阿米巴的经营者在基层运营组织的现实，忘记了管理最小化、经营最大化的要求，设计者们还是习惯设计出那种企业老板喜欢看的核算表。这种经营核算表与企业基层的阿米巴长经营改进似乎完全无关，与基层的每日经营、每日精进也完全无关，根本就不能够将阿米巴核算表转化成为帮助阿米巴基层经营者提高经营效率的工具。换句话说，在企业阿米巴经营改制之后，阿米巴经营核算表却不是给基层经营者看的，也不是给基层经营者用的，而是给高高在上的管理者看的，是为了实现考核目的而使用的。在阿米巴经营进入正传时代却依然使用着阿米巴前传时代的东西，是考核表不是核算表。

在企业阿米巴经营改制的时候，关于如何进行阿米巴经营，企业之中原来所有的人一定都不会，这是肯定的。因此关于企业经营者层级需求向下转变与经营最大化的改变，也只能够由原本企业之中的那个唯一的经营者也就是企业老板自己去发现、去意识、去主导转变，不可能由企业之中原本的那些管理者来发现或者由外来的管理咨询者去改变。也就是说，管理者能够做出来的东西一定还是管理的东西，不可能有其他的花样。

也因此，在参加学习稻盛经营思想的盛和塾活动时，凡是企业老板不亲自来参加，只是委托副手或者财务经理、人事经理来的，我对于这样的企业真的就不怎么太感冒，真的无语了。当然这并不是管理者的错误，而是企业之中原有的那个唯一的经营者所犯的错误。因此如果企业家真心的希望学习稻盛经营思想的话，那么就不要派什么管理者来，而是企业经营者自己来吧！

企业高层的经营者≠阿米巴基层的经营者

企业的管理结构，原本只有一位经营者，属于经营最小化，如果需要将企业转变成为一种众多经营者结构，而且这些新的基层经营者又是从企业原本不会经营的基层执行者中间从无到有、从不会到会而培养出来的话，那么那种企业老板在高层原有的经营能力与阿米巴基层经营者零经营知识在起点一定是完全不一样、不对称的，所以才需要培养经营，需要一种经营意识的培养机制。其实阿米巴经营就是干这个用的。阿米巴经营体就是设计出来可以锤炼经营意识的一个小的经营实验场，是一种以事维度划小而培养经营意识、发现经营人才的内环境。

比如，稻盛先生在京瓷企业人力规模达到200人的时候曾经想，可能培养出一个像稻盛先生自己这样能够领导200人的经营者会很难，然而培养出一像小孙悟空那样能够领导20人的小经营者还是能够做到的，稻盛先生自己认为还是有信心的。这就是稻盛先生发明阿米巴经营机制的初衷。

那么也就是说，企业高层的经营者与阿米巴基层的经营者还是非常不同的。因为阿米巴经营首先是培养基层运营组织的经营者，所以阿米巴核算表也应该是给阿米巴基层经营者使用的，是帮助这些基层经营者每日经营的工具，而不是给高层管理者考核基层经营者的工具。

大家一定要记住，阿米巴核算表实际上是帮助阿米巴基层经营者进行每日经营的工具，而不是给企业老板考核阿米巴基层经营者的工具。考核还是管理的东西，还是前传的思维，并不是经营的东西，不是阿米巴正传的内容。关于这一点，请大家务必牢牢地记住，这在设计阿米巴核算表的时候非常重要。

企业老板的经营能力与阿米巴基层经营者的能力有差别的一个重要表现就是企业老板可以驾驭比较庞大的经营指标簇，而仍然在经营能力培养过程中的基层经营者所能够处理的经营指标的个数往往是有限的。如果是按照企业老板这个经营基点所设计出来的经营核算表，虽然那些核算指标可能是企业老板意愿看的，但恰恰可能又是阿米巴基层经营者根本就驾驭不了的。

因此设计阿米巴经营核算表的时候应该基于基层经营者的基点，需要符合阿米巴经营将复杂事物划分到事物划“小与简”的程度。这样一来阿米巴基层经营者所面对的经营指标就应该比较简单，而且能够与努力提升经营能力的要求与效果密切相关。

我们这里给大家讨论的站在企业老板的需求层次上设计阿米巴核算系统所出的问题，其实就是把阿米巴核算引向企业老板意志决定论的误区的表现。然而与老板意志决定论相反的还有另外一种阿米巴核算表设计的误区，是基于基层组织核算而容易发生的误区，这就是我们在下一小节中要给大家进一步讨论的主题——基层工作技术决定法设计阿米巴核算表的误区，这也是将阿米巴经营的基层核算与基层的专业工作标准相混淆的问题。

18. 阿米巴核算不是专业壁垒制

我们前面给大家分析过了，在设计阿米巴经营核算机制、阿米巴经营核算表的时候往往会发生错误地向企业原本的单一经营者倾向的问题——错误地向企业老板意识、老板需求或者管理意识靠拢。我们必须告诉大家，阿米巴经营是将企业的核心机制、核心动力或者动力源从企业的高层向企业的基层转移的一种方式。第17小节中的错误就是关于阿米巴经营核算表无视阿米巴经营已经将企业的核心动力向下转移了的事实，还抱着企业管理机制原本那种“自上而下”指令动力机制的方式来设计阿米巴经营的核算机制、核算表与核算指标，那么即使设计出这种经营核算表，也只是给企业老板那唯一的一个经营者看的，而不是给阿米巴机制众多的基层经营者使用的。

阿米巴经营核算需要落到正确的地方

接下来，我们要给大家分析的这种理解阿米巴经营机制、核算表的误区，并不是因为核算中心向上倾斜而带来的问题，而是阿米巴核算尽管下移了却下错地方而引发的问题。也就是说，虽然阿米巴经营核算需要下落，而且这种下落是必需的，需要下落到企业运营的基层，但是阿米巴核算下落未必能够下落到企业基层那个正确的地方。

在企业原本的管理构架之中，原本基层的各种具体业务部门、原本的生产部门都是一种成本中心、费用中心，因此一般执行团队只负责成本费用、只与具体的技术工作打交道。如果核算表的设计需要向基层执行层面靠拢，就非常容易不自觉地向具体的业务工作、技术工作属性的方向靠拢，而不是向基层的经营维度落实、靠拢，因为企业基层早就已经习惯了被动执行具体的业务工作和专业技术工作，这些都是现成的。然而企业基层的经营工作是以前从来都没有的、是完全缺失的。在企业管理构架下一定是这样的，因为原来的企业只有一个经营者，那就是企业老板，那是企业的最高层，然而在企业的基层，根本没有经营者，没有经营任务，没有经营维度。

因为企业基层的执行层原本并没有经营职责、经营任务、经营维度，当然也就没有经营意识、经营指标、经营核算了。把阿米巴经营核算落在基层，实际上是需要落实到原本不存在的基层经营维度上，这个基层经营任务、经营指标一定是新加的，不可能是大家原本习惯的那些工作指标。这就是阿米巴基层经营指标下落的时候所必须注意的地方，千万不要下落错了地方。

那么基层的运营核算为什么必须简单呢？①因为不是原本的职责所在，所以员工的天然反应就是抵触、拒绝、反对。这很正常，因为员工认为是一种增加的额外负担。②因为这些执行人员原本根本就不懂、也不会干经营这档子事儿。

因此这就要求阿米巴经营核算表、核算指标都必须简单应该像家庭主妇记账本那么简单。因为只有简单，一学就会，甚至不学就会、一看就会，才能够解决关于上述②问题，也就是基层员工担心自己学不会的问题。其实这种简单性属性对于上述①问题也会起到一定的减缓作用，但是仅仅是减缓抵触，其实还不够。

另一方面，还必须让企业基层员工、阿米巴长能够真正感觉到阿米巴核算表是帮助他们每日精进、每日改进、每日提升工作业绩的工具，而不再是老板考核他们的监督工具。只有这样，只有阿米巴长尝到使用核算表的甜头，企业基层才不会拒绝、抵触或者反对，才能够主动接受。也就是让基层员工、让阿米巴长真正感觉到方方面面确实因为核算表的帮助而得到提升，阿米巴经营核算表确实是一种帮助提升的好工具，确实是一种帮助的工具而不是考核的工具。谁会拒绝好东西呢？

当然基层员工确实也应该反过来思考一下这个问题。大家在听到阿米巴经营下放权力的时候一定是拥护、欢呼、赞成的，然而如果阿米巴经营只是下放权力，却没有同时下放责任与义务的话也是不合理的，因为权力与义务应该是对等的。

如果阿米巴经营中基层员工和阿米巴长获得了原本没有的经营权，那么一定也会需要承担相应的经营义务，也就是需要对一定的基层经营指标负责。有权力，有责任，这才是对等的。阿米巴“赋权制”仍然需要权力与责任对等。

如果阿米巴经营向基层下落的时候落错了地方，如果混淆了专业工作与经营属性的区别，那么许多人就会担心发生“为了片面追求经营指标而牺牲了工作技术质量”的问题。关于这一点，我们在第 9 节关于阿米巴经营不是管控打分制的分析之中已经给大家做过许多分析，在这里需要再给大家解释一下的是“通用知识”与“专业知识”的区别。经营意识在本质上应该属于“通用知识”，比如阿米巴核算表应该是家庭主妇记账本，这就是最好的关于“通用知识”的例子，连没有接受过专业训练的家庭主妇都可以轻松学会。然而企业基层员工所做的具体工作其实都属于“专业知识”，必须依赖于某种专业技能。

大家千万不要把阿米巴核算表做成具体专业的专业工作指标核算表。专业工作核算不是阿米巴经营核算。我们阳光 100 就发生过这样的问题。京瓷化学无锡的宋总与曹会长有一次参加阳光 100 一个项目公司的月度发表会，事后反映看不懂我们设计出来的核算表。我们的专业人员往往会认为，他们是外人，他们不是做我们房地产行业的，所以他们看不懂。其实，这种以专业业务对待阿米巴核算表的认识是完全错误的，把阿米巴经营核算当成了一种专业知识。

如果所谓的外人看不懂的东西就绝对不是阿米巴核算。必须让外行人能够看懂，是衡量阿米巴核算表正确与否的一个标准。阿米巴核算表是家庭主妇记账本，必须简单，必须让外人能够看懂，因为阿米巴经营核算属于“通用知识”，而不是“专业知识”。绝对不要把阿米巴核算变成另一个阻碍经营的管理跨栏。

阿米巴核算作为一种“通用知识”，使用的其实是一种让数字自己说话的原理。数字本身就能够说话，数字本身就能够讲故事。那么数字到底怎样说话呢？在日常生活中大家都熟悉这样一句话，那就是“不怕不识货，就怕货比货”。

所谓“识货”就是需要依靠专业技术能力才能够做到的认知，然而“比货”所依靠的则是一种努力度，是人人都可以做到的。家庭主妇只要多跑几家、多问几家不就能买到物美价廉、物有所值的东西了吗？其实这就是经营，所有家庭主妇都会这么干。所以我们说阿米巴核算表应该是家庭主妇记账本就是这个道理。

阿米巴核算表的真正意义

那么阿米巴核算表的真正意义到底在哪里呢？家庭主妇记账本的第一个意义就在于记录数字。“货比三家”所依靠的并不是专业知识、专业能力，而是多次的“比货”努力。记账本的功能实际上首先是用于“货比货”，并不是做专业分析。阿米巴核算表首先就是让工作留下记录，并让工作记录转化为数字，然后让各核算周期的数字互相进行比较，互相讲故事，也就是互相进行“货比货”。这个数字为什么高了？那个数字为什么低了？阿米巴核算表是为了“货比三家”或者前后三个核算周期对比用的。只要一比较，就容易及时发现问题，这才是阿米巴经营的奥妙之处。这种发现问题的方式主要依靠数字比较而不是专业分析。如果数字上反映出问题，那么再找到那些专业人士去做专业分析也并不晚。“比货”是不需要专业知识的，会认识数字就行。

阳光100易总曾经讲过这样的话：学习稻盛经营思想必须做到让哲学

洗脑、让数字说话。我需要补充一点的就是“让逻辑贯通”。实际上我就是在做这件事。

19. 阿米巴不是事运营是人培养

这其实是带着成果主义思维思考问题的方式在学习稻盛经营思想时最难以改变的习惯。还是只关注于事，关注于做事情业绩方面的提升，认为阿米巴经营就是提升做事、经营业绩的手段。我们在对比德鲁克管理思想与稻盛经营思想的时候特别给大家分析过，管理在事、侧重于做事的业绩，经营在人、侧重于人心的点燃。如果企业家学习阿米巴经营所关注的仅仅是做事的业绩，那么企业家头脑中所抱着的其实仍然是那种管理思维，所学习的实际上并不是有灵魂的阿米巴经营，而是在阿米巴这个新瓶子里面装上管理思想的陈酒而已。因为管理所使用的是一种“自上而下”压迫的方法，不可能使企业家在本性、本质方面真正向上提升。压迫法不可能提升。从关注事业绩向关注人经营的转变实际上是学习稻盛经营思想成熟度的一个重要标志。

如果企业家仅仅是关注于事，那么企业运营的整个逻辑循环还是那种事循环而已，从事的起点连接到事的终点，从业务目标起点连接到业绩考核的终点结束，不会有经营人心循环的那种前后的逻辑延伸。根据经营人的循环，向前，按照稻盛先生《经营十二条》的逻辑，需要向企业的大义名分的第一条方向延伸；向后，按照稻盛先生《阿米巴经营》的逻辑，则需要向核算结果点燃激情四射的组织的第五章方向延伸。

按照稻盛思想这种将“事逻辑”向前向后的双向延伸，企业运营的做事循环逻辑才能够真正地被企业经营人心的循环逻辑所代替或者包含。然而大家可能容易忽略一点，那就是循环结构之中的能量传递、动力运行问题。做事循环是按照管理逻辑运行的，循环之中的能量传递其实是一种被动的方式，或者是逐步递减的，比如我们前面给大家分析过的目标分解制、指令传输制就属于事循环的能量、动力传输机制。不知道大家是否意识到这个问题？所谓的能量被动传输机制在本质上到底是什么意思呢？

其实被动能量传输机制，就是必须消耗额外的附加能量来维持机制本身的运作与运行。在我们这里，那就是需要额外的管理资源，也就是说，管理机制本身就需要消耗大量的企业资源、企业能量。比如支付企业高管能人的高薪就是一例，还有因为管理而造成的大量信息负担与有效动力因为过程阻力而造成的损失。关于管理所带来的信息累赘问题，我会在后面第三章之中重点给大家分析。

那么按照真正阿米巴经营机制运行的企业的能量传递方式、动力运行特征又应该是什么样子的呢？企业老板目标那种“自上而下”的指令分解制会被阿米巴基层经营、阿米巴经营人才的培养制所代替，这是一方面。那么在另一方面，原本管理体制的那种指令驱动制会被阿米巴经营的企业内部市场动力机制、价格动力机制所代替。经营人心的阿米巴经营循环机制中包含着内部市场价格经营。人经营包含着事经营。

这种经营人心的循环机制与管理事循环机制的最大不同就是将被动能量传递的机制变为能量或者动力主动点燃与传输的机制。因为员工内心的能量被点燃，变被动工作为主动工作，从企业被动的打工者转变为主动的伙伴经营者了。

那么这种能量主动点燃传输机制的最大好处又是什么呢？那就是不再需要额外的能量来维系系统的运作了，因为系统从内部已经被点燃了。那种需要额外能量来维持的系统一定是效能递减的系统，也就是效能减速系统，能量不能够全部使用于目标功能，必须拿出一部分能量用于系统自身的维护，因此可以用于目标功能的有效能量的比例就会逐渐降低，必然形成一种减速规律。其实规模经济的有效性也来源于此。然而对于那种不需要额外能量来维持的自燃系统而言，所发生的现象一定按照正向加速规律，也就是一种良性循环机制。其实阿米巴经营就属于这样一种良性加速运行的企业机制。

一般在企业推行阿米巴经营机制的时候，企业老板总会抱怨企业内部缺失经营人才。然而企业缺乏经营人才是一定的。如果企业内部天生就具有所需要的经营人才，那么这些经营人才早就应该出去做老板、经营自己的事业去了，怎么可能还在一个企业的内部等待企业老板来挑选呢？那根本就是不可能的。

企业缺乏的是经营人才的培养机制

企业基层原本都是执行者，没有经营者，这是肯定的，因此企业老板根本就不用抱怨企业内部缺乏经营人才。其实企业真正缺乏的并不是经营人才。按照稻盛经营思想讲经营人才应该是能力将来时的一种表现，经营人才是需要培养的。企业老板应该抱怨的是企业当下缺乏经营人才的培养机制。阿米巴经营不就是干这个用的嘛！如果实施阿米巴经营却又抱怨缺乏经营人才的话，那完全就属于骑着马找马了。

如果是这样的话，也就说明自己企业的阿米巴经营已经搞偏了，那一定是由于阿米巴机制的系统设计只是聚焦于事运营维度而已，而忽略了人才的培养机制，因此才会造成所谓的企业经营人才的匮乏问题。其实企业老板根本不必抱怨员工经营能力不够、只会工作而不会定价和经营。这是一种必然，如果不培养基层员工的经营意识，不把阿米巴当做一种经营人才的培养机制，那么对于经营而言，基层员工永远不会做，企业的经营人才也永远不会有。经营意识与经营人才都是培养出来的。如果所需要的人才不是企业自己培养的，而是以高价、高薪从市场上雇佣来的话，那么不就又回到企业原来的那种能人文化上了吗？

在这方面讲，企业人才培养机制、人才成长机制的设计可能比阿米巴经营业绩的核算更加重要。阿米巴体系、阿米巴核算表都是阿米巴经营人才培养的工具。请大家记住，应该是阿米巴核算为培养经营人才与经营意识而服务，而不是让阿米巴经营者为核算表而工作。关于这一点，大家千万不要本末倒置、因果颠倒。

海底捞的反空降兵式人才策略

关于企业人才培养机制，海底捞的人才系统设计的确实比较到位，比如张勇坚决反对空降能人的方法，因为一个空降兵很可能把基层人才成长的通道给堵上了。堵上成长通道还只能算是件小事，把员工努力成长的信心给堵上了那才是企业发展最得不偿失的损失，才是企业老板最失算的决策，也就是我们前面刚刚给大家分析过的主动的、自动正向的良性循环机制被堵住了。这才是最关键的、最致命的失误。

海底捞张总的方法就是让每一个基层员工都可以清晰地看到，谁谁就是我努力工作的明天，谁谁就是我努力工作的后天，谁谁就是我努力工作的大后天甚至明年后年，只要我努力，我就可以成就未来。海底捞的企业理念就是双手改变命运。这种努力成长的道路在海底捞企业里面是十分清晰的。

能够清晰勾画出成长通道的不仅仅是制度本身，更重要的是发生在身边的、看得到、感受得到的实实在在的人。这就是榜样的正向放大作用。人才空降也能起到一种放大作用，只不过是一种负向的放大作用，证明企业老板根本无心培养自己的人才队伍，那么接下来，企业员工就会想：咱们还是别努力了，盲目努力又有什么意义，还不如破罐破摔混日子，骗骗老板的工资，能骗多少骗多少、能骗多久骗多久。其实这反映的是，企业的系统已经出了问题，而不能够单纯责怪企业的员工。

其实鼓励员工努力与否还与企业评价体系的导向有关，因此人才想要成长、激励挑战，就必须要有一套鼓励成长、激励挑战的评价体系。如果评价体系仍旧是成果主义的，仍然以业绩成败论英雄，那么企业员工就绝不会冒险去承担失败的代价或者挑战高目标。唯有当企业评价体系真正地变为以发心善恶、努力精进程度进行评价的时候，就像海底捞工程部所得到的那种对待的时候，员工才真正有可能去挑战高目标，也就是按照人心正向循环的那种主动动力机制去行事。一定是这样的。

20. 阿米巴经营不能忘根本目的

如果对应从第一章第 1 小节学习稻盛经营思想的动机作为开头算起的话，那么这里再次提到中国企业践行阿米巴经营目标方面的误区可以看做是历数了各种思想误区与错误认识的完整的分析循环，主要是针对中国企业家在实践中已经发生过的各种认知误区所进行的分析与纠正。其实这些问题都是我在日常实践中随时发生的各种一线思考的总结，并不是凭空杜撰出来的。本书后三章内容中，则是一些我理解阿米巴经营模式的理论性阐述，不一定有直接的实践意义，只是希望能够对中国企业家认识稻盛经营思想、学习阿米巴经营模式有所帮助。因此后三章的内容相对于前两章关于认识稻盛经营思想误区的讨论就属于比较独立的内容了。

当今中国企业家学习稻盛思想的时候，往往是直接冲着阿米巴经营来的，也就是带着自己原本固有的对阿米巴经营是什么的认识或者想法来的。因此他们根本就意识不到自己哪些原有想法是错误的，而这些想法却可能成为自己学习真正的阿米巴经营的最大障碍，也就根本没有真正改变自己思维和观念的那种愿望。我一直强调，凡是抱着管理思维、仅仅想把阿米巴经营当做一种管理手法来学习的，一定是什么都学不到的，因此我奉劝大家，最好还是先把自己头脑之中那个装满了管理茶水的茶杯倒空为好。

某人如果有机会询问一下来学习阿米巴经营的中国企业家，或者被企业老板委托来学习如何设计企业阿米巴经营机制的人士为什么要做阿米巴经营，保证答案都是围绕着如何提高企业经营业绩绕圈子。无论答案多么天花乱坠、花样百出，保证都回不到阿米巴关于经营人的主题上来。

听到这些天花乱坠的想法，我就能够清晰地看到，那些抱着这样的想法来学习阿米巴经营的企业，根本不可能将阿米巴经营做成功。许多时候，我都想直言不讳地说：诸位能不能回去认认真地好好读一下稻盛先生《阿米巴经营》的第 12 页，看一看阿米巴经营的三大目标到底是什么？

我们的企业家总是把自己的目的、目标往阿米巴经营里面添加。其实，如果仅仅是添加可能还算是好的，事实上企业家往往是用自己理解的目标、用自己利己中心的目标代替稻盛先生原本的阿米巴经营目标，用关注事代替关注人，以至于把学习阿米巴经营的真正目的与目标彻底颠倒。

这些企业家还是把阿米巴经营当成一种可以独立学习的手法、一种管理手法来学习，把学习稻盛经营思想与企业原有的管理体系做简单加法。阿米巴经营确实是手法，但是根植于稻盛经营思想体系的手法，而不能够当做一种独立的管理手法。然而直接冲着阿米巴经营来的中国企业家却把阿米巴经营当成了满足企业老板自己利己目的、变相管理企业员工、有效管理企业员工的手法而已。

因为企业家往往是夹带着自己的私人目的来学习阿米巴经营的，企业经营目的仍然是以自己原来的想法为前提，企业老板利己经营的目的已经潜在假设好了，那么这样学习阿米巴就一定会忽略学习稻盛经营思想之后企业经营目标机制所应该进行的调整或者改变。因为学习稻盛思想的时候企业老板依然秉持着自己原有的目标，甚至连稻盛先生阿米巴经营的目标都敢于颠覆，那么阿米巴经营到了企业运营之中，按照这些潜在的、原有的管理目标机制来行事也就是一定的，完全忽视“企业目标机制决定了企业动力机制”的因果关系。那么又如何能够奢望将企业员工被动工作的状态转变成为一种主动工作的状态呢？

如何让目标传递能量

大家必须明白这样的一个道理，目标不仅仅可以传递某种信息，更重要的是传递能量。不知道大家是否注意到稻盛先生在重庆论坛上讲的一段话，其实就与如何让目标传递能量有关。

目标一旦确定，这个目标数字意味着什么，实现这一目标意义在哪里，以及如何才能实现该目标的方法论，都必须彻底地向部下交代清楚。

换句话说，自己对事业的思考，自己有关达成目标的想法，都要满腔热情地向部下们诉说，倾注心血，谆谆相告，直到职场的每一位成员都激情燃烧。

这一作业过程，我称之为“能量转移”。

事实上，我从年轻时开始，每当设定目标，追求目标实现时，我都会就该事业的前景、目标如何具体展开、乃至实现目标的社会意义，向部下彻底讲明白。话要讲到听者全部接受，我常常感觉筋疲力尽。这好比通过话语我的能量转移到了对方身上，我自己倒像空壳似的虚脱了。

可见关于目标传递能量的意义，对于经营人心而言，那是非常重要的。然而中国企业家所擅长的往往只是通过指令、发文的方式进行目标传递，传递的只有信息而没有能量。也就是因为企业目标没有传递能量，所以能量就只能停留在动力的源头，停留在企业老板那里，那么企业员工就不会被指令目标所点燃，因为目标没有起到传递能量的意义。

稻盛先生在重庆论坛上的讲演主题是“领导人的资质”。因为我这一年多以来主要关注的是领导力的课题，特别是赖瑞·杜尼松教授《西点领导力》这一课题。得益于关于领导力的认识，当我看到稻盛先生重庆论坛演讲稿的时候，感触颇深。我希望日后能有机会使用我关于领导力的理论构架对稻盛思想展开相关的分析。

“利益之心管理思维”是阿米巴经营的最大障碍

还是让我们回到本书的内容上来吧。作为中国企业家实际思想误区的总结性结尾，我可以概括地跟大家讲，本书的核心逻辑脉络其实可以总结为一条，那就是企业家关于阿米巴经营的错误理解其实都是利益之心与管理思维惹的祸。我们也可以总结为八个字：利益之心、管理思维。这八个字实际上就是大家学习阿米巴经营的最大障碍。

如果企业家可以将利益之心、管理思维这八个字换成另外八个字，那么问题也就可以迎刃而解。这另外八个字就是：良知之心、经营思维。其实本书的43篇小文就是抽丝剥茧地给大家分析这个主题。

如果可以再进行概括说明的话，两组八个字我们可以分别使用四个字来概括。第一组可以概括为：管理利益；第二组可以概括为：经营人心。其实我还是觉得稻盛先生的那八个字“提高心性拓展经营”最好，最能够概括问题。

第三章

企业规模发展模式下的三大矛盾

1. 企业规模与运营效率的矛盾

本小节是我在学习了具有东方传统味道的稻盛经营思想之后，反思现代西方企业管理思维所得到的粗浅认识。在没有接触稻盛先生的企业思想之前，人们往往只能认识到企业管理这一种思想模式。无论出现怎样的新的企业思维、企业运作知识，大家都是一股脑地往企业管理这个箩筐里面装，甚至连一些企业管理造成的现象或者困局，都认为属于企业运作的正常现象，是规律性的、理所应当发生的、必然的，人们并不把这些现象当做某种需要解决的问题来看待。这是由大家头脑中根深蒂固的规律思维的框框所决定的，因为人们一直都在一种单一的管理思想体系之中思考问题，所以非常自然地把这种思想体系的初始假设和负面的 externalities 当做正当现象，熟视无睹而不去质疑。

比如，整个西方经济系统都有一个潜在的假设："人的本性"是自私的、自利的，因此一切经济活动包括企业运营都应该围绕利己中心展开，否则企业将失去驱动的动力。还有，人们以前也一直认同，企业运营是企业的事情、企业的范畴，企业老板或者企业员工的个人价值观纯粹属于个人的事情、个人的逻辑，个人的归个人、企业的归企业，两者不应该关联在一起。

然而稻盛先生的企业经营思想颠覆了大家以往对企业的认识：原来企业经营也可以建立在利他中心的基础之上。经过这样的思维原点转换，企业不但没有失去发展的动力，反而点燃了企业员工前所未有的积极动力，这是大家以前没有想到的情况。另外，稻盛先生的成功经历证明企业经营与人生经营是可以联系在一起的。稻盛先生认为，工作的意义就是磨炼灵魂、提升品德、完善人格，这样的正向人生观、工作观反过来能够促进企业业绩的开展，即稻盛先生总结的八个字：“提高心性，拓展经营。”稻盛经营思想在人生与企业之间建立起一种正向因果关系，也是中华传统“知行合一”思想在当代人类企业时代的一种体现。而西方企业“人生的归人生、企业的归企业，生活的归生活、工作的归工作”的方式，其实也就是一种西方“知行分离”的传统而已。

这里并不是强迫中国企业家必须接受稻盛思想、按照稻盛经营思想来运行企业，而只是告诉大家，稻盛先生提出了另外一种有别于西方企业管理思想体系的全新的企业运营思想、理念与方法。对于这种新的思想体系，大家可以接受，也可以不接受，这完全取决于企业家自己的选择。如果大家更愿意接受西方的企业管理模式，绝对没有问题。如果接受西方企业管理思想，实际上必须同时接受西方企业管理思想体系所带来的一些不可避免的问题，必须容忍西方管理思想的 externalities。

讲到这里，请允许我先给大家说一些题外话。因为我们阳光 100 是做房地产的，所以我一直比较关注中国各地的城市文化或城市性格，以作为了解目标客户群的基底。曾经有一本网络时代汇总性书籍《成渝口水战》，讲的是成都与重庆两地在城市文化、城市性格方面的相互对比，甚至相互攻击。

这本书给我最大的启示并不在重庆或成都的城市人文性格，而是两个可以互称为对手的角色，互相观察对方，甚至以找茬挑错的方式审视对方，往往会比自己认识自己更加清晰、清楚、全面。就像拿着放大镜找不同，绝对不会遗漏任何蛛丝马迹。每每能够找到对方的一个问题所在，似乎都证明了自己一方在 PK 之中取得了胜利。

这种 PK 找茬不仅存在于重庆与成都两组城市性格之间，在北京与上海之间，苏州与无锡之间，甚至英国人与法国人之间，丈夫与妻子之间也都广泛存在着。当然我们并不鼓励人身相互攻击式的互相找茬，而是借此说明以一种对比的眼光看问题，往往比单独看待一个对象更加清晰、更加彻底。其实，当稻盛经营思想这样一个全新的企业运营思想体系呈现在我们面前的时候，反而极大地促进了我们对原有的企业管理思想体系认知与理解的提升。当然我们并不是想像《成渝口水战》那样发起稻盛经营思想与德鲁克管理思想之间的 PK 口水战，而是想通过对比认识加深对这两种思想体系的全面理解。通过学习稻盛经营思想，反过来能够更深刻地认识德鲁克的管理思想；通过对德鲁克管理思想认识的加深，反过来又能够加深对稻盛经营思想的认知。关于稻盛企业思想在主体上属于经营而不是管理这一点，甚至连将稻盛思想翻译成英文的翻译者们都没有意识到，仍然翻译为 management，因此使得我不得不自己创造新的英文单词。

企业管理模式的三大基本矛盾

我在比较深入地理解了稻盛经营思想之后，再对比反思西方式的企业管理思想，随后发现并且总结出了关于企业管理模式的三大基本矛盾，即：

- 企业规模发展与运作效率的矛盾；
- 企业变革模式与员工反感的矛盾；
- 企业能人文化与信任文化的矛盾（依赖能力与品德平衡的矛盾）。

本章的核心就是帮助大家分析企业管理模式之下企业发展的三大基本矛盾。那么接下来，就让我们首先从“企业规模发展与运作效率矛盾”这个话题进行讨论。

原本的企业发展模式大多走了一条规模经济的套路，因为物质规模往往被认为能够造就相对竞争优势，规模可以占据市场份额、拥有市场话语权、建立成本优势和价格优势等。然而随着企业规模的变化，企业的结构和运行机制也必须发生相应地改变或者调整。这种模式调整往往就是企业追求商业模式创新甚至管理模式变革的意义与动力所在。

如果把模式与规模结合在一起考虑，我们就会发现，企业规模发展到一定程度往往就需要有与规模相适应的商业模式或者运行模式相配合。比如一个营业规模在一两千万元以下即百人以下人员规模的小企业，往往企业老板亲力亲为的管理模式就已经足够了。这种模式还不能够称之为真正的管理模式，只能够叫做原生态或者江湖草莽式的领导模式。

如果企业的营业规模达到了上亿元的水平，企业人员规模达到好几百人，那么企业老板就必须委托一些管理助手，企业初步的管理系统也需要建立起来。如果企业规模进一步发展，往往到20亿元营业规模时是一道坎儿，50亿元又是一道坎儿，200亿元又是一道坎儿。当然这些坎儿的具体数额可能与具体的行业属性有关，但是不同的企业规模需要有不同的商业模式以及管理模式做配套。

然而大家容易忽略的是，规模经济、规模经营一方面具有下限的门槛要求，另外一方面还具有上限的要求。也就是说，一般而言，往往只有达到某种规模经济下限，也就是跨越了这种规模经济的下限门槛要求以后，这种商业模式才能够真正地发挥正向作用，也就是表现出所谓的“规模经济”。当超过这种规模经济上限要求，也就是超过了天花板ceiling的要求时，这种商业模式就会表现为“规模不经济”，规模负效应。但是人们往往容易忽略这种“规模不经济”、规模负效应，只是以为又达到了某种新的商业模式的“规模经济”的门槛值。前一章中讲过，对于企业的规模经济而言，大家往往容易忽略规模的上限意义；对于阿米巴组织划小而言，大家又往往容易忽略小组织的下限。

随着企业业务规模的扩大，企业的人员数量也会增加。然而人员少的管理方法与人数众多的管理方式肯定是不一样的。接下来我们会从组织特征、信息特征与点燃属性（也就是动力属性）三个方面给大家分析企业在规模发展模式之下的相应特征。首先，企业规模发展、商业模式的转变必定导致企业管理模式、组织模式的相应转变，其中最显著的一种变化方式就是发展会增加相应的企业管理层级。

企业管理构架之下的企业信息特征

那么就让我们先讲一讲企业在组织特征方面的变化。企业在人员比较少的时候，一般采用扁平化的管理结构。其实这还不能够叫做真正的管理结构，因为还没有真正意义上的独立的管理层级存在。这种扁平化企业结构实际上是一种两级结构或者双层结构：一层是企业的老板，兼有企业决策与原生本能化管理的双重功能；另一层级则是员工执行层。这种双层结构中，老板直接领导，一插到底，没有中间过渡层级。前面给大家讲的百人以下规模的企业一般都是这种组织结构。老板使用一种直接的统领方式，属于个人逻辑，老板的个人精力还能够顾得过来。当然企业基层会有像小组长那样的最基层负责人，属于老板的手指，还不能够称为基层管理者，更不能够称为臂膀，因为他还没有那么粗壮，往往只是老板指令的直接接收者。老板往往会跨过他们直接指挥士兵。这种企业规模的上限，对于生产制造型企业而言可能是百人左右，比如当年稻盛先生在企业规模达到 200 人的时候就感觉吃力了。然而对于创意型、设计型、智力密集型企业而言，一般 50 人可能就已经达到上限。

当企业规模超过了企业扁平化结构的上限，企业老板一个人直接领导、亲力亲为的管控方式绝对顾不过来，因此需要在老板与员工之间引入一个中间管理层，中间管理层又可以分解为高管团队与中层管理团队。无论中间管理层怎么划分，带有管理层的企业组织结构与不带管理层的扁平化结构的最大区别就在于，企业高层的决策职能与管理职能已经被分离了。企业老板主抓决策，新引进的中间管理层负责管理。于是企业原本扁平化的结构就变得立体起来，变成一种立体的金字塔型的组织结构。相应地，企业老板就从原来小组织的直接领导者变成了大中型组织的间接领导者。

因为企业老板已经从直接领导者转变成为间接领导者，其领导的职能、功能、机制、方法等都发生了巨大的改变，但是许多企业老板根本没有意识到。因为企业发展而引进的中间管理层，原本是为了在企业结构之中能够起到上传下达作用，代替企业老板、分权而行使管理权，然而真正的结果呢？如果没有处理好的话，中间管理层不但没有起到上传下达的通道作用，反而成为企业上下连接通道中最堵塞、最低效的地方，而且可能成为企业之中灰色效益收益最高的不透明地带。然而大家似乎已经把"企业规模变大因而企业的运作效率一定降低"当成了一种客观规律，早就已经习以为常。其实问题往往就出在这里。"规模变大效率降低"是一种问题，而不是必然规律。

那么接下来，就让我给大家讲一讲企业管理构架之下的企业信息特征。企业从扁平化结构转变到立体金字塔结构的一个重要改变就是企业老板从决策管理业务都自己一手抓的角色到主要关注企业决策的决策者角色的转变，也就是决策者与管理者的职能相分离的转变。另外，扁平化的老板原来是以全流程、全深度地一插到底的方式运营企业，因此对于企业现状的全面信息都能够及时地了解到、看到、听到、嗅到，基于真实而及时的信息，企业老板就比较容易做出快速而正确的决策。

当企业结构立体化以后，当企业中间管理层出现，当企业老板从直接管理者转变成为间接管理者，实际上企业内部的信息采集方式、信息传递结构、信息反馈通道都已经发生了根本性的改变。在企业新的立体金字塔结构之中，企业老板的职责主要是聚焦于决策事物，而做正确决策的一个最基本条件就是基于完整而准确信息条件。如果信息缺角或者信息失真，又怎么能够保证决策的正确性呢？

在企业结构发生立体化转变之后，由于企业老板与执行基层之间的连接成为一种间接联系，做正确决策对于信息的要求（1）完整与（2）准确就不再会理所应当地被保证了，因为决策者与企业内部的一线信息源之间的关系变得越来越疏远。这是企业规模变大以后必然会发生的。

企业规模发展之后所引入的中间管理层，实际上起着扼守企业上下双向连接信息通道的作用。企业一线信息间接到达企业老板的耳朵里，必须假借他人之手把信息过滤之后才能够被听到。想必企业老板都遇到过下级“报喜不报忧”的问题。这实际上就是中间管理层对过往信息加工所产生的问题。凡是对自己利害关系有利的信息就放行甚至放大；凡是对自己不利的信息，能不放行就不放行，能阻碍迟缓的就阻碍迟缓，实在保不住的还可以对过往信息进行扭曲、歪曲、因果嫁祸处理等，这都是可能的。

信息失真往往是造成企业老板决策判断失误的一个重要原因，因为已经有人在信息链上刻意地做了关于自我利益的筛选与加工。中间管理层属于“分权制”，因为“事大而分”，并没有道德价值观的约束、哲学思维共享与互相信任基础。那么企业中的这种“分权制”就会在企业内部制造出一种灰色空间或者灰色地带。本书前一章给大家介绍过的那种将问题隐藏起来、掩埋起来的现象，往往就发生在这个灰色地带里。这个灰色地带是管理者刻意制造的企业内部管理的真空地带，可以把小问题培养成为大问题，把技术问题发展成为道德问题。这种现象也可以说是被逼出来的，都属于管理模式里面的被动式现象。既然管理思想已经假设了利己之私是一切经济活动的原点动力，那么管理人也就不妨私上一把。

稻盛先生强调“无私见真”，而西方世界的整个经济体系包括企业概念都建立在个体利益的私的基础之上，因此如果不设计、约束企业内部的信息反馈系统、信息传递通道、信息处理机制，就一定会处于“因私失真”的状态。缺乏对企业内部信息传递系统的设计或者约束，是许多中国民营企业家容易犯的通病。

关于信息透明度与灰色地带的问题，任何人、任何企业家对待“信息透明度”的态度实际上都是衡量其做事业的目的到底是为公还是为私的程度指示器。凡是见不得光的地方，必定私利滋生。如果是“无私见真”、“有私失真”的话，那么我们或许可以说“有私见灰”或者“有私见黑”，凡是见不得光的地方，必定藏私。另外，我们经常会听到老板或企业高管对属下说这样的话：“这个事情与你无关，你只要做好你自己的事情。”其实言外之意就这里面的利益与你无关。

那么企业员工们就会想：“既然与我无关，那么又何必要求我积极主动地完成我的工作呢？企业老板的事与我又有什么关系呢？”其实只有变得“与我有关”，企业员工才会有成为企业主人的感觉，也才能积极主动地工作。如果企业利益与员工无关，那么又如何点燃员工的人心呢？在稻盛先生接手日航之前，日航的员工都认为日航破产了、倒闭了，与自己无关，而稻盛先生接手日航后采取的改变员工观念的做法就是告诉大家，日航兴衰与大家有关，如果日航二次破产，那么人人都没有生活保障。稻盛先生首先在思想上把日航员工打造成为一个危机共同体、命运共同体，这就是一种团队逻辑。

“信息失真”的客观原因：企业规模变化造成信息反馈效率降低

以上我们讲解的都是主观上造成“信息失真”的原因，其实还有一个企业规模变大造成信息反馈效率降低的客观原因。企业结构立体了，企业管理层级增加了，业务信息传递的节点也就随之增加。有这样一个规律：每增加一个信息节点，系统内部的信息总量就会发生倍增。也就是说，随着企业按照算术级数的速度发展，企业内部的信息量按照几何级数加速倍增，企业决策的效率也会因此而急剧下降。当然这里面还涉及信息串并联处理的原理问题，我就不再展开讲解了。

我在修订本章节时，决定再加入一些原理性的内容。这是我前一段时间在一次阳光100电话培训会上听易总发言后激发出来的一种新思维，与我本书第二章所谈到的“精细核算制”也是有关系的。在企业以往的管理框架之下，实际上是遵循着“管理最大化+经营最小化”的原则。经营最小化，企业中只有一个经营者，就是企业老板。企业基层一线员工不是经营者，也没有经营责任，企业是通过管理链条来控制的。即便是这样，企业一线的被动执行性信息，有限的信息量，也会被信息节点、管理节点极度放大，从而降低企业处理信息效率。也就是说，“管理最大化+经营最小化”在逻辑上是可行的，但是也会引起企业机体在信息处理效率方面的降低，最后触及到边际效益的零点。

企业运作信息还有一种处理方式，那就是稻盛先生阿米巴的方式：“管理最小化+经营最大化”。在企业基层有一群经营者，企业员工的主动经营意识被点燃。因为经营在基层，经营在一线，而不是基层仅仅作为被动的“成本中心”发生少量信息。阿米巴经营是一线经营，感受传递市场温度，及时发现各种问题，及时解决各种问题，因此就会产生大量的一线经营信息。只有配合“管理最小化”才能够实现“经营最大化”，这种配合关系能够保证阿米巴经营在信息处理负面是可行的，可实现的，而且并不产生效益递减的问题，也就是说，阿米巴经营模式没有共同体规模上限。

还有一种组合就是“管理最大化+经营最大化”，这其实就是在管理框架之下学习阿米巴经营必然会发生的问题。一线巨量的经营信息会被管理节点几何级数放大，其产生的巨量信息就会达到根本无法处理的程度。第二章中讲的把“精细核算制”当成阿米巴经营的误区，实际上就是犯了这样的致命错误。如果精细核算制建立在管理的框架之下，原本一线粗狂经营所产生的少量信息（经营最小化），通过层层的管理节点（管理最大化），就已经产生出几何级数倍增的巨量管理信息量。如果再对一线工作提出精细化经营的要求（经营最大化），再叠加上管理框架的“管理最大化”，那么企业运作只能爆棚，真的没有办法再运作了。

不会还有人要问“管理最小化+经营最小化”应该属于什么样的企业结构吧！这种“管理最小化+经营最小化”所对应的是那些业务发展还没有取得任何实质成功的小公司。“经营最小化”就是只有一个小老板。“管理最小化”则是原生态江湖式的扁平化结构，还没有真正的管理层，企业老板决策管理业务一把抓，既是经营最小化，也是管理最小化，属于小型企业一无所有。

基层员工能否被动力点燃

接下来，还有一个关于基层员工能否被动力点燃的问题，这里面实际上涉及动力源与动力传播的距离问题。让我们先说第一方面，也就是目标动力的问题。我们讲过多次，目标是谁的动力就是谁的。在企业的管理框架下，企业经营目标往往都是企业老板或者企业股东的，企业员工分解到手的具体业务目标始终无法改变“目标是老板的”这种根本属性，因此这种业务目标并不一定是员工发自内心所认可的。员工只不过是“被目标”而已。企业还是只有一个经营者，那就是企业老板，因此被企业目标动力所点燃或者照亮的也只有企业老板自己而已。这一点点目标动力所点燃的光亮，一离开决策层，到企业的中间管理层的时候，就会暗下来进入灰色地带。当它抵达基层执行层的时候，恐怕只能是暗无天日，一点亮光都没有了，因为动力已经在传递的过程之中完全消耗尽、完全消失。也就是说，企业基层的执行者、企业员工离企业的初始目标动力源的距离比较远，在“人心动力”或事业心动力，老板作为动力源头，离企业广大员工的距离比较远，这种距离包括层级距离、信息传递距离以及心理距离。

第二方面，再从市场动力方面，也就是“事动力”方面来讲，除了销售团队之外，企业其他的基层部门一般都远离市场，只是一种被动的“成本中心”，市场经营动力向业务链深层所传递的份额也比较少。也就是说，广大基层员工离市场动力源的距离比较远。无论是调动人心积极性的目标动力的动力源问题，还是感受市场温度的市场动力的动力源距离问题，都涉及动力在企业介质传递过程之中的能量衰减规律。市场动力的传递往往会受到企业边界和业务链节点的阻拦而递减，而目标动力往往受到企业层级结构与指令链结构的障碍，也就是管理节点的间隔而递减。

最后再总结性地讲一下，在管理框架下出现的企业发展的第一个基本矛盾那就是，企业为了追求外部的竞争效益、竞争优势而必须发展企业规模的问题。企业规模发展的结果，往往会反过来造成企业内部机制在运作效率方面的降低，特别是企业内部信息有效性的降低与动力强度的衰减。这种事与愿违的结果，并不是企业家当初发展企业时所愿意看到的，只不过是不得已罢了，也属于一种企业发展的被动式，是企业运行效率不得不“被降低”了的结果。

2. 企业变革与员工反感的矛盾

关于“企业变革”的问题，在本书前两章的相关讨论之中已经涉及了许多。按照企业的管理框架模式，“企业变革”似乎会周期性地发生，而且是“自上而下”地解决一些企业体制之中所积累下来的致命问题。这种“企业变革”的周期性，每三五年发生发生一次，甚至每两三年就来一次。也就是说，企业员工刚刚适应了新的企业模式，更新的“企业变革”又袭来了。

这种“企业变革”的周期性，与我们前面刚刚分析过的企业发展的“规模经济”方式也有关。一方面从企业的外部因素上来讲，企业发展经历不同的规模，就需要不同的运作模式相匹配，无论是商业模式、业务模式还是管理模式，都需要随之发生改变。

另一方面更主要的原因，那就是由企业内部信息传递结构的变化所引发的问题，即信息失真。信息被节点利益化的处理方式筛选或者扭曲了，因此企业高层不能够及时发现问题，也不能够做正确的决策。信息缺失、问题被刻意地掩盖，于是小问题被培养成了大问题，技术问题发展成了道德问题。当问题终于纸包不住火，也就是问题已经变得致命，甚至连原本赖以解决问题的团队都彻底烂掉，变成养虎为患，企业的肌体也已经癌变，成为恶性肿瘤，“企业变革”也就不得不发生，而且还不得不采取暴风骤雨的手段以铲除恶疾。

虽然“企业变革”在发生的形式上来势汹汹、暴风骤雨，但是能够解决的问题往往只是表面的，在表面上铲除企业肌体的肿瘤而已，治标不治本，并不能够解决企业肌体肿瘤生长的根源问题。这其实还是乐观的想法，假设“企业变革”能够成功。然而事实上，“企业变革”往往是失败的，只是雷声大雨点小，最后都是虎头蛇尾、不了了之，因为解决方案触碰不到问题的根本。

像六西格玛6σ方法这样的逻辑是有问题的。因为在表面上看似最见效的方法实际上并不一定能够涉及问题的根本，甚至有时候解决表面问题能够见效的方法恰恰会堵住解决根本问题的道路，或者出现左脚绊右脚的情况。因此即便表面问题看似已经解决了，过一段时间可能还会复发，只不过是以一种崭新的形式出现而已，或许病根还是那一个，这也是“企业变革”反反复复发生的另外一个原因。企业问题只不过是从表面被压回去了而已，并没有得到真正的解决。

“企业变革”一箩筐

以上分析的主要还是每次“企业变革”在表面上貌似成功的状况，但是“企业变革”还是会反反复复周期性重复发生，因为“企业变革”并没有真正解决企业机制之中所存在的根本问题，没有真正触动造成问题的根源。换句话说，也就是没有触及到本章分析的三大基本矛盾之中的任何一项。然而这还是乐观的说法，因为至少在表面形式上，“企业变革”似乎还是成功了，取得了一定的短期成效。但是事实上即便是在表面形式上“企业变革”也不是那么容易取得成功的。大家必定会问：“企业变革”在表面形式或操作手法上往往容易失败的原因到底又是什么呢？

我把这种在形式上的致败问题称为“企业变革”一箩筐，也就是中国企业家在解决问题的时候往往因为贪大图多而导致的问题。“企业变革”

往往是问题积攒所造成的，只是因为纸再也包不住火了，于是积累的问题就总爆发了。因此总爆发出来的问题绝非一个或者两个，而是一大堆问题。然而在爆发的时候，企业老板又希望变革团队一股脑地把所有的问题都解决，而且往往希望只花一笔管理咨询费就能够解决企业所面临的所有问题。殊不知冰冻三尺非一日之寒，冰山冒出来的问题一定都是机制长期积累的结果，想一下子解决积累已久的所有问题根本就不可能。这也是企业家的利益贪心在作祟的结果。

"企业变革"所面对的问题往往是企业体制积攒下来的结果，即便是在表面上解决，也应该是一项一项地来，需要把复杂问题分解之后各个击破。需要专注聚焦、集中力量一次解决其中的一个问题，而不应该把所有问题一股脑地放在一个箩筐里面，妄想把问题打捆解决。就像一根筷子容易折断，而一把筷子不容易折断的道理，一堆问题如果被人为地捆在一起是根本解决不了的，哪怕只是在表面形式上解决也很难做到。

单项变革的成功率只有49%，如果不通过某种方法或者技巧的操作就很难把概率改变为51%，两项变革、两线作战的成功率就只有四分之一不到，概率很低。那么如果三项同时呢？那就只有接近十分之一的概率，基本上属于变革求败，企业一个经营者的孤独求败、自取灭亡。这就是"企业变革"在形式上容易失败的原因——"企业变革"问题一箩筐，由企业家贪心不足造成的。既然企业家如此急迫地想解决所有问题，那么早干嘛去了？为什么不想办法在问题幼小的时候就各个击破呢？

因为"企业变革"往往失败，于是企业家就继续屡败屡战，或者因为问题并没有根本上得到彻底解决，往往是更换另外一种花样形式卷土重来，所以"企业变革"必须周期性地发生，毕竟企业老板追求利益之心是不可违的。另外，"企业变革"暴风骤雨的方式，在本质上属于一种强迫法。企业员工每次都需要"被变革"、必须被动接受，也就是说，每一次"企业变革"都要求企业员工进行被动发生改变，而不是改变企业老板自己的思想与行为，因为老板的利益之心是不能变的。每次"企业变革"都是变换着花样来折腾企业员工，因此企业员工一定会对“企业变革”持反感态度。

长此以往，企业老员工都成了“企业变革”的老运动员。每次变革，老员工都不急于表态，因为没准儿三天以后政策又变了。“‘企业变革’或许只不过是新官上任的那三把火，雷声大雨点小而已，没准过两天又会烧到其他地方。咱们还是先等等看吧，先别急着表态，观望观望再说吧!”对于这种“企业变革”，企业员工早就已经学会应付了!

人在本性上具有一种惰性，并不愿意天天变来变去，因为那样会经常面对未知，缺乏安全感。老板说“企业变革”好，那是因为对老板的利益好，员工未必认为“企业变革”一定好。另外，由于“企业变革”往往会涉及企业内部的利益再分配，因此，企业员工未必认为“企业变革”能够给自己带来好处，或者值得去付出。其实每个企业员工都会有自己的小九九，都会算自己的帐，经营自己的小收益，千万不要认为普通员工不会经营算账。比如企业老板往往希望对员工实行“按劳付酬”，尽量地压低工资、压低成本，企业员工想的却是如何“按酬付劳”，老板给多少钱就干多少活，否则可以出工不出力，比如在班上上上网、聊聊天、打打游戏、炒炒股票等等。想办法打发时间，是太容易的事情了。

只有在稻盛思想的阿米巴经营核算表中，“人工费”才会从费用事项的分类之中移出去，从“员工收益最小化”的思维之中跳出来，从而实现员工“物质与精神两方面最大的幸福”。这种思维只有像稻盛先生这种拥有爱他之心的人才能够做得到，也就是说，只有使用“第二把尺子”的人才能够做得到。那些以利己之心作为企业经营原点的企业老板，以第一把尺子——利益尺子——衡量一切的人，是绝对不可能做到的。

企业员工在本性上是惧怕变革的，因为人的本性惧怕未知，不知道变革之后的结果对自己好不好。老板说“企业变革”好只是老板的想法，因为对老板的利益出发点有好处，但并不一定对员工利益有好处，更不一定对企业之中某一个具体的员工好。每一次“企业变革”，企业员工都必须被动接受、只能够“被变革”，因为管理模式是“自上而下”的，主动权在老板，企业老板可以随时发动“企业变革”，而员工永远是被动的，只能被动接受，然而这种表面被动接受并不能够剥夺企业员工内心深处的反感、抵触与不配合。因此“企业变革”中，员工从“被动”接受到“消极”抵制的现象是绝对避免不了的，企业的老员工、老运动员其实都深谙此道。

“企业变革”中，虽然老板希望改变的是员工，但是员工却并不愿意真心地配合。这就是管理模式之下的第二个基本矛盾，也就是企业持续变革与员工内心反感之间的矛盾。“企业变革”的主体企业员工不认可、不真心接受也是“企业变革”往往流于形式、雷声大雨点小、虎头蛇尾、不了了之的原因，另外一个导致“企业变革”失败的内因是虽然“企业变革”的指令可以强制性地下发到每位员工人手中但是并不能够起到真正的作用，不能够开启员工的内心。发个文、盖个章谁不会呀，然而能否得到员工心里的背书，就是另外一回事了。

企业老板希望通过“企业变革”改变的是别人，是老板的手下，是企业员工。关于这一点，谁都能够看明白。让别人改变的本质又是什么呢?那就是既想让马儿快点儿跑，还想让马儿少吃草，减少员工的利益份额，增加老板的利益比例。让马儿不吃草当然最好，但是根本做不到。

“企业变革”与追求商业模式创新

“企业变革”不仅与管理机制、管理模式的变革有关，还与企业追求商业模式的创新有关。那么大多数中国企业现在追求的商业模式在本质上到底又是什么呢?

真正成功的商业模式是可以使用平均资源成就辉煌业绩的模式，因此成功的商业模式并不应该建立在企业能人文化的基础之上。或许也可以反过来讲，凡是依靠能人文化维系的企业并不是真正具有成功属性的商业模式。

我们发现，大多数中国企业现在追求的商业模式在本质上并不是使用平均资源成就辉煌业绩，而是利益最好都是自己的，风险最好都是他人的。大多数企业都在追求一种少劳多获的模式，把自己铁定收获的利益与他人可能承担的风险划开，完全是一种利己主义的商业模式，属于“一将功成万骨枯”的所谓成功模式。

当然我们可以说这是一种商业模式，但是这种利己主义的商业模式永远都不会成为真正成功的商业模式，因为一切成功商业模式的共性都是能够为伙伴、为他人带来价值增值，比“他人”通过各自努力所获得的价值还要多，那么谁会离开给自己带来价值增值的商业模式呢？

依靠能人文化的那种商业模式、企业模式中，今天老板可以花高薪从“他人”那里挖一个能人来，那么明天另外一个“他人”也可以使用双倍的高薪把你的能人挖走，冤冤相报何时了。因为你的企业的商业模式并没有给他人带来真正的附加价值增值，所以能人随时可以走掉。调侃地说，似乎挖人的那一方给能人带来价值增值，身价倍增。

那些所谓的能人想来就来，想走就走，除了钱之外，企业根本没有其他的办法留住人。而真正成功的商业模式是一种让人离不开的模式，因为它可以给“他人”创造价值增值，一旦选择离开，那么这个“他人”也会丧失价值，或者价值被极大地减弱。谁都不愿意离开这样的模式，因为这样的模式给人人都带来价值，而不是让人人为模式带来价值。这才是成功的商业模式，可以使任何人都心甘情愿为了这个模式“付出不亚于任何人的努力”。

如果唯有利益是自己的，担当付出、“付出不亚于任何人的努力”都让“他人”来做，就不可能造就一个真正成功的商业模式，因为任何成功的商业模式都有利他的基因在里面。然而以往的“企业变革”大多都是围绕着利己中心展开的，“企业变革”都是为了让企业员工能够进一步地提高工作效率、多付出，企业老板自己就能够付出更小的代价而获得更多的利益，甚至在获利同时更加清闲，最好睡着大觉也能发财，天上能够掉馅饼。这种利己的商业模式与利己的“企业变革”在本质上都是一样的。

企业员工不喜欢“企业变革”的原因也在于此，员工的利益相对于付出而言被不断的变革进一步地压缩，被逼入了“费用最小化”的胡同里面。其实员工人人都有这样的感觉：“你们又变革来了，不让我们有三天的好日子过。”这是我在“企业变革”中经常听到的抱怨。如果员工对这种“企业变革”怨声载道，又能够真心地配合呢?

“企业变革”中总是企业老板说了算，老板本人属于一种利益驱动，因此“企业变革”就需要不停地来，而且都是为了改变“他人”而不是改变老板自己。被变革的员工虽然在内心深处并不喜欢变革，但在表面上又无能为力，那么消极地应付总是可以的吧！因此这样的“企业变革”并不能够真正地解决企业的实际问题，过不了多久，“企业变革”还得再来。每一次“企业变革”都是雷声大雨点小，于是“企业变革”往往走入一种恶性循环。这就是企业管理模式之下的第二个基本矛盾——企业变革与员工反感的矛盾，相互挟持而走入一种恶性循环。

3. 能人文化与信任文化的矛盾
——能力要求与品德平衡的矛盾

接下来还是让我们继续讨论成功的商业模式这个话题，前面给大家讲过这样的道理，依赖于能人团队、能人文化运营的企业不能够算作是拥用成功商业模式的企业，因为是使用顶级的能人运营企业而并不是使用平均资源成就辉煌的业绩。这种能人机制是通过能人创造价值而不是通过模式创造价值。而且能人们的工作目标往往也是为了自己能够获得顶级的个人收入而已，因此所索要的工资也是顶级的，这似乎是人人得见的事实。

如果企业老板的运气不济，虽然已经为企业能人支付了顶级的工资，但是其成就的只是二流的业绩，这种现象也许会经常发生。比如在全球金融危机的时代，华尔街的职业选手们仍然心安理得地拿着上亿美元的顶级工资却不给股东带来价值就是一种最好的例证。可见西方的整个企业系统、企业理念确实已经出了问题。

企业的能人文化不仅涉及企业给能人支付高额薪资的问题，因为能人往往是空降而来的，会堵塞企业内部的人才成长通道、破坏人才培养机制，甚至会极大地伤害企业员工的工作积极性与工作热情。企业管理模式原本就是一种被动形式，员工的工作积极性本来就不高，如果再受到企业能人文化的夹击，那么就连渴望升迁的中基层管理者都会信心全无。这种企业的“管理模式+能人文化”实际上是一种彻头彻尾的向上倾斜结构，因此企业的基层是不可能被点燃的。这也与许多企业老板经常抱怨的问题有关——企业的末端缺乏动力。其实在这种企业结构治理之下，能量动力是很难真正传递到企业末端的，即便有末端刺激，也只是暂时的、短暂的。

还有一个更加重要的问题，企业能人文化的存在往往还会影响到企业能否建立起信任文化，或者说涉及企业建立信任文化的成本高低。如果企业建立信任文化的成本太高、代价过大，那么最终往往会导致企业老板不得不放弃建立企业信任文化的尝试与努力，认为建立企业信任文化是根本不可能的事情。其实企业老板的这种认识都是企业规模经济发展道路的做“大”思维惹的祸。关于这一点，或许大家在阅读完第四章内容之后，才能够彻底地明白“全是因为做大而惹的祸”的完整意思。

管理的逻辑是管坏人或者人性负性方面东西的机制，是管理下限的，因此比较容易导致企业的不信任文化。然而并不是说在管理的框架之下就没有具有信任文化的企业或者缺少因为信任文化而成功的企业。其实在基于管理文化的成功企业之中，具有信任文化的企业还是很多的。只不过这种信任文化往往与企业家的个人品德或者个人魅力、个人属性有关，而与企业管理文化的系统关系不大。

这里需要阐述的原理是，在管理的框架之下，特别是在企业能人文化的框架之下，建立企业的信任文化的成本一般都比较高，代价也比较大，最起码就企业能人的薪资水平这一项而言就已经不低了。一般的企业家往往因为没有那么超凡豁达的胸怀，不太容易在付出巨大代价之后继续打造企业的信任文化，也就不愿意在屡屡遭受错信能人的挫折之后持续付出巨额的信任成本。也就是说，在能人管理文化所主导的企业之中，能够建立起企业信任文化的难度是非常巨大的，也缺乏系统的方法，而且要建立企业信任文化所必须超越、跨越的成本门槛、心理门槛也比较高。这其实都是图“大”而惹的祸。

与能人文化有关的另外一个问题，就是关于君子与小人的话题，稻盛先生也关注过这个问题。所谓“君子坦荡荡，小人常戚戚”。在大家约定俗成的观念里面，君子应该是道德高尚、心胸坦荡之人，而小人则是品德低下、心思晦暗之人。

管理的逻辑就是管坏人或者管理人性负性的一面，所针对的小人管理，而君子是不需要管的，赋权就行。所谓小人，还不能够直接与坏人或者恶人划等号。小人就是我们所说的身上人性负性比较浓厚的人，这可以说是大众人群的主体。真正的大善大恶之人的比例还是比低的。

关于君子与小人，当然谁都喜欢结交君子，连企业老板都喜欢任用君子，因为有道德约束的君子，任用起来自然谁都安心、放心，因此对于君子赋权即可。然而君子实在太难求了，那只是人中龙凤、凤毛麟角。想要天天遇到君子，就如同遇贵人，是“可遇而不可求”的事情。尤其一个由成千上万人所组成的企业团队，根本不可能全部由君子组成。即便是由少数人组成的企业高管团队也不可能个个都是君子。因此在现实世界之中，大家不得不任用小人，可谓是芸芸众生相，不可缺少，遍地都是。

稻盛先生实际上重新定义了什么是君子与小人，就像德鲁克先生重新定义什么是管理者一样。按照稻盛先生的定义，君子应该是德与才匹配的，也就是大家常说的德才兼备，在当代中国文艺界往往称之为德艺双馨。而且在大家的头脑之中，君子的德才兼备往往还应该属于大德大才兼备的类型。然而根据稻盛先生的全新定义，能力与品德匹配就可以称为君子，并不以“大”为衡量，毕竟大德大才兼备的君子实在是太难找了，可遇而不可求。难道如果遇不到这样大德大才的君子，企业的信任文化就不需要建立了吗？

“因大而失”

按照企业规模经济的发展套路，企业规模由小到大不断地更换着运营模式与管理模式。随着模式的变更，需要的管理人才与薪资水平实际上也在不断地变更与刷新，对人才的业务能力与管理能力的要求也在不断地提高，因此企业老板能够找到的人才也就越来越稀缺，企业家最终越来越趋向于企业必须依赖能人文化。企业的能人团队就是这么来的，因为“大”而导致对稀缺人才的过分依赖。

企业规模发展变大了，企业的业绩规模变大了，企业需要处理的问题也会变大，企业能够支配、调动的资源规模也随之变大，因此所需要的职业经理人的能力也就相应变高。实际上这样给予能人职业经理人的权力也随之变大，企业老板不放心的心思也一定会变大，因此对管理制度严格要求的想法也变得急迫了。

这就是企业规模经济发展模式与企业依赖于能人文化之间的关系，也是大多数企业发展所遵循的套路。企业规模变大了，就需要一种可以处理大资源的能力，一种可以驾驭“大”问题的能力。这种能力往往代表一种权力。企业规模越大，老板需要分出去的权力也就越多、越大，因此就需要依赖于能力更大的能人。反过来讲，这种能人的本领越大，就越能够不受企业老板意志的制约，正所谓“将在外君命有所不受”，于是企业老板最忌讳的事情就会发生。

能人可以帮助企业老板解决很大的问题，然而能人本身也可能成为老板的大问题，甚至心病。一旦“将在外君命有所不受”的分权发展成能人谋求自己利益，那么企业老板就需要付出高昂的代价，而这种代价的最大危害就是阻碍企业信任文化的建立。

企业规模发展了，基于能人文化的思路，当然就需要寻找更高能力的人，可是人才难寻呀。越高能力的人，在市场上就越稀缺。由此可见，企业能人文化是建立在稀缺人才资源基础之上的。企业老板与能人相比，其实已经陷入了被动的角色，会被企业能人牵着鼻子走。好不容易找到了具有这样能力的人，好不容易想方设法用高薪挖到了这样的能人，企业老板还敢再提出德才兼备的要求吗？根本就不可能！

山东勇进集团的刘勇进董事长给我讲过这样一个故事，很能够说明问题。有一次刘董招聘一个采购经理，给对方提出一个明确的条件不吃回扣。这位应聘者看完之后说：“我做不到。”起身就走了。这位应聘的仁兄倒也算是十分坦诚。这其实就是能人文化向能力靠拢而失去品德约束的生动事例。

因为能够处理大规模业务的能人在人才市场上非常稀缺，企业老板能够找到这样的能人就已经感到十分幸运了，所以不得不放弃对能人的道德要求，否则，可能连刚刚找到的能人都给吓跑了。就像山东勇进集团的例子，“不吃回扣那我上你这里来干什么呢？”这位仁兄倒真是十分的坦诚。

这就是“分权制”，事大而分权，事先而人后。企业规模发展大了，然后雇佣能人，分权而处事，而且分出去的权还是很大的权力，但是并没有道德品德的约束或者驾驭，那么企业老板又如何能够放得下心呢？

分权而不信任，那么又应该如何解决这个矛盾呢？其实解决的方法就是管理的逻辑。我把权力分给了你，然而又不信任你，也不能够道德要求、约束你，那么就只能管着你、看着你。这就是企业规模做大后，企业老板不能够事必躬亲时引入管理制度的真正意义。中间管理层用来看着员工执行层做事，而管理制度又看着中间管理层或者所谓的能人。这就是管理的逻辑，与能人文化形成一个逻辑闭循环。因为老板本身并不信任能人，但老板又必须使用能人、利用能人，因此就必须管着能人、看着能人。就是这样一个逻辑圈，一个完整的思想方法体系。因此我一直强调，管理思想本身是一个完整思想体系，而管理思想这个体系是为了防止人做坏事而损失企业老板的利益或失企业利益而设置的。

这是企业发展到一定规模，企业老板因为“事大而分权”实乃不得已之举。牺牲道德要求而高薪聘请来的能人，一定是德才不匹配的，这就属于小人的范畴。这种能力高的小人、可以处理很大对象事物的小人、可以操作很大企业规模的小人，可以看做是一种“大的小人”——负责大事物、大规模事物的小人。因为道德与能力不相匹配，如果站在处理事物的角度看，这些人属于能人、属于“大”的范畴；然而站在道德角度上看，这些人可能又属于小人，因此我把他们称之为“大小人”。

这都是追求事物规模的“大”而惹的祸。因为企业追求规模经济之大，企业老板不得不屈就于大能力而放弃对道德的考量，所以才成就了这种“大小人”。他们在事权方面被授予了非常巨大的分权权力，属于“大人”；如果他们利用手中所拥有的权力非法谋求私利，那么就属于道德上的“小人”。这就是企业管理文化所依赖的能人，在物质上是“大人”，在精神道德方面很可能是“小人”。“大小人”就像身体上的大个子，心理不成熟的心灵小人。

君子可遇不可求，芸芸小人还得用，这里面就涉及能否将小人培养成为君子的问题，包括任何将能力方面的小人培养成为德才兼备的君子的问题，也就是如何建立培养德才匹配的人才机制的问题。其实阿米巴经营就具有这样的意义，具有德才兼备人才培养的意义。

管理是管坏人的，然而现实的结果却是坏人并没有被管住，管住的其实都是好人。坏人照样有空子钻，因为管理结构本身就是灰色地带，本身就有空子钻。就像最懂法律的律师最会钻法律的空子一样。所谓谁的地盘谁做主。管理本身就是能人文化的地盘，就属于代理老板行使职权的代理人的灰色心态地带。

管理想管坏人，结果没有管住，也就是企业老板的管理失控了。除了出现管理中间层的灰色地带之外，还有另外一个企业老板可能意识不到的问题，那就是企业老板退居到间接位置之后，并不适应将直接领导者转换为间接领导者的角色转换，因为他们根本就不知道角色转换之后自己到底应该做些什么，也就是根本不知道间接领导者到底应该做什么，甚至根本就没有意识到自己在企业结构之中的角色已经发生了转换。

能人文化与企业的不信任文化

那么能人文化与企业的不信任文化到底又是什么关系呢？或者说能人文化与企业建立信任文化的高成本之间到底又是一种什么样的关系呢？

在这里还是需要重申一下，企业内部的人际关系结构具有一种不对称属性，相对而言，企业老板在企业之中永远都是强势的一方，而企业内部的其他所有人员都是弱势的一方，特别是企业员工，至少在企业的表面结构上是如此。因此在建立企业信任文化的时候，企业老板必须先迈出信任的第一步，而不能够等着其他人先迈步，特别是不能够等待企业员工先迈步。

企业员工在企业内部的初始态势一定是守势、防御的架势，员工不可能一上来就打开心扉，而且往往不是老板如何说就如何跟随，而是要看一看老板到底是怎么做的：老板在宣布了决定之后真的会去那样做吗？只有当员工认为老板这次来真的了，才会真正地跟随。其实企业在学习稻盛经营思想和阿米巴经营的时候也是如此。所有成功推行阿米巴经营的日本企业都有一个共性，那就是企业老板以身作则的榜样带头表率作用。学习稻盛思想，企业老板必须来真的，发生改变的必须首先是企业老板自己。

企业管理模式的能人文化先天就缺乏信任基础，完全是因为企业规模大了以后不得已而分权处事才招揽能人。“分权制”与“赋权制”的区别：分权在事，赋权在人。“事大而分权”乃不得已而为之，其实是缺乏信任基础的，因此就需要建立一套完备的管理制度来监督考核。美其名曰监督考核，实际上就是不信任的监管。

企业老板不得已而分权，潜台词就是姑且暂时先信任这些能人吧！企业信任文化建设的第一步必须由企业老板先迈。如果老板在企业分权之后，并没出什么事，那么就算这个老板的运气还不错，没有遇到小人。

在西方发达的市场经营制度里，职业经理人还算是讲究职业操守的，因为全社会已经建立起比较完备的信用制度如影随形跟着你，所以职业经理人一般不太敢乱来。然而在当今中国的企业界之中，能人们并不具备真正职业经理人的操守，骗完一处再骗一处，很可能是家常便饭，这都是因为还没有建立起终身的信用体制。

当企业老板艰难抉择迈出信任能人的第一步，很可能运气比较糟糕，恰恰撞到了某个“大小人”的枪口之上。这种概率非常高，因为对于能人，老板最初并没有道德的约束。这种“大小人”一定在能力方面很强，在道德方面则属于未知数。如果委托品行败坏的人帮助老板料理事物，就非常可能给企业老板和企业造成巨大的损失，因为这种能人完全把自己获得职权的机会当成了老鼠仓或者 ATM 提款机。

等到企业老板发现严重问题的时候，这种能人可能早就已经拍屁股走人，溜之大吉了。毕竟他们是“超级能人”，虽然企业遭受了巨大损失，但是企业老板却无能为力、又抓不到任何把柄，只能哑巴吃黄连，甚至老板自己都已经被设局参与许多不法之事，把柄早就被抓在能人的手里，或者所有法律责任早就已经设计到老板的身上了。企业老板已经被卖了，还在那里帮能人数钱呢！

企业老板依赖于企业能人而吃的哑巴亏都是可能发生的巨大成本，因为给予能人的权力都是大授权，所造成的损失也一定是大损失。小损失也填不满“大小人”的贪心呀。如果这种事情一而再、再而三地发生在企业老板身上，会对企业老板的心理造成怎样的打击呢？

企业老板原本艰难地迈出了信任的第一步，迈出了“事大而不得已不分权”的第一步，所得到的回报却是企业遭受巨额损失，那么他以后还敢再信任谁呢？还敢对企业的信任文化抱有任何希望或者幻想吗？根本就不可能！

因此在当今中国的企业环境之中，企业往往缺乏信任文化作为企业运作的基础，也是可以理解的一种现实。企业老板早已经被折腾得心力憔悴，些许尚存的良知或许也已经被企业的能人文化彻底地摧毁了。

在管理模式的框架之下，特别是在中国企业界道德低下的能人文化夹击的现状之下，建立企业的信任文化成本非常高。企业家仅仅付出了一些表面信任，就已经遭受了如此巨大的代价，那么那个企业老板在内心深处还愿意再为建立企业的全面信任文化而买单吗？建立信任的学费、成本都已经支付给了那些“大小人”的能人了，也就是说，管理管坏人的目的终究还是没有实现，遭受了巨大的损失，因此企业老板也就不愿意再付出真正的信任了。这就是能人文化给企业经营所带来的最大的损失，是无形的、隐性的损失。

建立企业信任文化的巨大代价都与“大”有关的，与企业的规模发展模式有关，也都是因为做“大”而惹的祸。这就是管理模式的第三大基本矛盾——企业能人文化与信任文化之间的矛盾，也就是人才的能力要求与品德平衡之间的矛盾。

第四章

阿米巴模式的解决之道

1. 阿米巴模式在经营本质机理上到底是什么

前面已经介绍过管理框架之下企业发展模式不可避免的三大基本矛盾到底是怎么形成的。这些矛盾可以追溯到企业规模经济发展模式或者说"大"的发展模式。甚至可以说，这三大基本矛盾都是企业规模经济的理念惹的祸，都是企业家做"大"之心惹的祸。规模不仅可以带来一定的正向经济效益，也可以产生"负效益"或者给企业带来所谓的"不经济"。第三章介绍的管理框架之下企业发展模式所导致的三大基本矛盾，就是关于规模的"负效益"或者"不经济"的。做什么事情都会有如影随形的东西跟着，一切物质追求都会有这样的"负效益"或者"后效益"，或许这才是经济学上 externality 的真正含义，也是造成边际效益递减的原因。

关于"规模负效益"或者"规模不经济"，大家感触最深的恐怕就是当今的"大都市病"，比如交通堵塞、城市污染 PM2.5、城市犯罪、城市生活心理压力、情绪焦躁等。其实"规模负效应"告诉大家的道理就是：任何物质性的东西并非越大越好。正所谓"过犹不及"、"亢龙有悔"，讲的都是这个道理。《周易》之中的"潜龙勿用"讲的是没有达到"规模经济"下限要求而产生的"不经济"的道理，而"亢龙有悔"讲的则是超过了"规模经济"上限而发生"不经济"的道理。中华先贤早就明白了"规模经济"的道理，只不过是使用了一套"龙的语言"告诉大家而已。

管理在大，经营在小；规模经济模式在大，阿米巴组织模式在小。老子的治国理念"小国寡民"，就是"经营在小"的原理。许多人认为，老子讲的是治理小国的方法，不适于治理其他规模的国家。但事实上老子

《道德经》讲的是“治大国若烹小鲜”，而不是“治小国若烹小鲜”。“治大国若烹小鲜”与阿米巴经营“通过做小而做大”的原理是一脉相通的。

实际上稻盛先生的阿米巴经营模式完全是按照有别于企业规模经济发展模式的西方传统而建立起来的另外一套思想方法，是按照另外一种思维方式走出来的一条路，也就是按照东方思维传统建立起来的一套企业运作方式。一切强调正性精神的思维都一定符合“在德不在大”的道理，比如吴起讲的“在德不在险”，道理都是一样的，开发的都是关于“小”的意义，能够“以小见性”甚至“以无见性”、“以空见性”。其实“大小”的概念都是物质化的概念。物质之大往往会淹没本性。无论是物质本性还是人的本性，都容易被物质的堆积所淹没。这也是“规模经济”不注重“本性”只注重“数量”造成企业的本质问题或者根本问题被淹没、被遮盖的原因，然后又不得不通过周期性的“企业变革”做“外科手术”来解决企业的表面问题。这些问题全都是做大惹的祸！

物质在大，精神在小——勿以恶小而为之，勿以善小而不为。品德是一点一点积累起来的，无论多么高尚的品德，都是通过一点一点积累成长起来，通过一点一点修炼培养出来的。这就是“通过做小而做大”的道理，阿米巴经济所遵循的就是这样的道理。稻盛经营思想根植于中华传统思想，从“经营在小”就可以充分地体验出来。

或许可以说在表面形式上，稻盛先生的经营思想与管理思想是完全背道而驰的。比如，管理是管坏人的或者针对人性的负性的约束，更注重人的负性与下限问题，也因此管理方法往往是“自上而下”的，是一种向下压迫的方法，企业员工只能够被动地接受，没有其他选择。简言之，管理在本质上所使用的是一种被动方式，而且在管理源头上所依赖的是少数能人，属于能人文化、能力文化，品德迁就于能力，人迁就于事。

“经营”是一种独立的思想体系

当然必须承认，在管理思想体系之中也有许多侧重人性化的认识。这些认识已经超越了那种被动压制的管理范畴，比如管理 Y 理论。实际上这些超越性的认知已经具有非常积极的经营意义，只不过我们以往的认知并没有将“管理”与“经营”这两种概念明确地区分开来认识而已，而是将“经营思想”隶属于“管理思想”体系之内，把人性化的认知当做是另外一种或者比较先进的管理认知而已。

然而稻盛思想是非常清晰的，明确地将“经营思想”从“管理思维”之中提取出来，把“经营”作为一种独立的思想体系来对待，而且稻盛思想在很大程度上还具有基于中华传统文化思想的根，与西方管理思想传统的关联相对较少。坦率地讲，关于“经营”这个概念，一时还很难找到现成的英文词汇来对应，以至于稻盛经营思想被译为英文的时候不得不沿用 management“管理”这个术语，因为翻译者本身根本没有充分意识到“经营”与“管理”的区别。

因此，我不得不基于“经营”的含义创造一个英文单词。源于经济学中“经”的意义与“营”作为操作动词化的意义，我斗胆创造出了一组新的英文单词：economage 对应于动词 manage，或者 economagement 与 management 相对应，或许也可以使用 ecomage 与 ecomagement 这组较为简化的词汇。不知道哪种表述更合适一些？

eco 这个词根，据说是关于研究如何家居过日子的学问，来源于古希腊关于家庭治理的理念。因此 eco 的意思或许与稻盛先生阿米巴经营核算表类似于家庭主妇记账本的功能相通。而 nom 这个词根则可以代表规律的意思。如果我们仅仅使用 ecomage 一词，可以代表经营化，使用 economage 一词则具有经营理念化、经营规律化的意思。

还是让我们再回到“经营”这个概念。稻盛先生的经营思想是教导如何做好人的，激励人心向正性方面提升，关注的是人的正性与上限，讲的是“提高心性拓展经营”。而且这种经营方法是“自下而上”的，是一种正向向上的提升方法，能够把企业原本普通的广大员工培养成为积极的经营者或者具有经营意识、经营激情的人。阿米巴经营是点燃企业员工的积极性，激发员工努力主动工作的。因此“经营”在本质上是主动式。企业所调动的是广大员工，提倡的是一种努力文化、挑战文化、成长文化。即便是所谓的能力，在经营思想体系之中，也具有一种动态上升的属性，属于能力将来时态。

如果充分分析阿米巴经营特征就会发现，阿米巴经营模式实际上在无形之中给出了企业规模模式三大基本矛盾的根本解决之道。也就是说，企业如果真正成功地实施了阿米巴经营，第三章分析的规模模式给企业带来的三大基本矛盾就会迎刃而解。

话又说回来，我也是在学习了稻盛经营思想之后，通过回过头来反观、反思、反向认识西方的管理思想、管理模式，才得出了第三章关于规模模式之下的三大基本矛盾的结论，就像《成渝口水战》一书的意义一样。如果企业运营只有一种模式，也就是只有规模模式、管理思想、管理框架，或许我们根本就不会把三大基本矛盾当做企业运作的矛盾来对待，充其量仅仅当做根本无解的问题对待，或者当做企业发展进程之中所必须面对的问题、理所应当接受的规律来对待。

实际上大家以前可能根本就意识不到企业发展还存在着这样三大基本矛盾。至少这是我的真实状况，在学习稻盛经营思想以前我根本意识不到这些问题，比如认为企业规模变大了运作效率一定会降低，最后达到边际效率为零的扩张边界。只有在接触了稻盛经营思想之后，我才开始了这种在“经营”与“管理”机制之间“找不同”的活动。

阿米巴经营的属性

我关于阿米巴经营属性的概括性认识，也是被人逼出来的。两年多前，阳光100集团的一位元老遇到我时问道：“你能不能最概括性地告诉我阿米巴经营到底是什么？能不能只用一句话，或者最多用一段话就说清楚？”

这就是我开始总结性认知阿米巴经营思想的缘起，因为被要求用一句话或者一段文字来描述，所以不得不从稻盛先生的著作之中跳出来思考问题。这就是我必须重新组织语言与思想，而不能够直接从稻盛先生的著作中引用任何现成的文字照本宣科的原因。这需要对稻盛先生的阿米巴经营思想有一个全面而本质的认识、思考和语言再组织。这项任务蛮具有挑战性的。

概括地说，当企业规模发展变大的时候，企业所面对的问题、可以调动的资源都已经变大了，连企业自身的组织规模也相应变大。这就是第三章中分析的西方管理模式的解决之道给企业引来的三大基本矛盾。面对这种情况，稻盛经营思想却提出了另辟蹊径的解决之道——阿米巴经营模式。阿米巴经营模式采用的到底又是怎样的方法呢？那就是：

先把企业需要面对的复杂大事件分解为一系列相对独立的“小事件”，再把庞大的规模化的企业组织划分为许多“小组织”，然后让这些划小的“小组织”去处理已经被分解的“小事件”，再给这些“小组织”找到或者培养出德才适合的“小经营者”，并给予经营者“小信任”，赋予“小授权”，让“小经营者”对其负责的“小事件”进行“小定价”，展开“小经营”，最后再将各个“小组织”通过“小经营”而取得的“小结果”、“小业绩”汇总在一起成为这个企业最终的“大业绩”。

以上就是我被逼无奈之下思考出来的关于阿米巴经营的总结性、概括性认识。我于2010年8月23日阳光100集团阿米巴内训会上首次正式宣讲过这段总结，阳光100内训的时候也曾阐述过，可能对企业家理解阿米巴经营模式有进一步的帮助。

阿米巴经营的“道”与“术”

想必中国的企业家都非常熟悉道、术这样的术语。在道上，阿米巴经营是“通过做人而做事”；在术上，阿米巴经营则是“通过做小而做大”。

当然在道与术之间还有一系列起连接作用的经营理念、逻辑规律、原理原则等。

概括地讲，在术的层面上，阿米巴之美在于“小”，是由一系列的“小”聚合而成，这也是阿米巴经营的美妙之处。因为这种“小”，避免了一系列因为做“大”而引起的规模“不经济”，避免了因为做“大”而惹的祸。然而阿米巴经营划小并不是一味地为划小而划小。如果大家忽略了划小的下限，也必定会出问题，比如海尔的“人单酬”就具有这方面的问题——不知为何而划小。“通过做小而做大”，这是阿米巴经营在术上的表现。术是手法、手段，不是目的，不能本末倒置，将手段与目标颠倒。

关于划小，如果对比稻盛先生的经营思想与德鲁克先生的管理思想，会有一个非常有趣的发现，那就是德鲁克先生所关注的都是大型企业，所秉持的完全是一种“管理在大”的思想传统。德鲁克先生所研究的案例都是诸如通用汽车、IBM 的企业巨人，像街边小店那样的经营主体显然并不是德鲁克先生所关心的问题。而稻盛先生关于经营思想则是以街边的杂货铺为例进行说明的。这两位大师所关注的案例对象不同，恰恰反映了两种不同的企业思想或者模式属性：管理在大，经营在小。基于这个方面，两位大师的思想也是可以互补的，从采用不同的研究案例就略见一斑。比较两位大师的思想，是一件非常有趣的事情。

因为大规模的复杂事件总是可以分解的，分解之后的“小事件”如果以聚焦专攻的方式来对待，就一定能够取得很高的做事效率。阿米巴经营也符合这个原理。因为大事件可以划小，那么大组织也可以划小以应对，这就是阿米巴小组。这是在事的维度上看待阿米巴经营的一种概括，也就是我在前面提到的，在术上，阿米巴经营是“通过做小而做大”，这是企业家比较容易看到的。然而阿米巴经营超越做事而关注做人才是其更加本质的属性，也就是在道上，阿米巴经营是“通过做人而做事”。在这方面，企业家往往容易忽略相关的属性，而这才是阿米巴经营的真正意义所在。

经营在小，因此避免了许多不必要的问题，避免了许多因为直接做大而带来的问题，就如“船小好调头”的道理。尤其在当今人类这个充满变数与动荡的时代，灵活的机动性、应变能力可能比魁梧的身躯更重要。君不见连IBM这样的企业巨人也在研究如何建立模块化企业组织，IBM一直努力让僵死的恐龙变成会跳舞的大象，其实就是塑造企业的灵活性能。

阿米巴经营到底适合什么样的行业

或许有的企业家会问：阿米巴经营到底适合什么样的行业？其实这仍然是在战术层面讨论阿米巴经营。我经常会被这样问及：我们这样的企业到底能不能够使用阿米巴经营模式？我的回答是：如果您的企业全部是机器人robot干活的话，那恐怕就不能用了；但如果您的企业还是通过广大员工来工作的话，那么就可以使用阿米巴经营，因为阿米巴经营真正针对的是人而不是事，是关于如何将企业员工培养成为积极主动的经营者的一种机制，因此与行业属性的关系并不大。行业是事属性，员工是人属性。类似的，不妨反过来思考一下这个问题：我们的企业能不能使用管理方法？我们似乎并没有听过这样的问题，好像企业先天就是与管理联系在一起的，至于企业需不需要“经营”，似乎大家还需要通过头脑再想一想。

行业属性对于使用阿米巴经营到底有没有影响呢？答案当然是肯定的。不同的行业属性确实会对践行阿米巴经营产生难度影响，不同的业务属性、企业结构也会有影响。然而这只是影响使用阿米巴模式的难度而已，不至于影响到能不能够使用阿米巴模式的程度，比如在房地产行业推行阿米巴经营先天就会难度大一些。无论是什么行业，毕竟都是通过人来做的，哪怕是请不起高薪能人的行业，也不可能连普通的基层员工都缺少。

稻盛先生自己的企业实践也很说明问题。京瓷公司属于工业制造业，KDDI公司属于通讯服务业，稻盛先生出手挽救的日航则属于航空服务业，这三家企业本身就代表着三种不同的行业类型。其实还有另外一家相关的世界500强也在践行阿米巴经营，那就是孙正义的软银，代表的是IT风险投资行业。

阿米巴经营组织划小只是形式，虽然在形式上有着跟随事物属性、依据复杂性而划小的技巧，但是激发、提升人才是根本，所以关于行业差异属性的影响其实是非常小的。即使有行业影响，也可能深入到人心的根本层面，因为阿米巴的根本在人而不在事，激发的是人理而不是事理。

从另外一方面讲，其实做什么行业并不重要，重要的是如何通过阿米巴经营带出一支懂经营的队伍。有了这支队伍，干什么行业都是无所谓的。就像是一支长胜队伍，根本不会挑选对手。

另外，日本的一些企业文化对于中国企业有效掌握阿米巴经营真的一点儿影响都没有吗？坦率回答，影响还是有的，然而这些影响并没有大到中国企业不能够学阿米巴经营的地步。其实这些影响恰恰是那些口口声声说阿米巴不能够学的中国企业家根本意识不到的技术性问题。当然这些技术性问题，在当今中国企业践行阿米巴经营的深度还不够的时候，没有必要在这里详细讲解。

2. 针对企业规模与运营效率矛盾的解决之道

从本小节开始往后的三个话题是参照第三章“企业规模发展模式的三大基本矛盾”进行对比阐述的。这三大基本矛盾，是我在学习了稻盛经营思想之后的反推、反观而得出的结论。之前给大家介绍过《成渝口水战》那本书，如果我们可以找到另外一种事物作为判断参考系进行相互对比来看问题的话，可能反而会把我们自身的属性看得更加清晰，因为我们找到了一个很好的对比参照系、参考点。如果没有这个判断参考点的话，我们的思想就只能够在没有航标的思想海洋之中探险般地航行了。

比如，对比阿米巴小组织的经营特征，我们反而能够更清晰地看到企业规模发展模式的特征，促进对于“企业规模发展模式的三大矛盾”的发现。然后再反过来，通过对“企业规模发展模式的三大矛盾”的分析，能够更加清楚地认识到稻盛思想阿米巴经营模式的本质特征。针对“经营思想”与“管理思想”，我们的理解将进入一种正向互动、加速循环的良性认知过程。而且我还发现，在某种程度或者某个方面上，阿米巴经营模式恰恰可以成为“企业规模发展模式的三大矛盾”的有效解决之道，甚至在某种意义上，阿米巴经营或许可以被看做是一种能够真正触及到“规模模式”矛盾之根本的解决之道。

必须说明的是，阿米巴模式在本质上是一种“经营模式”，然而“经营模式”未必只有阿米巴经营一种形式，因此我们由衷地希望，日后会有更多的企业家开发出更多的符合经营思想的其他企业运作模式。

企业规模发展模式的运作套路

为了能够更好地对比认识阿米巴经营特征，请允许我再一次概括性、总结性地表述一下企业规模发展模式的运作套路。企业规模发展模式属于一种直接处理事物的方式，在“事理”方面是一种直接逻辑，是一种“以大对大”的方法。当企业规模变大之后，企业大规模的组织形态就以直接的方式面对大规模的事物对象。在企业组织结构上将“扁平化组织结构”发展成为一种“立体化结构”，也就是通过在“扁平化结构”里加入中间管理层而实现的结构，因为“事大而不得不分权”所基于的结构。具有能人文化属性的管理中间层加入企业结构体之后，企业老板就退居为间接领导者的角色，于是企业结构的中间地带或者灰色利益地带也就出现了，企业老板所专注的决策功能所必须基于的信息传递通道随之也会出问题，无论是信息属性、信息数量还是信息的传递效率。

企业规模变大了，信息传递出问题了，因此企业的许多真实问题会被刻意掩盖起来，直到小问题发展成为大问题纸包不住火就被爆发出来。因此“企业变革”会周期性地“自上而下”发生，还会不可避免地遭遇企业员工发自内心的反感与抵制。那么结果呢？每一次“企业变革”只能是雷声大雨点小，不了了之，所以“企业变革”日后还得反反复复地周期性重新再来，“企业变革”进入一种只解决表面问题而又不得其解的恶性循环。

另外，中间管理层的能人文化往往会导致建立企业信任文化的巨大代价，使得企业老板不得不放弃试图建立企业信任文化的任何努力，因此企业员工只能够陷入被动工作的状态，积极主动工作的人心永远不会被真正点燃。

基于阿米巴经营的企业发展模式到底应该是什么样呢？与企业规模发展模式又有什么不同？接下来，对应于规模模式三大基本矛盾的第一个矛盾，让我们从组织结构、信息特征与动力点燃进行相关的解析。

稻盛先生阿米巴经营模式使用的方法完全是另外一种套路。这里面还涉及一个非常重要的概念，那就是稻盛先生的企业经营思想实际上把“企业规模”与有效的“运营组织”这两个概念做了区分对待。也就是说，虽然企业发展了、企业规模变大了，但是并不需要把运行组织相应变大牺牲组织运行效率。有效运行组织仍然可以保持在 5～20 人的小公司扁平化运行结构形态，并不需要在扁平化组织结构之中强行加入中间管理层，也就是不需要将有效运行组织由扁平化形态转变为立体化结构。阿米巴经营，可以始终保持基层活力组织运作的有效性，维持小组织经营的高效性。

也就是说，按照阿米巴经营的思维，企业发展并不是通过组织规模的膨胀来表现的，也不是通过在企业结构体之中加入中间层来体现的，而是通过增加企业内部有效运行组织的个数即增加阿米巴经营体的个数来体现。比如，一个小企业可以由 5～10 个阿米巴经营体组成，如果企业规模发展到中等规模，那么这个企业可能由 50～100 个阿米巴经营体所组成；如果企业再进一步发展成为大型企业，就可能由 500～1000 个阿米巴经营体组成了。据说现在京瓷公司就是由 3000 多个阿米巴经营体所组成的。因此，虽然企业规模发展变大了，但是企业的运作效率并没有丧失。企业规模是企业规模，运营组织是运营组织。组织运行效率与企业规模无关，只与阿米巴经营体的小组织运营方式有关。

也就是说，阿米巴经营，企业规模的发展并不是表现为企业组织层次的增加或者企业结构的复杂化。企业结构并不是从扁平化结构向加入中间管理层之后的那种立体金字塔结构转变，或者随着企业进一步发展再将中间管理层进一步分解成为高管层、中管层等层次增加的做法。

阿米巴经营企业的方式是企业发展了，于是企业内部的经营体数量就会增加，从 10 个发展到 100 个再发展到 1000 个，而不是通过企业组织结构的层级增加与结构复杂化实现的。阿米巴经营的每一个经营单元依旧保持着原来那种小公司的活力与高效运转的简单扁平化结构。

因此在阿米巴经营模式框架之下发展起来的企业，虽然企业规模发展了、变大了，但是企业的运作效率并没有降低。因为每一个基层经营体仍然保持着最高运行效率的组织形态。企业基层的组织运行形态并没有发生改变，也就是企业结构的内部一直处于一种多细胞运行状态，企业结构体实际上是由众多的运行细胞所组成的。而且重要的是，这些企业运行细胞并不是简单执行单元，而是真真正正的经营体、经营中心。也就是在一个大企业内部有众多的小公司、小经营体、小老板、小孙悟空存在，每日进行着企业内部的小经营。这是一种真正的细胞构架型企业。换言之，按照管理框架构造起来的公司，无论企业规模多大，都始终只有一个经营者，只不过企业结构变得越来越复杂，事物与企业结构的复杂性牵着老板的思维走。阿米巴模式下的企业发展则表现为经营者数量的增加，是经营者数量牵着事物走，永远是人先而事后，成就多少经营者才是关键。

阿米巴经营这种通过把经营组织划小而保持企业效率的方法实际上已经彻底颠覆了第三章“规模模式下企业发展必然导致企业运转效率下降”的认知，也就是企业规模发展的第一个基本矛盾。实际上阿米巴经营组织划小的方法也为第一个基本矛盾找到了一种可行解。

阿米巴经营完全是另外一种企业发展模式，不是企业追求规模经济、追求规模效益的发展模式。在“术”上，阿米巴经营是“通过做小而做大”，当然这一定与在“道”上阿米巴经营是“通过做人而做事”的道理是分不开的，否则阿米巴经营体就会成为一堆各自为战的小公司。其实在“术”方面、在运营手法组织形态上，越组织划小细分追求运行高效，就越需要在“道”、企业经营哲学、经营理念、共同思维模式方面做到合，否则阿米巴经营体就会成为一盘散沙。

需要大家记住的是，阿米巴“小经营”的“小结果”、“小业绩”最终需要汇总成为这个企业最终的“大业绩”。“通过做小而做大”并不是单纯的“做小”。“做小”只是手法，并不是目的，不要本末倒置。“通过做小而做大”其实只是“事理”，“事理”服从于“人理”才更加根本，提升“做人”才是根本目的。

请大家记住，阿米巴经营是“赋权制”而不是简单的“分权制”，遵循的是“人先而事后”的逻辑，信任人在先，委托事在后，不要仅仅看到事分的形式或者手法。然而管理机制的能人文化往往是“事先而人后”，因为事大而分，再找能人来应对，人是服从于事的，是一种“事导向”，因此仅仅考察处理事的能力就足够了，而无需考察人品，不是“人导向”。

企业老板分工角色的转换

关于保持组织的扁平化问题，我想从《西点领导力》原理的角度再讲上几句。按照那种规模发展企业的套路，当发展处于小企业状态的时候，企业老板对于企业的掌控实际上属于直接领导者，即 face - to - face leadership 面对面的领导力，企业的全员全流程信息尽在老板的掌控之中。当企业发展壮大，企业老板实际上已经上升为间接领导者的角色，甚至连被企业老板所领导的那些人也都已经成为间接领导者了。

然而严酷的现实是，企业老板并不知道在企业里面的间接领导者到底应该做些什么，更不知道应该如何领导那些间接领导者，不知道更高级别的企业领导到底应该做些什么，往往仍然不自觉地抱着那种不合格的直接领导者的心态与方式处理或者干涉企业内部的各种事物与管理。

缺乏对企业员工的关怀、缺少与员工之间的沟通交流就是缺乏领导力角色转换的最典型的表现。因此企业老板往往忽略了一种现实，那就是如果企业发展了，那么企业的组织结构、管理框架都发生了改变，已经不再是那种可以事必躬亲、一竿子插到底的企业结构体系，因为企业结构中已经有了中间层，从上向下根本插不到底。企业老板事必躬亲一插到底的方式反而会把企业的管理机制插漏了。

我们经常会听到职业经理人抱怨：企业老板往往是带头破坏企业管理制度的第一人。这恰恰反映了企业老板在新的企业框架之下，面对企业管理框架时手足无措的困惑，因为企业老板根本没有意识到自己角色在企业内部的转变，实际上已经从直接的领导者转变成为间接的领导者，甚至更间接的领导者，领导那些间接领导者的领导者。

按照企业管理的框架，当企业引入职业经理人管理团队的时候，职业经理人往往希望企业老板与创业元老能够甘心地退下来，然后由职业经理人与管理制度顶上去。然而企业老板往往是心不甘、情不愿的。这就是在企业结构转型之后，企业老板没有适时进行角色与心理调整的一种表现。当然“企业老板必须退下来”的观点过于简单化，并没有真正思考造成老板干扰企业管理的深层原因，这也是一种非常懒的管理思维。

然而按照稻盛经营思想的逻辑，我并不认同职业经理人与管理制度顶上去而企业老板退下来的观点。按照《西点领导力》的原理，这种“让老板退下来”的观点也是错误的。企业老板并不需要退下来，而是应该进行角色转换，从直接领导者的角色转变成为间接领导者的角色。企业老板在管理团队接班之后的失落感，往往都是因为没有意识到自己角色应该发生转换。

为什么要提出这个问题呢？因为当企业引入阿米巴经营机制的时候，企业的核心生产力或者核心经营力向下转移了，转移到企业基层组织的经营者手中。于是企业原本的中高层管理者就会像企业老板当年被这些职业经理人代替时那样有一种失落感，感觉自己成了企业之中多余的人、没用的人。其实并不是这样，这些中高层管理者所发生的心态问题与企业老板当初所发生的心态问题是一样的，都是没有意识到自己角色的转变，也就是没有意识到从直接领导者向间接领导者角色的转变。

在阿米巴经营体所构建的企业结构体系之中，这些高管人才并不是多余的，他们也有角色提升之后的意义，当然那些在内心深处不认同稻盛思想而选择主动离开的能人除外。我们一直在讲，稻盛思想是一把筛子。在思想上不认同稻盛思想的管理者可以选择离开，老板不必强求他们留下，然后希望改变他们业已成熟的价值观。

发生角色转变之后，那些间接领导者在企业内部到底应该做些什么呢？其实海底捞的教练组就能够说明问题。原本是考核者，名义上是间接领导者，然而考核检查到哪里，哪里的问题就会被基层隐藏起来了，以免被发现而扣了考核分。然而还是原来那几个人，当考核组变成了教练组，一线的真实问题就被充分地暴露出来，并在教练组的帮助下及时解决。教练组帮助解决问题，可以帮助基层组织提升工作业绩，那谁会不欢迎呢？这就是领导力角色转变之后的一个活生生的例子。

企业结构分工的变化

那么企业引入阿米巴经营模式之后，也就是引入基层组织经营体，企业的领导力结构或者权力结构发生变化之后，会发生什么样的企业结构分工变化？我们在传播稻盛思想的时候曾经有过这样一种非常形象的说法，让企业（包括企业老板与高管团队）经营员工，也就是经营员工满意度；让企业员工（包括基层阿米巴长）经营产品、市场与客户，也就是经营客户满意度。这就是直接经营与间接经营、直接领导力与间接领导力的分工，其中也涉及领导力从直接形态向间接形态转变的问题。

还是举一个关于海底捞的例子。当张总想任命一位分公司的领导人

（相当于房地产项目公司的总经理）的时候，先要有六个月的试用期。在六个月试用之后，分公司的全体员工需要进行全员无记名投票。如果员工满意度低于50%，那么无论张总个人如何喜欢，他都得走人，因为员工不欢迎；反之，当张总不喜欢某位干部，决定要撤换的时候，也需要进行全员无记名投票，如果员工满意度超过70%，那么无论张总怎么讨厌这个人，也不能够撤换，因为员工喜欢。这就是经营员工、经营员工满意度的实例说明。

还是让我们回到阿米巴基层经营体的属性分析上来。虽然企业规模发展壮大了，但是如果企业的经营主体仍然是众多扁平化的阿米巴经营细胞组，能够保证企业整体的经营活力与经营效率的持续激发，企业经营效率并没有降低。

根据赖瑞教授《西点领导力》的原理，每一个阿米巴经营体都属于一种直接领导力所掌控的组织形态。因此我们可以这样认为，阿米巴经营属于一种"扁平化小组织经营+直接领导力"的有效结构。此外，阿米巴经营体这种结构，非常有利于把企业的普通员工培养成为"能力与品德匹配"的君子型经营人才。

关于小组织、小集体的直接领导者，也就是阿米巴长，我曾经有过这样的思考：如果企业把权力赋予了基层阿米巴长，会不会发生某个阿米巴长对手下的某个组员不好、给他穿小鞋的情况？事实上这种问题根本就不会发生。这个问题实际上属于不愿意给阿米巴长放权的伪问题。因为阿米巴经营先有道而后有术、先哲学而后手法、是"赋权制"而不是"分权制"，这些在"道"的方面的保证，即道德加持，实际上已经从根本上制止了这种问题发生的可能性。

即便是回到"术"、手法上来讲，因为阿米巴经营在组织形态上是一种小集体经营，可能一共只有5、6个人，如果阿米巴长在主观上想伤害自己组员，那么可能在核算表上就会立即反映出大约20%的经营业绩下滑。阿米巴经营就是有立刻发现问题的本领和功能。数字会说话，数字会讲故事，数字会说明一切。其实阿米巴长不但不会给手下小鞋穿，甚至还会想方设法、小恩小惠地哄着手下干活。因为阿米巴经营是一种“自下而上”的动力机制，主动权在最基层，在广大员工的手中。

阿米巴经营的信息特征

以上分析的都是阿米巴经营在组织结构模式方面的特征，属于扁平化的直接领导力结构属性所具有的特征。接下来还需要分析一下阿米巴经营这种小组织特征随之而来的信息方面的特征，也就是阿米巴经营如何解决规模模式在信息上所发生的信息灰色地带与信息失真的问题。

信息清晰化是阿米巴经营的一大基本特征。阿米巴经营讲求玻璃般的透明经营，讲求信息透明化，而且阿米巴核算讲求的是一种工作结果数据化的方式。阿米巴扁平化经营从根本上消灭了中间灰色地带，消灭了进行信息利益加工的中间节点，并且有效地缩短了信息链的传递长度与中间环节，极大地避免了人为增加管理信息量的问题。

提高信息效率，减少信息链节点，缩短信息链条，这都是在空间维度上提高信息效率的方法。在空间维度方面，还有现场会、空吧文化等正式与非正式的信息获取与交流手段，企业老板并不是采取高高在上的发布指令文件、开各种办公汇报会的方式，被动地听取那些已经被刻意加工过的信息汇报。另外，阿米巴核算表与阿米巴月度发表会，其实都属于在时间维度上面缩短信息链、提高信息真实度的方法，而且，阿米巴核算表属于一种信息标准化手段，避免了信息随意化、空洞化、信息重复无人究的问题。在人心的维度上缩短信息链距离可能才是至关重要的，基层不再刻意隐藏问题、迟缓信息传递，而是及时发现问题、解决问题，以正面态度对待负面信息与问责。

点燃人心、点燃组织的意义

除了组织结构、信息特征，最重要的还是阿米巴小集体经营在点燃人心、点燃组织动力方面的意义。阿米巴经营的点燃功能与前面讲的经营信息透明化也是有关系的。点燃也就是照亮。因为照亮、清晰、透明，所以就会消灭灰色地带，消灭个人利益老鼠仓的黑暗问题，所谓无私见真。凡是见不得光的地方必有私利，人们对待信息透明度的态度实际上就是一种衡量私利之心的尺度。

本书第三章中讲过，在传统的企业模式之中，在企业金字塔的立体层级体系之中，企业员工所处的基层，一般而言，无论是在目标动力还是市场动力方面与推动企业的动力源头的距离都比较远，也就是说无论在人动力方面还是事动力方面，企业员工都比较惰性、消极。因为动力能量早已温度不在，所以员工自觉主动工作的积极性也就不容易被点燃。

阿米巴经营实际上就是把目标动力与市场动力的双动力源头都引入到阿米巴基层经营体、阿米巴经营小组的内部。一方面成熟阿米巴的经营目标是自己承诺的，从而点燃了阿米巴人心；另一方面外部市场温度通过企业内部的买卖关系传输进入业务链的深层。实际上阿米巴经营体很容易被这种双动力机制加强点燃。这还是在阿米巴经营形式上讲，基层员工与动力源头的距离极其接近，感受就在身边，因此员工主动工作的积极性就容易被点燃，阿米巴组织就容易变成一个激情四射的组织。当然我们必须再次提醒大家，阿米巴核心是点燃阿米巴组织的工具，而不是不信任文化的企业老板考核企业员工的工具。

3. 针对企业变革与员工反感矛盾的解决之道

前面分析的是阿米巴经营针对规模模式的第一个矛盾的解决之道。在手法逻辑上，我们可以用划小、清晰、努力这几个词来概括，也就是组织划小，因果清晰，然后能够激发企业基层员工的努力精进。这是我们在手法上、“术”上给大家揭示的阿米巴机制的逻辑关系。

阿米巴经营是努力制、精进制，主要依赖正向性鼓励，激发人努力提升上限，无论是业绩方面还是人格方面，都关注如何提升上限。这是阿米巴经营在组织结构这个维度的特征，也可以看做是一种在企业空间结构、空间维度方面的特征，目的是能够激励人人精进，而且是通过组织划小而实现。

如果企业规模发展成为大组织之后不进行组织划小，仍然通过添加中间管理层的方式发展，往往就会导致企业驱动发展成为一种间接化结构，企业老板与运作脱节。

如果把握不好的话，这种间接性企业结构就会慢慢地演变成为一种僵化的、具有官僚属性的结构，成就企业内部作为大组织的大锅饭，派生出各种模糊效应，不容易让人们看到个人努力那种逻辑清晰的一一对应结果，等于变相鼓励企业内部滥竽充数、偷奸耍滑。其实所谓的计件提成制原本就是为了解决这个问题的，使努力之后的因果关系变清晰，只不过计件提成制并没有触动企业原本的管理结构、组织结构。企业规模变大之后的组织间接结构属性也表现在这个方面——因果关系间接化。①

阿米巴经营以经营人为直接目的，因此一旦组织划小，任何个人的努力结果就会清晰化、直接化、一一对应化，因此阿米巴组织划小之后就更容易鼓励和激励人人努力、人人精进。

---

① 关于直接化或者间接化的问题，管理模式在事维度上是直接的，即果逻辑导向，也就是与 output 果逻辑一侧挂钩；而在人维度、组织结构上却是间接的，也就是与努力 input 因果脱钩。换一种说法，事是目的，人是手段，人为事服务，人成为资源，叫做人力资源。

换成经营思想的思维方式却是翻过来认识的，人逻辑、组织逻辑、努力因果是直接的。在 input 一侧逻辑挂钩，而事逻辑是间接的，也就是 output 一侧逻辑脱钩，事为人而服务。

“通过做人而做事”的说法，其实还是大家习惯的那种“以事为目的以人为手段”的说法。如果我们换成“以人为目的以事为手段”的逻辑，就应该是：通过做事而验做人。中国传统用人观中一向有八观五验、八观六验的说法，其实都是通过做事检验人品，“让事服务于人”。

组织划小，将大企业划分成为小组织，那么这些基层小组织就可以保持着企业创业之初充满活力的扁平化结构特征，也就是直接化的组织结构特征，因此一切努力的因果关系就变得十分清晰。应该说阳光 100 在推行阿米巴经营前期阶段的最大收益，就是来源于这种因果关系清晰化。而管理结构的大组织是一种间接化结构形态，努力与结果之间的关系比较容易模糊化、间接化，因此比较容易弱化企业员工针对工作结果的发奋努力。

必须再次强调，稻盛经营思想是坚决反对物质成果主义的。成果主义其实是将工作业绩成果与员工短期物质收益直接挂钩，属于果逻辑，与 output 一侧挂钩。而这里谈到的因果关系清晰化实际上是将工作业绩的结果与每人付出的努力 input 投入的挂钩法，并不是成果主义的 output 与收入的短线挂钩法。

阿米巴经营促进工作努力清晰化，建立直接经营机制，消灭模糊地带。关于这一点，也就是这个空间或者组织属性，大家相对比较容易看得到、抓得住、做得到。当然，阿米巴组织划分是非常有技巧的，并不是将企业原本的那种部门结构改变称呼作为阿米巴小组那么简单，也不是把经营职责一下子摊到每个人的“人单酬”那么简单。有那么一句话：阿米巴组织划分既是阿米巴经营的开始，也是阿米巴经营的结束。因为阿米巴组织划分是否得当往往已经决定或者约束了这种经营体的许多基本特征，甚至决定了阿米巴经营的成败。

阿米巴经营的努力制、精进制除了在空间组织结构上，在人人努力、人人精进的表现维度之外，还有另外一个重要维度，那就是在时间维度上的努力与精进。如果让我们换成稻盛先生习惯的语言，就叫做每日精进或者日日精进。阿米巴经营除了激励人人精进之外还需要实现日日精进，阿米巴经营属于改进法的意义也在于此。然而要真正做到在时间维度方面的阿米巴经营是比较困难的一件事。实际上阿米巴核算表、阿米巴月度发表会等方法是将空间维度的精进与时间维度上的精进完美结合的有效工具，是将每人精进与每日精进结合在一起的一种工具、手法。

针对企业规模发展模式的第一条基本矛盾，阿米巴经营的关键词是直接，变间接经营结构为直接经营结构，是关于结构维度，也就是空间维度方面的一种解决。针对企业规模发展模式的第二条基本矛盾的关键词是“及时”，也就是在第一时间发现问题、解决问题。这也就是在时间上的直接法。第三条基本矛盾，也就是除了空间维度与时间维度之外的第三个维度，关于人的维度，核心所解决的是人的动力点燃问题，关键词就应该是直指人心，直接面对人心信任文化，即企业信心文化的建立机制。

之前讲过，在时间维度上，阿米巴经营是一种时时发生的改进法而不是企业变革法，不需要周期性地变更企业商业模式或者管理模式，不需要发动“自上而下”强加给员工的“企业变革”，因此就也避免了企业员工被动式的反感与消极抵触。

阿米巴经营是“改进法”不是“变革法”，讲的是主动权掌握在企业基层的时时改进或者日日精进，而不是被动式的周期性“企业变革”，也就是说，在时间维度方面，改进已经成为企业基层的一种变动常态。这也是阿米巴这个名称的原意：变形虫。细胞时时自主发生改变、分裂，属于时时改进，是“赋权制”权力下放之后的时时自主改进、自主创新。变形虫组织模式在组织划小之后反应快、灵活性高、改进及时，也就是船小好调头。

小组织制经营在大规模原料采购的优势

或许有人会质疑小组织制经营会丧失在大规模原材料采购方面的优势。要回答这个问题就必须与我们这个时代时间维度的特征相关联。总体而言，人类社会在解决基本温饱之后，与稀缺经济渐行渐远。人类当今的商业社会实际上已经走入一种过度竞争、过度创新的时代，产品与技术的更新换代非常快，比如 iPhone3、iPhone4、iPhone4s 现在又 iPhone5 了。人类社会在整体上似乎已经进入了一种被蝴蝶效应无限震动放大的时代，这就是当今我们所处的这个时代的特征。

在这个充满剧烈变动的商业时代，通过规模采购甚至采用囤积原材料的手法获取产品利润的风险已经非常巨大的，比如长虹就为囤积原材料的做法付出过巨大的代价。另外，现在许多企业都比较关注库存管理，原材料的库存管理也在其中。然而，大规模采购所获取的额外价值或多或少地与通过努力而创造价值的阿米巴经营思想相违背。特别是针对工业行业，原材料往往呈现出来的是一种不断降价的趋势，比如长虹囤积的原材料就经常窝在自己手里。

关于原料的价格问题，需要谈一谈中国房地产行业的属性。中国房地产行业的现状是一种土地供应稀缺的伪市场情况，因此土地这种生产资料的价值一直呈现出上升趋势，也就是面粉比面包贵的怪现象，这有别于工业原材料价格长期向下的属性。中国房地产行业的土地经济属性容易导致中国房地产商热衷于等待天上掉馅饼的不努力心态，导致“努力最小化”的趋势。因此，中国房地产企业学习稻盛经营思想和阿米巴经营是非常困难的。所以阳光 100 学习稻盛经营思想和阿米巴经营的抉择其实与房地产的行业属性关系不大，“在德不在物”也是这个道理。

阿米巴经营是“提升法”而不是管理思想的“下压法”

阿米巴经营是一种“提升法”而不是管理思想的“下压法”，提升人才是根本。当然它同时也能够提升业绩，而且业绩的提升往往十分明显，不是用百分之几就说明问题的，而是倍增或者几何级数的变化。这样辉煌的业绩提升往往会让那些旁观的企业家忽略了阿米巴经营提升人的根本的目的，又回到提升事业绩的成果主义的思维方式去思考问题。

阿米巴经营的“提升法”在组织形态上是“通过划小而提升”，无论是组织划小之后的努力逻辑直接化，还是所处理的问题被划小之后的简易化，都是降低了处理问题的难度以及解决问题所要求的能力门槛。因此发现问题、解决问题、看到成效、增强信心、加倍努力与能力提升进入一种正向的良性循环，员工或者阿米巴经营者往往在划小而改进的效果中更容易见证自己通过努力而得到业绩效果与能力的提升。

基层员工在能力、人心、心性方面提升之后，必然会对这个企业心怀感恩，而不会像企业能人文化那样无论你付多高的工资，他都认为那是应该的，甚至还会认为企业老板付的不够，再多也只是欲壑难填，正所谓“好汉不挣有数的钱”。企业能人心安理得地经营自己在企业灰色区域之中的老鼠仓，就像山东勇进公司招聘的那位采购经理拒绝“不收回扣”的情况：“如果不吃回扣，那么我上你这里来干什么呀？你那点儿工资就想把我给打发了吗？”这种能人没有道德也没有感恩，认为企业亏欠了他，所以需要吃回扣来弥补。其实感恩之心是一种巨大的企业凝聚力，是建立企业信任文化所必需的个体要素。

另外，阿米巴经营非常注重榜样的作用，因为榜样具有放大而激励他人的意义。正所谓，奖一人而万人鼓舞，那么何乐而不为呢？我们所说的“奖”未必一定是物质鼓励，而是物质与精神鼓励的结合，满足员工物质与精神两方面的幸福。然而中国企业的老板们往往特别吝惜对别人的赞扬、鼓励，不吝啬的是训斥与谩骂，都是负向的东西。另外，因为阿米巴经营的提升机制是时时日日的“改进法”，因为积极改进而得到提升，那么反过来讲，因为提升又能够进一步促进改进，于是提升与改进就形成了一种良性循环、正向加速循环。

提升基层员工的能力与心性，在本质上就是给企业员工创造自身价值的增值，帮助员工创造附加价值。这实际上是帮助员工提升在企业内自身的定价，甚至可以帮助员工提高其人生的价值。这就是阿米巴经营模式能够成功的意义所在。因为阿米巴这个模式不但能够给企业创造价值，而且能够给员工创造价值。能够带来价值的东西，又有谁会拒绝呢？谁还愿意轻易地离开呢？人人都尝到了付出努力之后的甜头，一种成就感、使命感、荣誉感和幸福感，是在物质与精神两方面的幸福，也因此，员工们才能够心甘情愿地“付出不亚于任何人的努力”。

企业培养人、帮带人成长的机制，对于理解与运行阿米巴经营而言特别重要，因此我现在比较重视开发“现代师徒制”的人才帮带机制。当然这是一个题外的话题，就不展开讲了。概括性地说，人有人的机制，事有事的机制。人应该有人成长的通道、清晰的成长台阶，事也应该有做事贯通的流程、标准化的做事模板。实际上阿米巴经营机制就是一种将“人机制”与“事机制”有效结合的模式，在人与事之间形成一种良性互动机制，塑造共同成长、共同提升的机制。提高心性、拓展经营，在“人维度”与“事维度”方面都关注、提升上限，而不是仅仅守住下限。

阿米巴是“主动法”，而不是“被动法”

阿米巴经营，组织划小，扁平化的基层经营结构，实际上是一种“主动法”而不是“被动法”。阿米巴经营是“自下而上”而不是“自上而下”，主动权在基层，动力在基层，员工与动力源的距离比较近，因为动力源本身就在基层或者渗透到了基层业务链的每一个环节，因此稻盛先生非常强调现场的意义、一线的意义，所有问题的发生与问题的解决方案都在现场。现场能够看到真正的信息、看到真正的问题，现场靠近动力源，容易点燃人心，容易见到及时解决问题的效果。

阿米巴经营解决经营问题的权力在企业的基层，而不是把握在高高在上的管理者手中。基于这种现场、基层的直接结构、主动结构，企业员工可以掌握自己的命运，不再是周期性“企业变革”冷漠的旁观者，而是现场改进、时时改进、日日精进主动被点燃的经营者，改进的效果可以及时地反映在核算表中，数字可以说话，可以讲出努力的故事。

重视现场，强调一线，赋予基层经营者解决问题的权力。企业的直接经营结构所造就的就是企业信息反馈链、决策链被化简得非常短小、简洁，都可以通过核算表反映出来，不必再被动等待高层的指令，于是反映问题的速度非常快，而且没有信息节点的拦截与阻碍，因此阿米巴组织划小能够及时发现问题、解决问题。这是阿米巴经营的一大优势。不积累问题，及时发现问题，因此不至于把小问题积大而延后，演变成为恶性的、致命、复杂的问题。也不会隐藏问题，没有人为的淹没问题，更没有把技术问题演变成为道德问题。也因此，阿米巴核算表的设计非常重要，必须能够帮助一些经营者、基层经营者及时发现问题，并且能够及时看到解决问题的效果。

关于缩短信息链、简化决策链、靠近一线现场的决策意义，不妨给大家引用《三国演义》的故事“司马懿克日擒孟达”。蜀汉旧将孟达准备反叛魏国在新城起事，诸葛亮修书告知小心在宛城闲居的司马懿。孟达回信：“窃谓司马懿之事，不必惧也。宛城离洛阳约八百里，至新城一千二百里。若司马懿闻达举事，须表奏魏主，往复一月间事，达城池已固，诸将与三军皆在深险之地。司马懿即来，达何惧哉?”然而结果正如诸葛亮所料，“不须十日，兵必到矣”，司马懿并不按常规信息链、决策链出牌，而是缩短信息、决策链条，近邻前线直接出击斩杀孟达，事成之后才“遣人奏知魏主曹睿”。这就是在一线发现问题、解决问题的一个生动事例。

按照孟达的逻辑，司马懿即使手中有现成的兵马，也要从宛城向洛阳请示汇报往复 800×2 也就是 1600 里，再加上从宛城到新城的 1200 里，共计 2800 里，以每日百里速度计算，需要 28 天，也就是“往复一月间事”。这是孟达的计算方式，必须考虑信息传递与决策请示的时间。然而无论是诸葛亮还是司马懿，实际上都是计算从司马懿闲居宛城直接抵达孟达新城的时间，只有 1200 里，如果日夜兼程赶路的话，比如日行超过 120 里，那么计算结果就是“不须十日，兵必到矣”。这就是按照长链间接决策逻辑与按照短链自主决策逻辑核算的不同。想必中国企业家都应该熟悉这个故事。

中国企业家最不擅长的就是计算，中国企业家的决策往往是跟着感觉走。然而阿米巴核算表是一种很精妙的算法，基于一系列经营理念的计算原则。阳光 100 易总曾经总结：阿米巴经营需要“哲学洗脑数字说话”。然而这两方面中国企业家都是缺失的。在“人理”方面缺乏哲学，在“事理”方面缺乏数字感，只会跟着感觉走。《孙子兵法》十三篇第一篇就是“始计”，是讲计算的。正所谓：“夫未战而庙算胜者，得算多也；未战而庙算不胜者，得算少也。多算胜少算不胜，而况于无算乎！吾以此观之，胜负见矣。”“算”属于“事理”的要求，大家可能更熟悉称之为“胜算”。胜算者，方能够成竹在胸。然而对于当今许多因学习稻盛思想而亢奋的企业家，本人不禁想问一句：践行阿米巴经营，您的胜算又是几何呢？您真的计算过吗？

因为阿米巴经营能够及时发现问题，因此问题被发现的时候，往往还处于幼小状态，问题不致命、比较单一、因果关系比较清晰，也比较容易解决。单一问题还没有与其他问题混杂在一起而复杂化，更没有把技术问题演变成为道德问题，因此在客观上也降低了解决问题的难度。问题容易解决、容易见效，相应地降低了对问题解决能力的要求，那么人才选择、人才培养的范围也就相应地加宽了，从而降低了企业对能人文化的依赖程度，因此比较容易形成一种人才正向激励的良性因果循环机制，培养出各个经营级别的君子型经营人才——德才兼备的经营人才。

“小”的意义

一线现场，企业基层，直面信息，信息链短，信息真实度高，问题划小可以被及时发现，降低了解决问题的难度。这些都属于问题的客体属性，小事件，小问题，小时段，非致命，信息清晰。对于解决问题的人主体特征方面有小组织、小授权、小能力的要求，而且可以通过小努力、小成本及时解决问题并从中激励员工在心性方面的每日小提升。这就是阿米巴经营“通过做小而做大”、“通过经营小组织而发展企业”的逻辑，因此企业的基层细胞比较容易被点燃，更容易看到效果而提升，企业的细胞组织就会充满活力，企业的整个肌体也会随之比较健康，企业就可以保持青春永驻、长青不老的状态，保持企业创业之初的年轻心态。相比而言，企业通过规模发展之后，结构往往会变得僵化、官僚化，企业运行效率降低，这是企业肌体在整体上已经老化的表现。

除了强调现场、缩短信息决策链长度的直接结构方法，以及通过自我努力而更容易清晰地看到效果，更容易进一步加速促进能力提升之外，阿米巴经营提升工作效率的另外一个原因就在于：划小更容易产生聚焦问题、取得委人专攻的效果，无论是把问题划小，还是通过把组织划小，解决问题的效果都得到了提高，督促人通过努力而提升能力的见效也比较快。阿米巴经营符合“术业有专攻”的逻辑。

凡问题，大则易败，小则易成；多则易败，少则易成。这是从客观、问题的客体属性，即“事逻辑”上进行分析，然后阿米巴经营通过人人努力、日日精进的“改进法”，通过组织划少的方式来解决问题、提升能力。然而，“企业变革”往往面对的都是棘手致命的复杂问题。虽然问题已经积累很久了，但是企业家恰恰又非常喜欢“企业变革”解决问题一箩筐的打捆方式，以求速败。

小则易成，少则易得，容易看到效果，鼓励正向心理，因此阿米巴经营“改进法”的动力与成功率都比较高。这还与“不以成败论英雄”的企业评价体系的导向密切关联。因为“不以成败论英雄”，而是以解决问题的发心和努力度论君子，所以在解决具体问题的时候，阿米巴长就能够在心理上放开，敢于挑战高目标，没有太多的心理压力或者后顾之忧。甚至就像海底捞门店欢迎集团教练组一样，敢于暴露问题，然后搬救兵帮助解决问题。这是从主观因素方面，从“人维度”、“人理”方面进行的分析。

阿米巴经营符合心理加速律的法则

阿米巴经营符合心理加速律的法则，可能与积极心理学的大体思想是一致。心理加速律是我在中学时代总结出来的学习方法的重要原理，与所谓的事半功倍的道理是相通的，但并不完全一样。因为事半功倍缺乏过程加速，只是一种努力结果的感受而已，“心理加速律”是有过程技巧与过程感觉的。反之，如果违背了“心理加速律”的原则，就属于“心理减速律”，类似于事倍功半的情况。说白了，就是越学习越不喜欢学、越学越厌学的状态。我发现一个非常有趣的现象，那就是我在这十年来所思考的企业运营问题的许多解决方法，都可以在学生时代开发出的学习方法之中找到相似之处，比如组织划小、建立小组链接关系、效果数量化、核算简单化、周期性比较化等。

事物划小容易取得成效，因此能够产生解决一系列问题的后继加速度，最后可以解决貌似根本就不可能解决的大问题。然而如果我们一上来就面对一个巨大而复杂的问题，就不容易看到努力的成效到底在哪里，一旦有什么借口，就很容易放弃努力，不容易坚持下去。“企业变革法”屡败而屡战的企业老板还算是有恒心的，也由此可见一个人的内心如果被真正点燃，动力确实是十分巨大的。只不过以往企业中被点燃的只有企业老板自己而已，因为企业经营最小化，企业只有一个经营者。

阿米巴经营将问题划小，努力解决，见效容易，也就是可以在第一时间及时地、直接地看到自己努力的效果，因此已经可以激发继续努力的信心。也就是形成“努力→效果→再努力”的良性循环，屡战屡胜，激励人心。这是一种效率加速律，加速的内容是正向的、良性的、向上提升的。然而“企业变革”法往往是屡战屡败，屡败屡战，因此会引起企业员工内心的反感，导致企业整体上的士气低落。这属于一种彻彻底底的“心理减速律”，也就是“努力→无果→不努力”的恶性循环逻辑，人心往负面走、往下走。

不管是“心理加速律”（努力之后的成就感）还是“心理减速律”（努力之后的挫败感），在心理上对于人而言的意义是绝对不同的。反复失败对任何普通人而言都是一种打击，甚至会使人丧失自身的价值感及人生存在的意义，导致人的一系列心理问题，比如敏感、恐惧、缺乏信任、缺乏安全、过度防御、怯于挑战、不擅与人交流沟通、不愿意与人合作、缺乏感恩、缺少同情、漠视生命，认为一切人都是欠自己的。这样的人对待与理解一切事物的逻辑都是负面的，处理态度都是冷漠的。其实心理学ABC原理讲的就是这个道理。这种人最不容易在心理上被点燃，不仅不会关爱他人，甚至会残害自己、报复社会。

阿米巴经营是一种有效的坚持方法

我们经常会听到这样的忠告：无论做什么事情，都需要坚持坚持。所谓“坚持”才能够成功、“坚持”才能够胜利。当然一切成功都具有“坚持”这个要素。然而盲目的“坚持”却不容易做到，其实“坚持”也是需要方法的，并不意味着可以一味地蛮干。那种盲目的“坚持”不仅不能提升人生的价值，反而会降低人生价值，甚至因为坚持错了方向彻底毁掉一个本来有希望的人生。

其实阿米巴经营就是一种有效的坚持方法。通过划小、主动、努力、成效、提升、激励，实现一种正向加速的努力与坚持，阿米巴经营就是这样一种可以坚持的、小步快跑的正向良性的经营人生、提高心性的机制。可能许多读者知道，在佛教思想之中，有关于“顿悟”与“渐悟”的争论。其实“渐悟”就属于小步快跑的阿米巴方式，可以在修行过程中看到自己努力的成效，得到精神动力的加持、激励，属于一系列的“小坚持”积累成功的逻辑；然而“顿悟”则属于一种一直看不到自己努力成果而还能够坚持正向修行的方式，是“大根器”的非一般修行者的方式。

在方式、方法上，阿米巴经营所推动的基层改进法是润物细无声的，而不是每次“企业变革”的暴风骤雨或者雷声大雨点小甚至光打雷不下雨，那属于“外科手术”，不能够解决企业的根本问题。然而阿米巴经营却能够解决企业遇到的根本问题，是根本的解决之道。其实在这里分析“阿米巴经营是什么”也就是如何解决企业规模发展模式的三大基本矛盾。

近来我的头脑之中一直回旋着这样一个想法，不知道正确与否，只是一种感觉，不妨说出来与大家分享一下：关于变革或者变革的强度，一方面涉及能否触及到事物根本的问题，另一方也有变革所采用的手法技巧的精妙设计问题。这其实是两方面问题，即“变革根本”的强度与“变革手法”的强度。

我比较认同这样一种组合关系：“变革手法”强度最大化+“变革根

本”强度最小化，或者“变革根本”强度最大化+“变革手法”强度最小化。

实际上这里面有一种能量守恒的法则。任何企业，在某个阶段所拥有的能量是一定的。当“企业变革”到来的时候，如果企业的大部分能量都被分配在变革的手法上，也就是“变革手法”强度最大化了，那么留给“变革根本”的能量一定很少，也就是“变革根本”强度最小化。这实际上就是“企业变革”通常所采用的方式。否则，如果大部分能量被分配在“变革根本”方面，也就是“变革根本”的强度最大化了，那么留给“变革手法”的能量就会很少，也就必须遵循“变革手法”强度最小化的原则。这就是学习稻盛经营思想和阿米巴经营所应该采用的方法——在手法方面应该润物细无声，而不能够暴风骤雨、轰轰烈烈。

如果学习稻盛思想也来得暴风骤雨、轰轰烈烈，那么就属于“变革根本”强度最大化+“变革手法”强度最大化，完全属于两线做战的逻辑，企业的能量不够用，这样的变革注定是要失败。

因此在手法上，阿米巴经营的改制应该是和风细雨的，而且阿米巴经营的“改进制”已经常态化，应该波澜不惊，完全没有必要把每次改进都弄出那么大的动静来。因为经营数字本身就已经能够说话。

不妨结合冰山原理再讲一下。大家知道，冰山在水面之上的顶层部分只是十分之一，另外十分之九都在水面以下，平常根本就看不见。“企业变革”“自上而下”地发生，启动的就是冰山的顶层，实际上所对应的问题已经积累发展到冰山顶层，浮现于冰山的表面，再也不能够被水面所掩盖，纸已经包不住火了。正所谓冰冻三尺非一日之寒，这个比喻与冰山原理的结合非常贴切。因为“企业变革”发动于冰山的顶层，因此人人都可以看得到，也就是暴风骤雨，彰显于外。然而企业原本的结构之中只有一个经营者、一个动力点，充其量只能够融化冰山的顶层，即冰山的一小部分，而无法撼动冰山的根本，也没有那么大的能量动根本。一个经营者的能量只能够融化冰山之巅，在表面形式上暴风骤雨、雷声大而雨点小，可以吓唬吓唬新人，但无法吓住老员工。

阿米巴经营是基层经营法，经营的是冰山的底部，从底部融化外人根本就看不见的部分。这就是阿米巴“改进法”润物细无声的方式。然而阿米巴经营通过经营企业的基层，使企业的规模业绩在水面之上的部分得以成长与提升，却是旁观者可以看见的。

阿米巴经营使改进变成了一种常态，企业员工已经习惯了每日改进，并且都经历了从阿米巴经营模式之中得到的收益，成为主动改进的主人与驾驭者，开启了改进与收益的正向良性循环。因为已经习惯于自主变动，所以员工没有任何恐惧，没有丝毫反感，自己的地盘自己做主，自己的命运自己驾驭，而且通过自己不断的努力改进，各方面都越变越好，形成了一种整体的正向良性循环，企业员工就会主动积极地不断改进与日日精进。

当然阿米巴经营这种正向良性循环的启动也一定涉及企业原本的“结果导向评价体系”必须先行发生改变。如果企业的评价导向仍旧是成果主义评价体系，那么就需要阿米巴经营者尝试挑战、勇于担当，那样谁都不会主动往前迈。我们之前给大家做过这样一个比较形象的比喻，毕竟阿米巴经营对于企业而言是一种完全崭新的东西，过去大家谁都不会，企业老板不会，管理团队不会，基层员工更加不会，因此学习阿米巴经营就像小孩儿学走路，必须允许摔跟头、犯错误，否则谁都不会努力挑战高目标，就等于让一个员工去挑战这个企业原有的制度，那怎么可能发生呢？因此企业成果主义的评价体系必须撤除，企业的评价导向必须发生根本性的改变，变“事果评价体系”为“人心评价体系”、“努力度评价体系”。

成果主义所关注的是冰山顶层的东西，而阿米巴经营却是专注于基层经营，对待问题也要求在问题的深层面上进行思考，寻找解决问题的深层答案。划小问题的方法可以让问题的根扎得比较浅，所以阿米巴经营扎到企业的基层就比较容易看到问题的根源、根本，并不太需要太过于超级的能力才能够找出问题的根源。

只有在破除了成果主义评价导向体系的障碍之后，在取消了“果逻辑”思维的监督考评机制之后，阿米巴经营才能够真正激发基层经营者在问题根源上深入思考的努力，也就是“多问一个为什么”，就像海底捞考核组改为教练组一样剥去表面的遮挡。另外通过（在空间上）问题划小与（在时间上）及时发现等方式，阿米巴经营小组所面对的问题的难度已经没有大家原本想象的那么大。这都是小的美妙之处，阿米巴经营“通过做小而做大”，而不是直接面对大问题、大能人（实际上是“大小人”）、大利益或者大成本，也不采用每每都不能够真正解决问题的大变革。

阿米巴经营所依靠的是一种自我反思，是一种激发自我努力提升的导向，使用的是将来时态进行问题的修正与机制的改进，而不是被动的监督导向评价制，因此企业原本的评价体系必须与经营机制相配合，做相应的改变。其实这就是在阿米巴经营模式之下企业首先应该做的一件事情，然而实际上却可能最后才发生。企业评价体系的改变就是企业老板最需要做的改变，从业绩核算到人心经营——企业经营员工，员工经营产品。

企业老板的带头作用

另外，阿米巴经营与“企业变革”还有一个非常不一样的地方，那就是“企业变革”中，往往企业老板希望发生改变的是手下的员工而不是企业老板自己，企业的根本利益在于企业老板这一根本点绝对不允许触动，也不允许进行讨论，因而也就不可能发生任何改变，然而学习稻盛经营思想和阿米巴经营的时候，企业老板必须发生改变，而且阿米巴经营首先需要改变的正是企业老板。

企业老板必须发挥带头改变的作用。只有企业老板带头发生利他主义的转变，企业员工才能够真心地认可阿米巴、欢迎阿米巴。否则阿米巴经营就只能够是盗用了稻盛经营思想的幌子而已，不过是管理思维的换汤不换药，不可能给企业带来真正意义的转变，阿米巴经营又将沦为一种管理工具，绝对不会具有真正经营、激发、培养员工经营意识的意义。事实上，即便是阿米巴经营这个专有名称也是有专利保护的，不能够盗用的。

只有建立在利他思想的基础之上，企业员工才会心怀感恩，真心认可，主动合作。阿米巴经营需要营造一种共同体，而不是各自为战的独立个体、各自为政的单干户。这是我们讲述阿米巴经营在时间维度的特征引出来的话题。阿米巴经营在时间维度上可以及时发现问题、解决问题。然而阿米巴经营解决问题的机制需要企业评价体系在导向方面发生改变，这种改变实际上就是企业老板在经营人心方面所应该做的事情。当然，如果企业老板无法从内心深层接受这些思想，那么也就没有任何必要学习阿米巴经营。

4. 针对能力文化与信任文化矛盾的解决之道

前面已经分析了阿米巴经营的两个维度：一个是在空间组织结构维度方面的划小，另一个则是在时间维度方面的时时改进法，也就是阿米巴经营在时间方面的划小特征。这两个维度主要侧重的还是阿米巴在事经营方面的特性而已，属于事维度、事逻辑、“事理”。这些“事理”还算是当今物质文明时代比较容易看得到的方面，然而实际上想要真正做到，还是很不容易的。

大家已经知道，经营模式应该包括“经营事”与“经营人”两个方面，而且经营在本质上更加侧重于“经营人”。因此阿米巴经营模式中“经营人”的部分更加重要，并不只是完成“事核算”那么简单，“经营人”并没有结束。大家是否还记得“事循环”向“人循环”前延伸与后延伸的逻辑转换？

接下来讲的是经营的第三维度，也就是关于“经营人”的问题，依据是规模模式的三大基本矛盾而延伸使用的“第三维度”的概念。如果按照“经营事”与“经营人”这两个维度来划分的话，“经营人”或者应该称为“第二维度”。甚至我们应该把“经营人”作为“第一个维度”来对待，而“经营事”属于第二维度。“人先而事后”的顺序，这才符合经营的逻辑。“事先而人后”，让人隶属于事、服从于事，那属于管理逻辑。我们之前把“经营事”的维度进一步划分为“空间维度”与“时间维度”，三大矛盾的前两个矛盾其实就是针对“空间维度”与“时间维度”这两方面的论述而已。

阿米巴经营可以看做是一种双动力循环结构，“经营人”与“经营事”形成一种良性互动、加速促进的循环关系。而且关于“事动力”，阿米巴引入的是一种外部市场动力，以替代自上而下、层层下压的管理压力的动力。

从理论上讲，任何企业的运营模式都包括“经营”与“管理”两个模块，只不过两者的权重在不同的企业运作思想之中有所不同而已。因此即便是“管理模式”之中也有“经营”与“管理”这两个模块，“经营模式”也具有“经营”与“管理”这两个模块。只不过在企业“管理模式”之下，是“管理模块”最大化+“经营模块”最小化的组合，所以显性上呈现为“管理模式”；而在“经营模式”下，则是“经营模块”最大化+“管理模块”最小化，显性为“经营”。

或者可以再换一种表述，在“管理模式”之下，“管理模块”属于显性，“经营模块”属于隐性，隐身于企业老板的利益之下，是不允许讨论的；而在“经营模式”之下，“管理模块”属于隐性，“经营模块”属于显性，需要使用企业哲学共有、思维共享来彰显，企业为何需要哲学的意义也在于此。

对于“经营模式”而言，又具有“经营人”与“经营事”两个方面，强调经营人最大化、显性化。前面提到过“直接领导力”与“间接领导力”，在阿米巴经营模式之下，企业经营员工，经营员工的人心，经营员工的满意度，属于间接领导力的职责；员工或者基层阿米巴长经营产品，经营市场，经营客户，经营客户满意度，则属于阿米巴长直接领导力的范畴。基层经营体在组织形式上仍然属于扁平化组织结构，所需要的是一种直接领导力。

“经营人”的关键其实就是经营人心。如果真正地体验过这种经营人的实践，就知道经营人心的物质成本是最小的，而收益则是最大的，如果以经营人心为起点的话，那么经营就很容易走入一种正向良性循环。然而如果没有经营过人心，忽略了人心经营，那么企业就需要为人心付出巨大代价，人心收益极小，往往得不到感恩与良知的回报。企业的能人文化就是如此，因此企业就很容易走入一种恶性循环，越放弃经营人心，人心就越以恶性的方式回报，比如越不信任人，那么人就表现为越不值得信任，人心经营步入一种恶性循环。

阿米巴具有先天的信任基础

之前讲过，能人文化先天缺乏信任机制，“事大而分权”乃不得已而为之，而且不得不放弃对能人的道德约束。那么无论如何严格管理，最后能人还是能够找到空子钻，获取伤天害理的利益，给企业带来巨大损失。因为他们是能人，能为他人所不能。吃了亏的企业老板往往会把这种痛苦的经历与巨额损失推到企业信任文化身上。企业老板自己错信了能人，却让企业团队买单，而不是在老板自己急功近利的根源上找原因。

能人文化先天就缺乏信任基础，属于先天信任不足。反过来讲，阿米巴经营的“赋权制”天生就具备信任基础，具有道德考量，有着共享哲学与共同思维方式的加持与保证。阿米巴经营本身就属于“提高心性拓展经营”思想体系之中的具体手法，是不可能脱离稻盛思想系统而独立存在的。事实上，稻盛经营哲学与思维理念的共有才是关键、才是基础。有“作为人何谓正确”的道德主线的约束，阿米巴经营只不过是建立在这条做人主线之上的经营手法的表现形式。而且它建立在信任“赋权制”基础之上，属于主动授权，因为先信任人而后授权，有坚实的信任基础，绝不是能人文化那种事在先而事大分权的被动不得已之举，也绝不是那种既缺乏信任基础又没有道德约束的机制。实际上，当企业规模做大了之后，管理监督又是一种间接的、存在灰色空间的机制。如果不出事，那才叫奇怪呢！

阿米巴经营本身就是一步一步营建企业信任文化的机制，阿米巴机制划小也有这方面的意义。因为机制划小，所以建立企业信任文化、人际信任关系的成本就比较低。把建立企业信任的道路划分成了方便操作的小台阶，企业老板就容易主动迈出建立企业信任文化的第一步，以小事就可以检测人心，无需付出千百万元、甚至上亿元的代价。其实这些全都是因为“划小”而造的福，避免了因为“做大”而惹的祸。中国传统用人观中的“八观五验”、“八观六验”，其实都是“通过做事而验人”。

在能人文化的企业里，企业老板不得已而权且信任没有道德约束的能人，结果屡战屡败，于是企业老板在利益多次经受损失之后，不敢再战。然而如果没人干事，企业的损失会更大。虽然他们不得已分权于某位能人，但是已不再奢求信任。两害相权取其轻，还得让能人去干事，只不过是一种不得已，无法再奢望老板建立企业的信任文化。

相比较而言，为什么老板会“企业变革”屡败屡战、毫不退缩呢？因为企业老板在自己利益驱动之下所发动的“自上而下”的“企业变革”真正挫伤的是企业员工的积极性，因为老板希望改变员工，所以一次不成还得再来。然而对于轻信能人文化而尝到的苦果，接受挫败、损失的是企业老板，所以老板对于“企业变革”的态度就是周期性的再来，而对于建立企业信任文化则不会再来。

阿米巴经营容易建立企业的信任文化，因为阿米巴经营本身就是一种划小而见效、鼓励正向尝试、建立企业信任文化的机制。经营人的基础是经营人心，经营人心的基础就是经营人心之间的信任。因为只有人与人之间建立起信任关系，经营人的思想、观念、思维、意识才有可能开始。

“小”与企业信任文化

阿米巴经营除了有先天的信任基础，也就是“作为人何谓正确”的共同经营哲学与经营理念的约束，在手法上还有划小之妙。阿米巴经营容易建立企业的信任文化也与“小”有关。就像规模模式的基本矛盾都与“大”有关一样，阿米巴经营的许多优点往往都源自于“小”之奥妙。

在分析规模模式的三大基本矛盾时，已经反复讲过多次，都是因为“大”而惹的祸，都是为了求大、做大。凡大之物，必然会身不由己，为物质惯性所左右，就像有谁会愿意当一个300斤的大胖子呢？然而阿米巴经营的精妙之处就源于它由一系列的小逻辑所组成。因为小，即便是尝试失败，真正遭受的损失也只是小损失，能够承受得了。以小的负向代价收获到正向放大意义的经验或者教训，这是值得的。阿米巴经营因为小、因为划小得到的好处，就像学生学习一样，通过一个小测验就可以及时发现自己的问题在哪里，不必付出学年期末大考不及格、留级蹲班的大代价。这就是阿米巴经营比较容易建立起企业信任文化的原因，一件小事就可以检验人心。所谓“人心事中验，未必需大事”。以小验人，通过小组织，给予小赋权，成为自主小老板，展开自主小经营，因为自主、主动，所以真实的思想都会暴露出来、表现出来，以小成本检验某人是否是真君子，不必等到“路遥知马力日久见人心”的时候再付出大代价。

阿米巴经营的奥妙皆在于小，因此建立企业信任文化的成本比较低，检验人心未必需要付出大代价，企业老板也就容易先迈出信任的步伐，易赋权、易授权。以小见信，以小验人，代价小、周期短、成效显、因果清晰，容易激发各方互信努力度的加速，形成信任的正向良性循环。或许稻盛经营思想《经营十二条》第五条的原理也适用于建立企业信任文化，因为建立信任也是经营，是真正的人心经营。阿米巴模式经营人心信任的收益大、代价小、周期短、单位时间附加价值高。

前面已经讲过阿米巴划小的两个维度："空间维度"与"时间维度"。其实能够在"时间维度"及时发现问题可以看做阿米巴划小的初衷，组织划小也是为在"时间维度"上能够及时发现问题这个目标而服务的。阿米巴核算与阿米巴发表会一般都建立在月度会的机制之上，这在时间手法上进一步降低了验人失误而引发的损失。阿米巴在"事维度"方面的本质就是及时发现问题，不会养虎为患，不会让问题恶性坐大。

不妨举一个虚拟的例子。一个年产值 1 亿元的企业，划小为 100 个阿米巴组织，这是在空间组织结构方面的划小，每个阿米巴经营体平均负责 100 万的年产值。如果再按照月度核算发表机制分摊到 12 个月的核算上面，平均月度核算的价值额度水平就只有 8.25 万。如果出现 20% 的数字业绩偏差，就会引起上级对经营问题与经营者人品的关注。也就是说，大约 1 万多元的数据金额波动就有可能及时帮助发现人品的问题，清除建立企业信任文化的障碍。这就是阿米巴经营划小对于建立企业信任文化的益处。

以事验人，以人促事

阿米巴经营关键在人，一方面是一种经营人的机制，通过分解做事而验人，另一方面又是一种人才培养与提升机制。在能人文化之中，企业老板追求的是能人的能力，对道德没有要求，而能人往往都是物质追求导向的人，因此企业老板必须支付高薪才能够挖过来。由于高薪，在这个企业之内，表面上能人似乎缺乏进一步的提升空间。事实上，即便企业老板，也会认为支付给能人的高薪过高，然而能人充其量仅仅认为这是理所应当的收入，只能够叫做物有所值，甚至还可能认为远远不够。也就是说，可能企业老板的钱并没有少花，却没有买到能人的丝毫感恩之心，因此对于能人而言就不会有所谓的忠诚度，谁能够出更高的价钱，就会立刻跟谁走，丝毫没有对企业的愧疚。能人所忠诚的仅仅就是金钱 money 而已。

以事验人，以人促事，人与事形成互动，形成一种正向良性互动循环，然后以事提升人，再以人提升事。也就是稻盛先生最具有概括性的八个字：提高心性拓展经营。阿米巴经营机制实际上是一种有效地将“人机制”与“事机制”结合在一起的共同提升模式，人与事之间形成一种正向良性互动机制，一种共同成长的机制，一种互相加强的机制。

大家都应该熟悉这样一句话：对于人而言，态度决定命运。这句话对于企业而言也是适用的，不仅对于企业老板适用，对于企业员工也是适用的。企业老板的态度决定企业的命运。其实这是一种间接关系，企业规模发展了，企业老板的角色应该转换成间接领导力。如果从直接的关系上讲，那就是企业老板的态度决定企业员工的命运，企业员工的态度决定企业的命运，所以才需要企业经营员工，员工经营市场。

稻盛经营思想实际上就具有培养企业老板与企业员工正确的工作态度、经营态度与人生态度的意义。企业经营与人生价值观经营正向相关，这才是稻盛经营思想的本质。阿米巴经营具有提升、培养企业团队正确工作态度的意义。它可以把企业的普通员工打造成为君子型经营人才，成为德才匹配的经营者，因此成功的阿米巴经营就不会再过度依赖少数的企业能人，不会再被动地依赖那些缺乏道德约束的“大小人”、那些能力高、道德低的失衡人才。

阿米巴经营是从“大小人”的机制（能人文化）向“小大人”或者小君子（有道德的基层经营者）转变的机制，成就的是一种企业的君子文化，是把企业广大员工培养成为经营君子，而不是到社会上去寻找可遇而不可求的君子。大家还记得那句话吗？未必人人都可以成为李杜，然而通过努力，却是人人皆可以成为舜尧。努力并非人人有，努力却是人人会，关键在于点燃了没有。

阿米巴经营很少依赖高级能人，它所依靠的是模式创造价值，是基层员工被点燃而创造价值。其实稻盛先生本人就很少使用名牌大学毕业的所谓高材生。阿米巴经营人才依靠的是机制化的培养与提升，与小组织的属性有关，培养人才的门槛值比较低、提升的空间比较大。阿米巴经营本身就是一种人才培养机制，又何必到社会上去挖人呢？而且社会上也没有现成的阿米巴所需要的经营人才。那些在社会上追逐利益的人，怎么能够是阿米巴的经营人才呢？阿米巴经营人才应该是经营君子而不是缺乏道德约束的“小大人”。

阿米巴经营模式本身具有成功商业模式的属性，但已经超越了在企业管理框架之下普通商业模式的意义，它解决的是企业关于人的根本问题，并已经打到企业运营的最基层，是将企业基层员工提升起来、培养起来的德才兼备的培养机制。阿米巴经营的提升之法，给企业员工带来的一定是超越他们期待的附加价值、人生价值，因此这些被培养起来的经营者一定心怀感恩，绝对不愿意轻易选择离开能够给自己带来价值的企业，对于企业的忠诚度也一定很高，不仅不愿意离开，而且也根本离不开。实际上，一旦离开，员工的自我价值马上就消失了，因为阿米巴经营在本质上是模式创造了价值。

阿米巴经营是成就君子的培养制

关于阿米巴经营培养经营君子的机制问题，我们可以对比地阐述。管理原本是想管坏人的，然而坏人终究还是没有管住，因为坏人往往是能人，也就是“大小人”，能力大、心性小。无论管理制度多么严格，能人还是可以找到空子钻，因为他们是小人，所以再小的空子他们都可以钻过去，而且还擅长人为地掩盖问题、做大问题。

那么面对问题，经营方面的君子又会怎样处理呢？经营君子会在发现问题与漏洞之后尽量想办法努力解决问题，堵住漏洞，避免问题的进一步扩大化。君子敢于担当而不是回避、逃避问题。而且阿米巴经营评价导向的改变，在于鼓励发现问题的努力，而不是简单地因为有问题就惩罚、就打板子。

阿米巴经营人才培养机制是一种以品德为导向的能力提升机制，以事验人，以事养人，或者可以叫做以事养德。能力属于一种将来时，是通过提升式培养而实现的，而不是以企业当下有没有合格的经营人才来看问题。基层经营者绝对没有现成的，如果意识不到阿米巴经营具有培养人才的意义，那么企业就永远都找不到具有基层经营能力的人。企业原本只有一个经营者，一定没有现成的合格的经营人才、德才兼备的经营人才。如果想要拥有，就得通过企业自己培养。其实培养本身就属于一种将来时态，阿米巴经营讲求的就是：能力将来时+努力现在时。只要肯现在努力，那么就会具有一种巨大的将来提升空间与未来能力。

阿米巴经营是成就君子的培养制。大家是否记得本书中关于君子与小人的论述？稻盛先生重新定义了君子与小人。德才兼备属于君子，德才不匹配则属于小人。企业原本依赖的能人就是德才不匹配的小人，能力高、道德低，属于“大小人”。而阿米巴经营在企业内部培养出来的大量经营人才则是德才兼备的人才，属于君子式的经营人才，能力与品德相匹配式成长模式下的果实。阿米巴经营划小核算单元，实际上降低了德才匹配的门槛，属于培养“小大人”或者“小君子”的机制。因为君子的门槛降低了，那么适合的候选人才就比较容易被找到，因此也就人才济济了。大家头脑之中原本的那种品德与能力都必须高的“大君子”，是很难找到的，可遇而不可求，不能系统培养。而阿米巴经营培养经营君子的机制则属于一种系统培养经营人才的方法，而且培养出来的君子型经营人才对企业的忠诚度很高。

“经营人”与“经营事”的正向良性循环

阿米巴经营人才培养机制选择的对象，只要德才匹配就有资格，对能力要求的起点不需要太高，甚至道德先行、人品先行，只要愿意加倍努力、“付出不亚于任何人的努力”就行，至于能力则是可以被提升匹配的。能力属于将来时态，连接能力与品德之间的是努力。因此阿米巴经营中，能力、品德（价值观）与激情（努力）会得到全面而持续的提升。这就是稻盛先生成功方程式的那三项，互相之间是一种相乘的关系，三者缺一不可。因此阿米巴经营的成功不再过分依赖于企业稀缺的能人文化，不再过分迁就单一的能力维度。阿米巴经营正确的价值观是原点，努力是加速器，而能力则是一种将来时态，通过努力一定会提升上来。

其实这才是“经营人”与“经营事”两个经营维度的相互匹配，两者进入一种正向良性循环、一种加速成长通道，最终的结果一定是“做事有能力，做人有努力”。我们讲过阿米巴经营企业与员工的分工，企业经营员工，经营人才成长；员工经营产品，经营客户，拓展市场。实际上企业员工被培养成为直接的经营者，经营市场。基层阿米巴长属于直接领导力，企业高层则成为间接的经营者，主要负责经营人才、经营制度（或许还包括经营流程、经营知识等方面），属于间接领导力，为一线的直接领导者创造生产价值的条件，而不是与基层经营者争功夺利。

实际上，直接与间接属于阿米巴经营模式与领导力发展模式的双重匹配。企业基层找到了自己的价值，企业高层也找到了自己的角色。企业高层需要意识到自己新的角色并完成角色转换，转换到经营人才与经营人心的角色上去，而不是把自己转换成为四十岁就可以退休的甩手掌柜。

5. 阿米巴模式开启企业信任文化的建立之道

经营人心首先需要经营信任。本章第 4 小节给大家讨论的是经营的第三个维度，也就是阿米巴经营空间组织“第一维度”与时间改进“第二维度”之外的经营人的“第三维度”。这是对应于规模模式的三大基本矛盾而展开的关于阿米巴三种维度的说明。然而对于阿米巴经营本身而言，使用“经营人”与“经营事”的划分可能更加合理，而且是按照“经营人为先”、“经营事为后”的顺序。“经营事”应该为“经营人”而服务，而不是反过来“让人去服从于事”。而且进一步讲，“经营人”的核心就是经营人心、经营品德、培育德才兼备的君子，而不仅仅是经营技能、成就能力，否则又成了能人文化的道德小人经营个人私利。能人文化所注重的是单一维度的考量，是做事的维度，只是能力维度，属于单一要素的“一招鲜”或者“一招先”，属于人才的偏才结构。偏才结构中原点就是偏的，树根是偏的，那么结果也必然是偏的。而阿米巴经营培养出来的是君子型人才，是德才兼备的全方位人才，不是偏才，有道德原点的约束。因此，阿米巴经营培养出来的人才属于整体性人才。为了达成整体性人才的经营，经营人心、经营品德显得尤为重要，因为那是偏才能人体系原本缺失的维度。经营人心的首要之务，应该是经营人与人之间的信任，因为信任是连接人与人形成共同体的必要纽带。

“信任+信息”是经营的双土壤

我们以前介绍过稻盛先生经营思想的三个组成部分：经营哲学，是树根；经营理念，是树干，是延伸成长的部分；经营手法，比如阿米巴经营模式，是枝叶果实的部分。稻盛先生一贯反对简单的成果主义。在稻盛先生经营思想体系之中，阿米巴经营手法就是成果的部分。然而对于稻盛思想中经营哲学的根与经营理念的干而言，如果大家已经真正把稻盛思想学到家，那么阿米巴经营手法在“事维度”方面的果实根本就不需要刻意地追求，阿米巴经营业绩也是一件水到渠成的事情。然而中国企业家的现状却是不愿意花时间学习稻盛经营思想的原点原理原则，忽略阿米巴经营在人才培养方面的根本意义，总是一股脑奔着阿米巴在“事维度”方面的经营手法去，就像我经常打的那个比方，直接冲着解数理化的应用题去了。

针对树根、树干、树枝的比喻，如果略微换一个说法，那么树根所对应的就是种子或者原点。在这里我想借用的就是种子的意义，我们一直在寻找企业家心灵良知的种子。如果已经找到了企业家良知的种子，那么在企业内部播撒种子的时候，必须找到适合的土壤与环境。千万不能在水泥地上种庄稼，就像稻盛经营思想是点燃人心的，然而有些人却属于不燃型，怎么点也点不着。稻盛先生已经意识到这个问题，因此他把人分成自燃型、可燃型和不燃型三种。在水泥地上种庄稼是我习惯的一种比喻，与试图点燃稻盛先生所划分的不燃型人士的徒劳努力是一样的。因此，如果我们要播撒种子，就必须意识到有些地方长不出东西来。因此在企业之中播撒良知种子之前，我们必须先找到合适的土壤环境，甚至培育和熟化好企业的土壤。

企业经营之中存在两个土壤的概念。经营思想应该包括“经营事”与“经营人”两大方面的维度。“信息”可以看做“经营事”的土壤，而“信任”则是“经营人”、经营人心的土壤。也就是说，只有建立在正确而全面的“信息”基层之上，“经营事”才能够做出正确的决策，才能够正确地做事。同样，只有建立在正确而完备的“信任”的基础之上，阿米巴经营才能够培养出正向的人格。这就是我关于经营思想所需要的“双信”土壤的观点：信任+信息。

“信任+信息”是经营的双土壤，在此之上，才能够展开人与事这两条经营线、经营脉络。因为稻盛思想是“人先而事后”的顺序，因此阿米巴经营首先应该建立企业信任文化的土壤，然后才能够以信任换良知，以信任换信息。而建立企业的信任文化，首先需要的是拓展企业老板无私利他之心，包括企业老板的胸怀。特别是在企业人际关系的非对称结构之中，企业老板必须首先迈出建立信任的第一步。利他之心、信任之心是可以环环传递、以心换心的。只有利他才能够换利他，利己只能换利己，或者说，信任换信任，不信任换不信任，这就是相互的因果。

当然企业老板付出信任换回的也可能仍然是不信任的回报。然而阿米巴经营划小就具有减小“因为不信任回馈所带来的代价”的功能。另外，唯有无私方可以见真，这也属于稻盛思想的一种原理。“无私见真”可以消除私利生长的灰色地带，得到现场一线的真实信息反馈，这就是“信任换信息”的原理。

阿米巴经营“赋权制”的逻辑是“努力换能力”+“能力为公利”

阿米巴经营具有方便成就企业信任文化的作用，可以看做一种高效翻做、熟化企业信任土壤的机制。在企业不信任文化之下，企业老板最担心的就是企业能人随时可能发生的“君命有所不受”的作为。因为能人文化是一种“分权制”，遵循“以能力换权力”的逻辑，因此可能随时会发生“权力换私利”的现象。而阿米巴经营则属于一种“赋权制”，“因人而授权”而不是“因事而分权”，是因为信任人而授予权力，权力赋予完全建立在企业信任文化的基础之上。

阿米巴经营“赋权制”的逻辑是“努力换能力”+“能力为公利”。阿米巴经营是建立在企业信任文化之上的某种程度的利他自主经营，因为有信任基础所以并不存在“君命有所不受”，而是“君有所不授命”，也就是企业老板不使用指令制、命令式的方式干涉基层阿米巴的经营机制，已经非常自觉地退到了间接领导力的位置上。阿米巴组织在实际上获得了变形虫的功能，被赋权可以进行及时自主的改进，直接感受市场温度，直接自主处理每日经营所发生的大量一线经营信息量，属于经营最大化。在这种情况下，如果再附加君命的掌控和层层管理节点的人为放大管理信息量，也就是再附加管理最大化的话，阿米巴的每日经营、人人经营也就根本不可能实现了。

阿米巴经营对于企业经营人才的培养结果是君子型经营人才，而不是能人化的小人。能人文化往往逼迫企业老板不得不放弃对能人的道德要求，而稻盛经营思想关于经营人才的培养则绝不会牺牲或者放松对道德的要求，是进一步培养、提升经营者在道德方面的素质与人品，让经营者的能力在符合企业价值观体系的道路一直正向地向上提升与成长。换句话说，也就是让那些符合企业价值观体系的人才以较快速度成长与提升速，可以很快看到人才成长的效果。而那些只有能力却不符合企业价值观体系的所谓能人，可能会被自动筛除，或者被冻结成长台阶，因而主动地选择离开。

阿米巴经营会从企业的信任文化中受益，反过来又会加速君子型人才的培养，加速培养企业可信任的人才。阿米巴人才培养制所造就的就是企业的君子文化、信任文化，使用的是一种塑造经营君子的德才匹配法。如果说能人文化=小人文化，属于一种“大小人”文化的话，那么阿米巴经营所培养的就是“小大人”。阿米巴经营通过组织划小而降低成为经营型君子的初始能力门槛。一旦跨入门槛，通过阿米巴经营培养机制，基于将来时态，就可以将德才匹配的“小大人”培养提升成为真正意义上的经营君子，甚至可能同时具备“大大人”的能力与君子的高大品德。因为阿米巴经营“通过做小而做大”，最后也会结出高大硕果。

阿米巴经营实际上提供了一种建立培养企业信任文化的系统方法，一种极大地降低建立企业信任文化的成本与代价的方法。在原本那种依赖于能人文化的企业之中，还是有不少成功建立信任文化的企业。然而因为企业能人文化往往导致建立企业信任文化的代价较大、成本较高，也就是门槛要求比较高，所以能够跨越这个门槛而成功建立企业信任文化的企业老板就相对比较少，属于凤毛麟角。这往往与企业老板的个人魅力有关，并不是企业系统性的必然，也就是说在能人文化的企业之中，缺少一种有效建立企业信任文化的方法。比如 Jim Collins 通过甄选上万家企业才选出十几家可以基业长青的企业，从一个侧面也反映出打造第五级领导力系统方法的缺失。

建立企业的信任文化需要某种正确的方法帮助，而不能够仅仅依赖于不系统的企业领导者的个人魅力或者个人品德。其实尝试任何新的东西都需要正确的方法进行辅助，不能够仅仅依靠一腔热情或者一时的亢奋。正确的方法会事半功倍，加速走向正确；如果缺乏系统方法的辅助则会事倍功半，形成一种递减效应或者心理减速律。关键问题是，如果不断地减速，最后就会减到静止，彻底放弃，如此一来就不是事倍功半，而是事倍而功废了。因此正确的方法可以帮助提升尝试新事物成功的收益与成功的可能性，同时还可以降低尝试新事物失败的成本和失败的可能性，也就是限制失败的效果，这样才能够鼓励人们不断尝试新事物。

人先天就惧怕变革，企业员工在本性上反感变革与恐惧未知的原因也在于此，惧怕成本，患得患失，怕收益抵不上成本，怕变革越变越不好。其实阿米巴经营机制就是一种可以减小风险与成本的建立信任的系统方法，一种可以帮助企业建立信任文化系统的有效方法。

之前介绍过，企业内部的人际关系结构具有一种非对称属性，企业老板属于强势的一方，企业之中的其他人都属于相对弱势的一方，因此企业员工往往会采取一种自我保护甚至过度防御的态势。在建立企业信任文化的时候，除了企业老板之外不要期待企业之中的其他人会首先迈出建立信任文化的第一步。信任文化的第一步，必须由企业老板自己先迈出。只不过在企业能人文化之下，因为缺少道德的加持，企业老板往往对迈出能人文化信任的第一步感到盲目，并没有任何道德保证，因此企业老板为了建立企业信任文化所付出的代价一定非常巨大。企业老板在多次被蛇咬之后，也就不愿意再继续向前迈步。

其实，信任文化本身并没有错，企业持久发展一定需要企业的信任文化，这完全是无德的能人文化、规模模式以及过度追求“大”惹的祸。因为老板对那些不应该信任的能人付出信任，最后反而不信任那些应该信任的君子。

阿米巴经营因为组织划小、事件划小，付出的只是小授权，而且是信任人在先，赋予事权在后，通过小事检验人心，不必经历大损失然后日久才能够见人心。而且阿米巴核算周期划小进一步减小了发生损失的可能性，无论是物质的还是心理的损失。因此企业老板比较容易迈出信任的第一步，启动建立企业信任文化的正向良性循环。

建立信任文化时，如果企业老板不先迈步，那么企业之中的其他人更加不会先迈步。因为阿米巴机制建立企业信任文化的代价小，所以企业老板容易迈出第一步，而且是主动迈步，而不是不得已地被动相信能人。员工回馈企业老板信任的脚步也是主动的，并不因为是顺序第二迈步就变成了被动。而老板在能人文化中所迈出的第一步，因为没有任何保证，而是事大而不得不分权于能人，所以虽然是先迈步，但是本质是一种被动的不得已。因为没有任何道德的保证并且放弃了对道德的要求，所以老板那样迈出的第一步是心不甘、情不愿的，不得已而为之。因此虽然企业老板最担心“君命有所不受”与谋求私利的情况发生，但是在企业规模发展到老板成为间接领导力的时候，这种看不住的“君命有所不受”又是无法避免的，所以企业老板就一种处于一种心理纠结的状态。这就是“分权而不信任”的矛盾心理，容易导致企业机制步入一种负向的恶性循环。

阿米巴经营事权划小，以小事验真心，检验人心的成本代价小，企业老板容易主动迈出信任的第一步，然后以心换心，以情换情，容易成就正向的良性循环。这就是“种什么因得什么果”。阿米巴经营划小建立企业信任文化的台阶，降低建立企业信任文化的成本，使企业老板付出小信任之后得到明显的收益效果，而且效果比较数据化，比较易于衡量，单元成本小。时间成本也小，因为核算时间划短了，见效快，反馈迅速，便于启动、培育与加强各方的正向信心与相互信任度。

企业老板在能人文化框架之下，只能姑且先信任能人，迈出的第一步是被动式的信任，是不得已而为之。就像靠运气，其实只是一种盲目的信任，没有任何基层信任与道德保证，企业老板只不过希望能够借助于企业的管理机制看住能人的行为。然而管理能人却管不住结果，那么老板就容易受到伤害，并给企业打造长久信任文化制造巨大的障碍。

然而阿米巴经营所建立的信任，无论在老板内心还是在员工内心都是主动式，而且有道德保证，不再是那种不得已而为之的状况。因为企业员工在经营哲学与经营理念的培养之下已经具有了道德基础，老板主动付出信任可以换回良知回报，这种回报是企业员工的良知、忠诚与感恩，还有真实的问题与信息。这样就很容易开启加速相互信任的趋势与正向良性循环。实际上阿米巴经营信任越多则受益越多，信任越早则受益越早。因此那些不懂得阿米巴经营应该经营人心和企业信任文化的所谓阿米巴核算管理，绝对不可能是真正的阿米巴经营，也就绝不可能放心大胆地让市场价格机制导入企业内部替代企业原本的管理考核机制。

信任+信心=正向加速成长

因为代价小、成本少、门槛低，阿米巴经营容易走向正向信任的良性循环，建设企业信任文化也容易走向一种正向循环。良性循环、正向循环才能够关注心性提升与企业肌体的上限问题。经营思想在本质上所关注的就是正向方向的提升与提升上限，因此阿米巴经营很容易形成一种正向的加速循环机制。因为有信任基层，有信任土壤，信任就可以使正向经营的思想生根、发芽和成长，反过来阿米巴的正向经营又可以进一步帮助打造企业的信任文化。信任换良知，这本身就是一种良性循环。信任换信心，信心是正向加速剂。“信任+信心=正向加速成长”，也就是学习方法中的“心理加速律”。

阿米巴机制本身就是一种成功的商业模式，能够帮助普通的员工成就辉煌的业绩。阿米巴经营能够给员工带来铸就成功事业的成就感、使命感、荣誉感，还有自身成长与价值增值的体验感、感恩之心以及对企业的忠诚度，另外还能够给员工带来愿意“付出不亚于任何人努力”的内心动力感、主动感，当然也就会给员工带来实现了物质与精神两方面幸福的满足感。

因为企业人际之间的相互信任已经被培养出来，员工就放心大胆地敢于说真话，真实的信息与问题随之冒出来、反馈出来，员工在内心也就不那么怕犯错误了。只有放弃了过度防御、过度保护的状态，员工才敢于挑战高目标而不惧怕失败，因为企业评价导向不再以成败论英雄、不再因为尝试失败而打板子。这个时候，企业之中“论英雄”的评价打分体系已经彻底消失了，阿米巴经营者都是自主经营，“我的地盘我做主”，因此不会掩藏问题，也不会让小问题坐大成为致命问题。

阿米巴经营鼓励员工挑战目标、及时发现问题和解决问题，鼓励并且加倍员工自述创新改进，并把时时改进培养于日常之中，形成一种习惯，改进的主动权、积极性完全都掌握在员工自己的手中，根本就不再需要令人厌烦的暴风骤雨式的被动式“企业变革”。阿米巴经营点燃企业基层的每一个细胞，赢得广大员工的认可、相信、信任，然后就拥有了信心、主动、积极、努力、进取与挑战等一系列正向的元素。员工敢不敢主动挑战高目标是判断企业实施阿米巴经营真伪的最重要的判断标准。如果员工敢于真正挑战高目标，实际上就是在努力提升自己的定价。

企业信任文化还应该包括清晰的企业人才成长道路，必须具有清晰的人才成长参照系，就像海底捞的成长通道，谁是我努力明天的榜样，谁是我努力后天的榜样甚至谁是我努力明年、后年的榜样。只有身边实实在在的成长榜样才具有真正正向可信的放大作用，能够加强人才成长机制的可信度。然而那种能人文化的空降制其实是非常不可取的、非常有害的，与经营人才的理念完全相违背，属于“一人空降而来而万人心碎”的做法，会把培养人才的一切努力毁于一旦。因此维护人才成长通道的可信度也是企业经营信任文化的重要组成部分。而空降用人制实际上还是一种“事逻辑”的用人方法。

“经营人”与“经营事”是两个不同的经营维度

“经营人”与“经营事”是两个不同的经营维度。“经营人”有经营人的循环或者逻辑，“经营事”有经营事的循环或者逻辑。实际上“经营人”的循环比“经营事”的循环更大、更复杂。阿米巴经营是使用“经营人”的“人循环”带动“经营事”的“事循环”，在“事循环”上需要向前后延伸，也就是使“人循环”的经营起点与经营终点都回到人上，形成闭环。

从表面逻辑上看，“事循环”往往以业务目标为起点、种子。然而这种“事种子”必须基于完备的“信息土壤”，而这种“信息土壤”需要通过经营人的“信任土壤”换得。虽然“信息有价”，但需要“无私见真”。如果企业老板不愿意付出和经营“信任”，缺乏用信任换回良知的保证，那么企业决策所必需的“信息”很可能是失真的，没有任何真实性保证。因此不愿意在“人循环”方面付出真诚信任，就不可能得到“事循环”正确决策所必需的真实信息的回馈与回报，而这种错误决策的苦果最终还得企业老板自己吃。

单纯的“事逻辑”、“事循环”如果脱离“经营人”的循环，往往会形成一种恶性循环。事实上，所有“让人服从于事”的逻辑都属于一种“事循环”逻辑，比如让“人工费”归于费用项的做法就是非常典型的一例，“让人服从于事”。如此一来企业中真正忙活的只有企业老板，或者还有那些忙着在灰色地带里建老鼠仓的能人们。如果企业经营的根本目的仍然是利己的，遵循“人的本性”的自私原点，那么企业就只有一个自我忙活的经营者，那就是企业老板，而企业能人经营自己的老鼠仓也就变得合理了，企业员工的消极被动工作、出工不出力也是再合理不过的选择。因此企业运营绝对无法避免走向一种恶性循环机制。

然而，如果经营的关注点在于“人逻辑”、“人循环”，也就是“让事服从于人”、“让事服务于人”，那么所成就的就可能是一种良性循环。阿米巴经营机制就是如此，是一种良性循环。想要成就这种良性循环，就需要改变人们的思想原点，必须发生从利己原点向利他原点的转变，从“作为人何谓正确”的原点开始思考问题。其实企业的思想原点就是企业老板的思想方式，改变学习稻盛经营思想的原点必须从改变企业老板的思想方式开始。我们一直强调，学习阿米巴经营首先需要改变的是企业老板，而不是一味地单向施压改变员工，给员工人人发书，让员工做到“付出不亚于任何人的努力”。请大家记住，阿米巴经营并不是一种改变企业员工的管理方法。奉劝企业家们，在学习阿米巴经营的时候千万不要本末倒置，如果只是仿效手法而没有学到经营思想之魂、没有“经营人”的维度，只是基于“事逻辑”学习阿米巴，那么一切努力最终只会是自寻烦恼、自找苦吃。

再回过头来讲，企业的管理思想到底对不对呢？德鲁克的管理理论到底对不对呢？当然对！我一直认为将德鲁克管理思想与稻盛经营思想进行对比研究与学习，是一件非常有意思的事情，能够碰撞出许多思维的火花，还可以加深我们对于两位大师思想的认知。其实这两种思想在深层的基点上可以互相成为参照系，比我们单独学习一种思想更加清晰、更加明了，就像人们往往通过照镜子对自己的形象有所认识。

稻盛先生的经营思想关注的是与管理逻辑不一样的范畴范围，具有在“管理事”的逻辑循环基础之上再向“经营人”的维度方面做向前延伸与向后延伸的特征，因此从某种意义上讲，“经营人”的循环之中包含着“事循环”的逻辑。以事验人，以人经（营）事，形成人与事之间的良性循环，这也是稻盛思想的高妙之处，而不是简单地把人与事对立起来。在稻盛经营思想体系之中，“经营人”与“经营事”实际上是一种互为动力的关系，事果的核算可以点燃人心，人心的点燃反过来又可以提升事果的业绩。

阿米巴经营之中“经营事”与“经营人”、“培养人”之间的互动关系，与中国传统思想的用人观完全一致。中国传统用人观有“八观五验”、“八观六验”的说法，其实都是“以做事验人心”的方法，让“事服从于人”。“以事验人心”以建立一种人与人之间的长久信任。可以概括一下：以人做事，其效短促；以事验人，其效久长。这与刚刚提到的“事循环”是小循环而“人循环”是前后延伸的大循环的机制也是相通的。稻盛经营思想“经营人”就是一种大循环，包含“事理”的小循环。“三顾茅庐”的典故就是诸葛孔明检验刘备是否真心求才的测试。我极其推崇刘劭的经典著作《人物志》，那里面充满了中华传统的用人智慧，稻盛先生的阿米巴人才经营机制，可以看做是把中华传统的用人观（以事验人心的机理）进行了符合现代人类需求的现代化与系统化。

当然企业信任文化的建立，特别是企业挑战高目标机制的建立必须涉及企业评价体系的改变，可以说企业评价体系的导向对于企业信任文化具有一种加持作用。企业信任文化的建立、阿米巴经营机制的建立都有赖于企业评价体系从企业原本的“果思维”逻辑转变到“因逻辑”的机制上，也就是从 output 的成果主义转换到 input 发心与努力主义的机制上。前面讲过的清晰的人才成长道路，也与这个企业评价体系密切关联。因为只有具备一个能够与经营人心相适应的评价体系，才可能真正激励企业员工去挑战高目标，并且增强挑战的信心，品尝到挑战高目标之后的心理与效果愉悦。

阿米巴经营需要建立在企业信任文化的评价体系之上，因此也就不再需要那种管理模式之下的考核制度，因为考核制度来源于企业的不信任文化。在企业阿米巴信任文化基础之上的是主动经营，而那些被动考核制度则成为企业新运作体系之中多余的东西。

我们有这样的经验，对于设计出的阿米巴经营体系，如果使用的结果是人人都敢于挑战高目标，那么就可以估计这个阿米巴经营系统设计成功了；如果使用之后，没有人敢于挑战高目标，人人都退而求其次，人人都不求有功但求无过，那么就可以估计这个阿米巴系统的设计有问题。如果没有人愿意挑战，没有人愿意成长，那么这个阿米巴就没有给人带来附加价值的提升。

阿米巴经营的提升法属于一种平衡提升法

最后还需要再次强调，阿米巴经营的提升法属于一种平衡提升法，是整体提升、人与事互动、德才匹配，不能够有系统短板，不能够过分强调单一维度的提升，包括物质与精神、能力与努力、业绩与心性、信任与信心的同步增长。只有这样，才能够形成不会出现能量衰减的、持久的正向良性循环。

阿米巴经营机制在君子型经营人才的培养方面具有建立信任的妙用。

信任文化的核心，就是“信”字。儒家思想的“五常”“仁义礼智信”是君子应该持有的品德，也就是“作为人何谓正确”的一种常态要求。

中国人还有五行思想。在五行之中，“信”属于土德，五行属土。依据五行之理，木东方、火南方、金西方、水北方，皆属于偏性，就如同能人的偏才属性。而土德的属性叫做土旺四方，也就是土德存于五行的其他四个要素之中。换言之，土德最能够体现整体、平衡与常态的意义。信者在土，常态也，存在于四方四时四季之中。始终如一、始终存在，此乃为“信”，五行土德也，不是物质偏性的资源稀缺性属性。

“信”这个汉字，乃人言也，就是沟通，因此“信”必须建立在双向沟通机制之上，而不是单向的“令”机制之上。信任文化必须建立于沟通基础之上。另外，请大家注意“信任”这个词汇。“信任”“信任”，就是“先信而后任之”，先信而后再分派任务的意思，本质就是“赋权制”。阿米巴经营“赋权制”就是企业文化“信任制”，二者意义完全相通。

第五章

理解稻盛经营思想的三把尺子

三把尺子，源自于我与白立新博士一起参加过的阳光100易总所加入的一个企业家俱乐部轮流“坐庄”在阳光100所举办的介绍稻盛经营思想的交流活动。那次活动之中的问答激发了我关于不同企业家思维观念所导致的关于稻盛思想不同认知评判的探源思考。那个晚上我得出了三把尺子的结论。第二天我给白博士打电话沟通了这个想法，立即得到了白立新博士的极力肯定，于是我就把这个内容加在了在盛和塾阿米巴窗口活动讲座的ppt之中。2011年11月底，在另外一部介绍稻盛思想的文稿中，我专门为“三把尺子”这个题目写了一篇大约7000字的文章。再后来有缘结识了《西点领导力》的作者赖瑞·杜尼松教授，我为教授介绍稻盛经营思想并结为好友。也是为了检验一下英文水平，我假借郝杨先生之手将此文全部翻译成英文并传给了赖瑞·杜尼松教授。教授阅读之后甚是喜欢，并在美国多种场合引用此文。在这里我愿意将三把尺子的原文原封不动地引用作为本书的第五章内容。特此说明。

谈到领导力，我还需要做一个小小的说明，在阅读盛和塾《稻盛和夫经营研究》杂志第二期稻盛先生《经营为什么需要哲学》一文时，我发现稻盛先生在美国有一个机构——阿布夏·稻盛领导力研究会。于是我开始十分好奇地思考这样一个问题：稻盛先生到中国宣讲他的经营思想时特别要讲与中国传统思想的渊源，然而到了美国稻盛先生所讲的是领导力，这是为什么？因此，领导力这个词第一次引起我的重视，于是我根据文章中CSIS这个线索展开搜索。

戴维特·阿布夏，美国智囊机构华盛顿国际战略问题研究所创始人之一，是里根时代美国驻联合国大使，早年毕业于西点军校。在搜索到这些信息之后，稻盛思想-领导力-西点军校，这些概念在我的头脑之中形成了一个逻辑串。

因此我找来了一大堆关于领导力的书籍，草草地翻了一翻，但都只是内容知识的堆砌而已，没有理论逻辑体系可言，实在不令人满意。后来我想起一位朋友那里有关于西点领导力的讲课光盘，于是要来一看，果然不俗，并因此与《西点领导力》的作者赖瑞·杜尼松教授结下了相惜之缘。这也是我一年多以来精力主要关注于领导力研究的原因所在。我希望日后能够专门写作一本使用领导力原理分析稻盛经营思想的书。

关于领导力，或许我把话题引得远了一些。将话题引到赖瑞·杜尼松教授那里，是因为赖瑞·杜尼松教授非常喜欢我关于三把尺子的观点，我也因此在精神上受到了极大的鼓励，于是决定把这篇文章拿出来作为本书独立的一章内容。

按照西方理性主义的主流观点，人，被作为一种研究的客体，往往被以物质化的方式来对待，所以人的物质性的一面或者生理性的一面成为关注的重点，于是人主要是被作为物质人、自然人、生理人或个体人来看待的。这也是管理中的 X 理论对待人的基点或初始假设。按照这种思路，事，才是企业运营的终极目的，从而形成企业运营的物质利益的导向；人，只不过是一种资源，是为了服务于企业获取利益收益的，被称为人力资源。

然而，稻盛的经营思想主要关注的是人，不再是事。服务于人，才是企业存在的终极目的。人，不再是手段，而成为了目的。人不再为事服务，而是反过来，做事为了服务于人，在做事之中体现如何做人，通过做事而提升作为人的品德。于是遵循这种传统东方的思想，在稻盛先生眼中，人，是一种精神人、社会人、良知人或者组织人。这也是管理中的Y理论对待人的基点或假设。因此，员工不再是一种被动的人力资源，而是能够成为被企业信赖和依靠的主人，并且能够成为企业的有效经营者。

接下来，我们继续展开下述的讨论。无论是物质人还是社会人，我们以什么样的基点来对待人，都会有不同的衡量尺度。物质人有物质收益的衡量尺度，社会人有社会性的衡量尺度。因为基点不同，也就是原点不同，所以行为衡量的方法也不同，相应的，衡量刻度的定义也会不同，就如同数学上的线性（直角）坐标与圆周旋转的角坐标一样，各自的原点方式不同，刻度的划分也不同，一种是算术刻度，另一种则是旋转度数。

概括地讲，有三把尺子、三种衡量方式。首先让我们认识一下这三把尺子是什么样的，如何摆放？

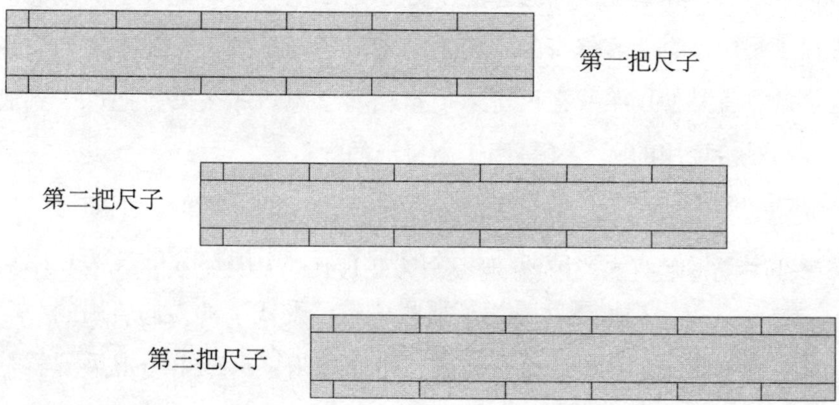

第一把尺子我们称之为**利益的尺子**。这个尺子以自我为中心，也就是以利己为中心，以满足个人利益为基点，以个人利益最大化为原点原则。因此，这个尺子的刻度是利益。第一把尺子是关于物质人、个体人、自然人的尺子。

第二把尺子我们称之为**道德的尺子**。这把尺子以人性为中心，以道德为导向，也就是稻盛先生经营哲学所表述的以“作为人何谓正确”为原点，以良知为刻度。这也就是关于社会人、精神人、道德人和良知人的尺子。

第三把尺子，超越了物质人与精神人的划分，超越了自然人与社会人的划分，我们称之为**天理的尺子**。这把尺子是以宇宙为中心，以宇宙的法则为中心，以天理为刻度。也许很多人并不认同这种观点，但是对于理解稻盛这个修行人的思想而言，我们提出这把尺子，还是非常必要的，否则理解稻盛思想就失去了根。这把尺子已经远远超越了人的社会性，实际上走向了更大的人类生存意义的更高层面。也因此马斯洛在晚年时，提出了超人本主义心理学，提出了超越自我实现的第六层心理需求。我们把这种人叫做灵性人、超越人或者宇宙人。

稻盛先生经常讲敬天爱人，题字时也最喜欢写这几个字。敬天爱人，敬天就是我们讲的第三把尺子——天理的尺子。那爱人呢？很显然，爱人就是第二把尺子——道德的尺子、良知的尺子，也就是社会人的尺子。

也就是说，稻盛先生的思想至少处于第二把与第三把尺子的范畴。第三把尺子是用于企业家修身的；而第二把尺子则是用于企业齐家的。最最不应该的，就是使用第一把尺子来衡量稻盛思想。那么第一把尺子到底是什么呢？是给谁用的呢？又是用于衡量谁的呢？

显然，第一把尺子是衡量仍然处于物欲思维的人群的。正如海尔集团张瑞敏先生与稻盛先生对话时所提及的那个词，中国社会的现实是人们都“敬己爱钱”。第一把尺子就是为了那些“敬己爱钱”的人们所用的。

按照佛家的说法，所谓菩萨重因，世人重果。那么第一把尺子就是留给所谓的世人、俗人的，因为第一把尺子就是关注果的，而且这种果还是物质化的果，是眼前的果、短线的果、实体化的果、金钱化的果，是一种能够摸得着、看得见的果。这就是所谓的成果主义导向，就是为了满足个人的既得利益与物质欲望的。当然为了说得不是那么露骨，经济学家为我们发明了一个比较中性的经济词汇，叫做需求。其实这种需求，基于现代社会的含义，只不过是一种欲望而已。这就是 300 年来现代文明的最大意义——释放了人类的欲望。

相对于第一把尺子关于果，那么第二把尺子，就是因了。也就是说，第二把尺子是衡量发心的，是衡量善念与慈悲的（真正的大善是无法用人间尺度衡量的，也无需衡量，正所谓无量佛）。既然第二把尺子是关于良知的，那么良知又如何表现出来呢？良知首先通过某人对待他人的态度体现出来，通过如何有益于他人而表现出来。仁者爱人，就是良知首先必须是社会人的一种表现。

不知大家是否了解？中国有一句老话，叫做“积阴德”。那么什么是积阴德呢？积阴德，就是做了好事不求回报。不图回报，才叫做积阴德。做好事图回报，那就不叫积阴德，也许只能叫做“积阳德”吧！那只不过是另外一种形式的成果主义而已。把利益之果，变成了名誉之果。名利名利，沽名钓誉而已，不过是另一种形式的私而已。这往往是那些中国书生所追求的。无论是所谓的“金榜题名”，还是所谓的“偷书不叫偷，叫做窃”，其实，比起露骨地追逐物质利益，也好不到哪里去！而且大家都知道，文人相斗，更狠，不像江湖还讲江湖道义，讲盗亦有道！

讲到这里，不妨举个例子。稻盛先生创造了这套他特有的经营哲学，可是他老人家并不将这种经营哲学称之为稻盛哲学，而是以京瓷哲学来命名，还创立了被誉为亚洲诺贝尔奖的京都奖。在这种情形下，西方人往往直接使用自己的名字来命名科技奖项和慈善奖项，比如诺贝尔奖。然而，稻盛先生以京都奖命名，并一贯低调处之，以至中国人很少人知道亚洲还有这回事。

下面让我们来进一步看一看这三把尺子的一些特征、属性以及它们之间的相互关系。

三把尺子的特征、属性及相互关系

首先，让我们详细地关注一下第一把尺子——利益的尺子的一个重要特征。如下页第一幅图所示，在这把尺子偏向于原点一侧的某个位置上存在着一个分界点，我们把它叫做“利己利他分界点”。在这个分界点的左侧区域，表明任何人都可以通过利己的方法来实现自我利益的最大化目标，也就是，任何人自己都可以通过利己来利己，通过利己的手段而实现利己的目的。在这一区域，利己既是目的，也是手段。

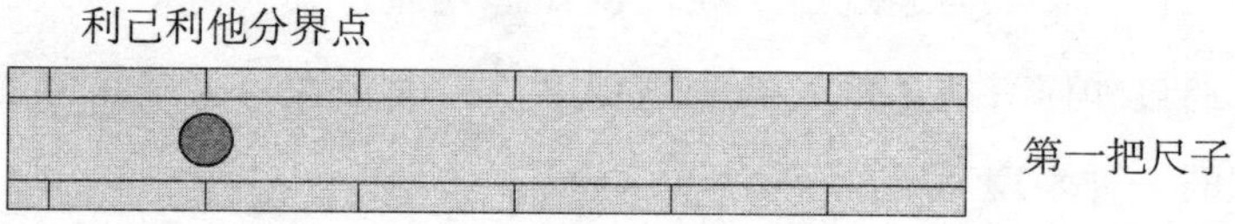

一旦超过这个分界点，任何人都不能够再通过利己的手段来实现利己的目的，也就是说，超过了这个界限，任何人都必须通过利他的方式才能实现利己的目的，唯有通过利他才能实现利己。然而，这种利他并非发自于某人自己善良的本性和良知，而是源于追求个人利益的不得已的手段。

无论是在利他区域还是利己区域，尺子从头至尾都是一种利益的尺子，这是第一把尺子的本质。原点（即目的）与刻度始终如一，没有发生任何变化，只是手段改变而已。一个是以直接的利己为手段，另一个则是通过利他而实现利己。即便利他也非发自真心，权谋手段而已。用博弈论的术语来讲，第一把尺子临界点的左侧属于 zero-sum 区域，临界点的右侧则属于 non-zero-sum 区域。

也就是说，在第一把尺子上表现出这样一个属性：越接近尺子的原点，个人利益就越强；越远离原点，对追逐个人利益的表现就越弱。但是请大家记住，这只是表现而已，利益贯通始终。那么接下来，就让我们再看一看，第一把尺子与第二把尺子的关系。

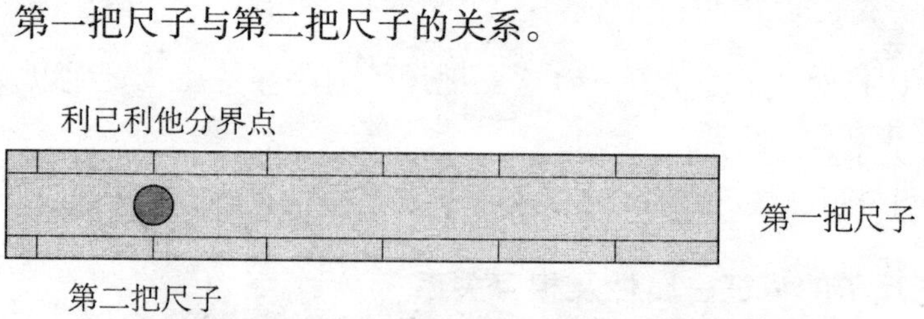

我们发现，第一把尺子的“利己利他分界点”恰恰是第二把尺子的起始原点或刻度起点。也就是说，第二把尺子与第一把尺子在摆放上有重叠

部分。那么这个重叠部分是什么意思呢？答案是，如果不更换尺子，仍然使用第一把利益的尺子，我们也可以自以为是地衡量、看清第二把尺子与之重叠的部分，那样只不过是抱着第一把利益尺子的人自以为可以衡量第二把尺子而已。

这也就是说，第一把尺子的后端看似可以衡量第二把尺子的前端，但是无论任何努力延伸，都无法衡量第二把尺子的后端。换另外一种说法，第一把尺子的前端无法衡量第二把尺子的任何一部分，因为这是非重叠部分。也就是说，极端自私自利的人，丝毫无法理解稻盛思想。

那么，这两把尺子的重叠关系又说明了什么问题呢？我之所以会这样问，是因为我们时常可以听到这样一种言论：稻盛的思想看起来好像很矛盾。有人说，稻盛先生既讲敬天爱人，又讲严格残酷的数据。还有人说，稻盛先生既是完美主义者，又是现实主义者。因为在他们看来，提高心性与提高收益（创造高收益）无法统一到一起。

真的是这样吗？稻盛思想真的很矛盾吗？其实不然，起码我个人不是这样认为的。那么是什么原因使这些人对稻盛思想产生上述观点呢？其实是因为他们看懂了稻盛思想的一部分，但还有一部分看不懂，所以看得懂与看不懂的两部分就在他们的头脑中打起架来。为此，我需要用三把尺子的原理为大家做进一步的原理解释。

稻盛先生为什么敢于进行很严厉的现场管理，并且可以斩钉截铁、不留情面地管呢？这就是因为稻盛先生基于第二把尺子，不在利益之中。因为稻盛先生对每一位员工的要求并非为了维护稻盛先生这个老板的个人私利。无论直接还是间接，稻盛先生都不是为了维护自己的利益。稻盛的严格与严厉恰恰是为了维护全体员工的整体幸福，为了实现员工物质与精神两方面的幸福，也是为了提升员工自律的品德。他是出于提升品德，而不是单纯地为了提升老板所要的业绩。正所谓无欲则刚！

稻盛的尺子，至少是第二把尺子，而那些追名逐利的企业家往往只是拿利益的第一把尺子看问题。所以对于与第二把尺子重叠的部分，似乎看明白了，而第二把尺子后端的行为，他们就看不明白了，所以就会产生“稻盛的思想很矛盾”的观点。其实稻盛思想一点都不矛盾。看似矛盾，只是因为这些人的尺子与稻盛的尺子并不是同一把。

中国有句老话，“以小人之心度君子之腹”。其实，我们所说的第一把尺子就是小人的尺子，而第二把尺子就是君子的尺子。所谓“以小人之心度君子之腹”，就是以第一把尺子的重叠部分去衡量第二把尺子的意义。或许，小人可以自我标榜衡量得了君子的行为，看似他们能够度量的了。但真的是这样吗？其实，这些所谓的看似明白，只不过是对君子行为的自我利益化的解释，一种小人之心的揣度而已。

那么第三把尺子又是针对谁的呢？简单地讲，第三把尺子是关于圣贤的尺子。对于这把尺子，如果还是以小人之心去度圣贤之意，恐怕就根本找不到北了！也难怪老子会感叹：“上士闻道，勤而行之；中士闻道，若存若亡；下士闻道，大笑之；不笑不足以为道。”老子恰好定义了三把尺子——上士、中士与下士。如果我们与下士论道，恐怕唯有“大笑之”，因为“不笑不足以为道”嘛！

接下来，让我们再一次回到“菩萨重因，世人重果”这句话。举个例子，有一位仁兄，听到稻盛思想后的第一个反应是：“稻盛先生持不持股？”当听到稻盛先生把股份全都捐出去后，这位仁兄似乎找到了答案，一个彻彻底的利益思维的答案：“因为稻盛先生没有公司股份，所以他才会无私利他。”他根本不会明白，稻盛先生恰恰因为无私才把公司股份捐掉。这个例子特别能够说明第二把尺子在因，而第一把尺子重果。第一把尺子不仅重果，而且还会把果掉过头来当做因，所谓以终为始。这位仁兄还会大言不惭地说：“圣人之所以成为圣人，是因为他们当不了帝王。”真是彻彻底底“以小人之心度君子之腹”的活样板！要知道，不是所有的人都只是为了金钱活着。即便是几亿、几十亿的身家又能怎么样呢！粪土乎！罪恶乎！

我很喜欢白博士的一席话：“有没有信仰也许是人生最大的机会成

本。”当我们人生这一盏灯熄灭时，如果真的有另一扇门打开的话。或许，我们有幸来到上帝的面前。上帝不会问你企业做了多大或者有多么成功，上帝也不会问你身价几何，而是会问你，在你实现这些所谓成果的过程中，做下了多少伤天害理的事？你到底欠下了多大的业债？

实际上，如果对于员工而言，工作的人生意义在于更换人生价值尺子，那么对企业家而言也是如此。这就涉及做企业的根本目的是什么的问题。稻盛先生自己也经历了这样的历程，做企业目的的转换与人生价值尺子的变换。

稻盛先生传记里讲到，稻盛先生最开始出来做企业的时候，也是为了实现自己个人的抱负——稻盛技术于天下。后来没两年就经历了那几个小年青写血书的三天三夜的谈判事件，于是稻盛先生做企业的目的实现了一次重大的本质飞跃，从为了满足个人的、自我的、利己的目标变成了“应在追求全体员工物质与精神两方面的同时，为人类和社会的进步与发展做出贡献”这一为他的目标，种改变实际上就是人生层次与境界的提升，是更换尺子的最好事例。

另外，稻盛先生还说过这样一句话，那就是“比例即人格”。这句话是什么意思呢？如果用第一把尺子的原理来表述，特别是用带着“利己利他分界点”的第一把尺子来表述，或许更容易说清楚这个问题。尺子上利他的部分所占据第一把尺子总长度的比例就是人格的度量，当然我们也可以使用尺子上利己那部分所占的比例来描述人格。据白博士转述，稻盛先生认为：一个人，利己的比例应该控制在10%～20%的范围，对一般人而言，可能还是比较正常的。

对于稻盛先生而言，人生的意义就是完善人格，改变这个比例。那么完善人格，用我们三把尺子的原理来讲又是什么意思呢？

完善人格，就是让利己部分所占的比例在尺子中越来越小。比如，从30%降到20%，再降到10%、降到5%，直至降为零。这就是利益归零，也许这样就人格完满、完善了。

利益归零，也可以说也是一种“为道日损，损之又损，以至于无为”的解析吧！那么，利益归零，对于三把尺子的关系又是什么意义呢？这不就是更换人生价值的尺子吗？从第一把利益的尺子变成第二把良知的尺子、道德的尺子。这不就是尺子的更换吗？第一把尺子归零了，第一把尺子也就没用了，于是我们必须换尺子。这种尺子的更换不就是人生价值的更换吗？尺子的更换，托马斯·库恩称之为 paradigm 的更换。

能够帮助我们进行这种有效更换的方法，正如稻盛先生所指出的，就是工作对于人生的意义。工作是人生中非常重要的一项磨炼。对于普通员工而言，工作能够磨炼灵魂，提高心性，完善人格，变更人生价值的层级。

可见，人生真正的意义并不是沿着利益的尺子越走越远，并不在于能够挣到多少钱、积蓄多少物质财富，而是提升生命价值的层级，更换人生价值的尺子。正如稻盛先生所讲的，人生的意义就是在人生谢幕之时比人生开幕之初能够高出一点点。其实，马斯洛心理需求的层级金字塔，也是这个意义，也是人生追求层级的提升，因此马斯洛的思想也是人生价值尺子的变更。其实，《经营十二条》第二条之前添加的第一条大义名分的原因，也是一种尺子的更换，把第一把尺子的考量变换成第二把尺子。然而许多中国企业家在学习稻盛思想的时候仍然抱着第一把尺子不放。因此，对这些人而言，稻盛思想只是一种术，一种不得不为的术的选择而已。

于是，我们忽然发现，在上述分析中，看到了稻盛思想，看到了老子《道德经》的思想，看到了西方现代心理学家马斯洛的需求金字塔，还看到了托马斯·库恩的 paradigm，也就是“提升自己必须先放下物欲”的理。

至于第二把尺子与第三把尺子的关系，可能还不是我们员工现阶段需要理解的重点，因此我只能概述地讲一讲。首先，第二把尺子不会自然就与第三把尺子完全重叠；其次，第二把尺子向第三把尺子靠拢的过程就是企业家个人自身省修的过程；再次，这两把尺子的关系涉及阳明哲学“天理即良知”、“良知循天理而动”的思想。在这里就不展开讲解，这与稻盛思想的思想渊源有密切关系，如果大家有兴趣，可以去找白立新博士的

《稻盛哲学探源》看一看。

三把尺子，三种经营

前几章一直在反复讲述这样一个观点：稻盛思想“是经营不是管理”。这种不同的思路会影响我们对于尺子的选择。也就是说，如果我们选择不同的尺子，就会展开三种不同的经营，也会看重不同的资源或所要依赖的东西（这里姑且还是让我们使用“资源”这个词）。

- 第一把尺子，经营利益——经营物质财富与金钱利益，通过经营能力来实现；
- 第二把尺子，经营事业——经营人心，干事业就要许多人一起干，所以是通过经营人心来干事业；
- 第三把尺子，经营人生——通过提高心性来实现。

正所谓经营什么就会得到什么，这就是“种瓜得瓜，种豆得豆”的道理，如果种下善念，就会得道而多助，既得人助，亦得天助，正如《易经》所讲的“积善之家必有余庆”。这也是《六项精进》第五条“积善行思利他”的其中一个思想渊源。选择什么尺子，就会相应地积攒什么样的果实。

我在盛和塾第一次讲解阿米巴时，还没有这三把尺子的内容，后来在某次企业家俱乐部聚会活动时，意识到不同的人，因为价值观不同，而对稻盛思想的理解产生极大的不同。为了应对这些企业家的困惑，我提出了三把尺子的概念，随即得到了白博士的充分肯定，于是我就把三把尺子的内容加入到后来的阿米巴讲座录制的光盘之中。因为我觉得三把尺子能够比较形象地帮助我们解析稻盛思想，并对驱除理解稻盛经营思想的误区很有帮助，所以在随后许多讲座中我都会把它拿出来重点地讲一讲。这一次也是这样，希望借此消除大家经常产生的误解。

结语　小小的反思——学习即有收获

本结语并不包含在全书原稿43篇文章的序列之中，而是我在本书完成一段时间以后的小小的反思，为的是避免把一些企业家吓跑。我有一种感觉，企业家朋友们看完本书之后的第一反应很可能是：噢，学习稻盛经营思想和阿米巴运营原来这么难，那么我们最好还是别学了吧！这并不是本书的愿望。我并不想把大家吓跑，因此针对这种可能发生的后果，在此处为大家补充一下。

只要企业家迈开学习稻盛经营思想的步伐，能够在思想高度方面认同稻盛思想，那么无论掌握多少阿米巴操作手法，或者遇到多少践行的磕磕绊绊，都不重要。只要大家开始学习，那么就一定有收益，而且所经历的收益一定会超越大家的想象，并不能够使用企业业绩的简单百分比增长来衡量。

稻盛先生在开创新事业的时候，有一个三阶段用人法。也就是，在新事业开始的时候，稻盛先生喜欢与那些乐观的人沟通，以获得积极的回应，建议大义方向，既可以传递想法，也可以点燃士气、人心。一旦这个阶段把事业的大义方向确定了，也就是企业完成了新事业开拓的决定，稻盛先生就会找到那些专业但悲观的人士去做计划，也就是使大方向在业务目标上落实下来，让热头脑冷静下来，使乐观的思想向现实的可能性方向靠拢。

这些制定具体执行计划而悲观的人士往往是接受了许多专业知识训练

的所谓高知人群、高智商人士。他们的专业性往往会使他们走向保守。他们会怀疑任何挑战新事物的可能性，不自觉地在新事业前行的道路上设限，预先设想各种可能发生的困难、障碍等。用通俗的话讲，他们凡事不是往好的方面想而是往最坏的方面想。甚至任何犄角旮旯、根本就不可能发生的方面，他们都可以设想出困难。

然而到了新事业真正开始实施的阶段，稻盛先生所任用的又是一批乐观的人。因为到了新事业的实施阶段，无论事前预想得多么仔细或者完备，一旦实施起来，那些预想不到的问题、困难、障碍是绝对不可避免的。在这个阶段，如果任用悲观的人，一旦遇到丝毫困难、意外或者反对，就非常容易放弃，而不是克服困难坚持前行。而那些乐观的人士就能够坚持使事业成功，因为他认为新事业实施过程之中所遭遇的各种困难是必需的，并不是什么意外的事情。

这就是稻盛先生的用人方式，先用感性乐观的人，再用理性悲观的人，然后再用乐观能够坚持的人。事实上就是发挥各种人的优势，使之都能够对于企业发展产生正向价值。我把稻盛先生这种用人的方式称为“点燃—泼水—点燃”三部曲模式。然而，当今许多企业家做事情的方式往往没有从点燃到点燃之间能够“泼水”的一步。也就是从点燃直接到点燃，失去了中间泼水冷却的环节，缺少了一个理性环节。

从点燃直接到点燃的逻辑，是不能够落地的，只能使思想的火花在天空中飘荡，使思想永远存在于一种虚无缥缈的状态。其实稻盛经营思想最高妙的地方，就是能够落地，能够进入到企业的组织层面、运营层面、每日经营的一线现场。如果失去了“点燃—泼水—点燃”的中间“冷却”环节，那么就只能够是另外一种情景了，就像那些自称有企业哲学的企业，企业思想落不了地，只能够采取填鸭式的灌输方式。

中医把这种现象叫做“心肾不交”或者“虚火上头”。实际上，从点燃到点燃的逻辑，就属于“虚火上头”。坦率地讲，当前稻盛思想在中国的传播现状多多少少就存在这样的问题。许多中国企业家在学习稻盛经营思想的时候就是这样，只知道一味地把稻盛思想往上引，而不知道如何把稻盛经营思想向企业内部落。高的东西能够下来，从基层的每日工作之中提升上去。这才是真正的稻盛经营思想，也才是真正的中华传统思想。

因此本书所起的作用，就是给企业家泼泼冷水。传播稻盛经营思想可能也应该按照分阶段或者分年级的方法来运作。对于那些还不理解稻盛经营思想或者刚刚接触稻盛精神思想的企业家而言，所需要的传播逻辑就是点燃逻辑，让他们能够看到稻盛思想的意义与价值。然而对于那些已经走入盛和塾的中国企业家，那些已经接触稻盛经营思想一段时间并在思想价值观方面已经认同了稻盛思想的企业家而言，就需要引领他们走入学习稻盛经营思想的第二个阶段，也就是理性与冷静地学习稻盛经营思想的阶段。为了能够把大家领入第二阶段，可能就需要给大家泼泼冷水。本书的目的就是给那些“虚火上头”的企业家泼泼冷水，寻找到一种理性而持久地学习稻盛经营思想的方式。头脑一热，刮两年风，热乎一下，流行一阵，学习稻盛经营思想不应该这样。大家做企业都希望能够基业长青，因此你们也一定不希望是这样。

本书的目的并不是把刚刚接触稻盛经营思想的企业家吓跑。对于接触稻盛经营思想时间不长的企业家而言，现阶段所需要的还应该是点燃逻辑。还是那句话，对于稻盛经营思想，只要大家去学习，那么无论学多少，大家都会受益。本书的意义其实是引领企业家走入学习稻盛经营思想的第二阶段，因为唯有通过第二阶段，企业家才能够最终达到企业真正践行稻盛经营思想的第三阶段，才能够真正地使稻盛经营思想在企业里面落地。否则学习稻盛思想，无论现在热情多么高涨，最后的结果只能够是昙花一现，或者永远停留在天空之中虚无缥缈的云的阶段。

最后请允许我再次强调，稻盛经营思想属于经营，西方的企业管理思想属于管理。千万不要因为学不会管理而来学习稻盛经营思想。就像我们上学时因为受“学好数理化走遍天下都不怕”思想灌输的影响，考生往往因为学不好理科才去考文科。然而文科实际上比理科更难学。所以奉劝大家，千万别犯因为学不会管理才来学习稻盛思想的错误，其后果一定是更加学不会。

请大家牢牢记住：本书是一本泼冷水之作，也是本人“学习稻盛经营思想入门三部曲”的第一本。我希望很快能够把更多的东西呈现出来与企业家们分享，特别是与那些正在学习稻盛经营思想的中国企业家分享。

附：

超越期待，回到原点

——从新阅读稻盛先生问题答复的感悟

2011年6月9日，我有幸应稻盛和夫（北京）管理顾问有限公司之邀与白立新博士一道参加与稻盛和夫先生见面的晚餐会。餐会期间，我有机会就如何在房地产行业推行阿米巴经营有关的核算问题向稻盛和夫先生当面进行请教。稻盛和夫先生给予了我大篇幅的热忱解答（见附文）。出于学习稻盛先生无私利他之心的愿望，我非常愿意把自己的一些感悟与广大稻盛经营哲学的粉丝进行分享，希望对大家进一步理解稻盛先生经营哲学和阿米巴经营有所帮助。

首先请允许我先把我请教稻盛先生的问题概要地表述一下：

经典的阿米巴经营模式是按照月度进行核算，月度核算的重要目的之一就是激励员工能够每日精进。这里有一个技术问题，对于一般工业生产而言，生产一个工业产品往往是按照分钟、小时或者天计算的，也就是说，阿米巴的核算周期（月）比产品的生产周期（分、小时、天）要长，因此阿米巴按月核算是核算生产许多产品的平均生产率，也因此这种平均生产率的差异性起伏就比较小。我的问题是，我们是做房地产的企业，产品的生产周期比较长，往往是数个月完成一栋楼的建造，比如说6个月，我们称之为标段。因为每一个标段产品的生产都是通过招投标来进行，每次招标而生产楼房，所以称之为标段，这是房地产开发的业务属性。也就是说，我们产品的生产周期比阿米巴的月度核算周期长，那么我们房地产公司应该按照月度进行核算，还是按照房地产生产的标段周期进行核算呢？

在聆听了稻盛先生的解答之后，特别是在从新阅读了稻盛先生答复的文字稿之后，我产生了一些比较强烈的感悟，特写出来与大家分享。

稻盛先生的解答给我们带来的收益往往超越我们的期待。无论什么样的提问，哪个行业的具体技术问题，稻盛先生总是能够把我们的思想、思维引导到稻盛先生的经营原点上。对于这一点，我在拜读稻盛先生《创造高收益》系列书籍时就有这种强烈的感觉。稻盛先生的答疑永远不会迷失在具体的术中，永远可以回到原点。

阿米巴经营不是万能的，稻盛经营哲学才是万能的

许多想要引进阿米巴经营的企业似乎都有一种对于阿米巴经营过分依赖的企图心，认为阿米巴经营是万能的，能够解决企业的所有问题，而忘记了支撑阿米巴经营的经营哲学和经营理念体系的基石作用。因为我们一直认为哲学是虚的，不可能直接创造价值，要提升企业的运营业绩还得靠经营手法，还得来实的。可是稻盛先生于2011年4月1日才在日航导入阿米巴。而在此之前的一年时间，稻盛先生在日航所做的是经营哲学和理念与意识的改变。其结果呢？就像曹岫云老师在其博客《424天日航浴火重生》中所讲的，利润是1884亿日元，相比之前同期“日航的亏损额也有约1800亿，这一来一去将近3600个亿日元，超过了为拯救日航日本政府3000亿日元的注资”。

我们都知道，精神的力量是无价的，但是如果非要套上一个数字来衡量，那么这一来一去的3600亿日元或许就是一个最好的说明。我引用这个例子就是想给那些抱着阿米巴经营万能想法的企业家一记棒喝！阿米巴经营不是万能的，阿米巴经营只是手法，可以用，也可以不用。真正具有万能力量的是稻盛先生的经营哲学，是稻盛先生意识层面的内容，不是术的层面，而且不是可用不可用的两可选择。这些恰恰是许多仰仗阿米巴的企业所缺失的，他们认为自己企业有哲学、有价值观，不愿意学习稻盛先生的经营哲学，或者认为没有学习的必要。请问您的企业哲学或价值观也能够创造3600亿日元的价值吗？许多自认为自己企业有价值观的企业，其价值观其实毫无价值，只是个说出来好听的摆设而已。

其实，从某种程度上讲，阿米巴经营是锦上添花，不是雪中送炭，就如同日航的历程一样，在2011年4月1日导入阿米巴之前，全员经营意识的转变早已经使日航扭亏为盈了。在这一点上，学习稻盛，学习稻盛哲学，我们真能做到吗？

阿米巴经营不是万能的，经营哲学才是万能的。阿米巴经营是锦上添花，是更上一层楼。稻盛先生讲过："现在，我们希望通过阿米巴经营的导入能够帮助日航更上一个台阶。"

我们真的错了！许多企业想要推行阿米巴经营，都是认为阿米巴经营是万能的钥匙，可以为我们解决一切问题，也因此过分寄希望于阿米巴能够给企业带来巨额的物质收益，而不是寄希望于稻盛先生所倡导的经营哲学。总是认为哲学不可能产生直接的经济效益，也就是认为能产生效益的只是阿米巴经营手法，而不是哲学。但是我们真的错了，稻盛先生拯救日航之举就是一个鲜活的证明。我们一直以来被灌输的重物质、轻精神、重利益、轻思想的思维其实有很大缺欠和误导性。稻盛先生出山拯救日航就是要证明这一点——哲学的力量、思想的力量可以产生巨大的价值。稻盛先生做到了，也证明给我们看。尽管已经看到了事实，但是许多人还是不信，只不过仍然试图寻找其他的原因来说服自己。

进一步讲，难道稻盛先生仅仅是为了拯救日航吗？显然不是。稻盛先生拯救日航的义举、善举、壮举，真正想证明给我们的是因为有了经营哲学，稻盛先生什么奇迹都可以做到。

其实稻盛先生拯救日航是为了拯救当今的企业灵魂，拯救当今全世界的企业家，也包括浸泡在物质利益思维中的中国企业家。不要再做行尸走肉了，我们需要找回我们企业的灵魂！

实行阿米巴不能轻率与轻敌

在学习阿米巴的过程中，许多企业非常轻率与轻敌，认为阿米巴很简单，自己鼓捣两下就行。稻盛先生带了两个最厉害的阿米巴专家到日航，他们对自己设计的阿米巴也非常满意，可是稻盛先生一看，就认为“不是我想要的那种阿米巴”。稻盛老先生还必须亲自上手，亲自操刀。即便如此，老先生还认为“现阶段的阿米巴经营体系还比较原始，比较初期”，还需要“以后会逐步完善起来”。

因此，我非常感慨，因为许多中国企业家在战略层面、在思想层面对经营哲学不重视，而在战术层面、技术层面、阿米巴机制设计层面却盲目轻敌，玩老板大撒手，甩手掌柜。在战略错误和战术缺失的情况下，我们如何能够打胜仗?

阿米巴组织划分必须尊重事物的完整性

接下来，回到阿米巴的纯技术层面，也就是关于事物完整性的问题，老先生总是一下子就能够抓到事物的本质。阿米巴是一种组织划小，这是一种表现形式，但是不是一味地为了划小而划小。在《阿米巴经营》一书的第48页，稻盛先生特意标注了小标题“并非越细越好”。毫不客气地说，海尔的人单筹，在组织划分上就犯了这个致命的错误。划小是为了化简，把复杂的事物简单化，划小为简，必须以尊重事物的完整性为前提，不应该把一个独立事物的完整性打破。过度拆分，反过来必须通过原本不必要的团队合作来恢复事物的完整性，这样反而成了划小为繁。而在中国企业文化中，团队合作的意识比较差，就等于人为给自己的工作设置了重重障碍，就很没有必要。

也就是说，阿米巴组织划分必须尊重事物的完整性。这是我们以往已经认识到的。而这次稻盛先生关于核算周期的解答又进一步加深了我们对尊重事物完整性的认识。那就是，事物的完整性应该表现在空间和时间两个维度上。事物完整性的空间维度就是组织划分，不能够过细、过小。在时间维度上就是核算周期的设定。以我们地产企业为例就是应该采用标段核算，而非月度核算。

“术业有专攻”——不同行业需要不同的制度和不同的阿米巴

还有一个问题，那就是“术业有专攻”。行业是术的层面，而稻盛先生真正强调的是经营哲学与经营理念，并不是术的层面。但是回到术的层面，不同行业可能需要不同的制度和不同的阿米巴形式，就如同稻盛先生要亲自为日航阿米巴出手设计一样，建立一套区别于京瓷与 KDDI 的阿米巴机制。在这里一定要记住，各种行业的差异性只是术的层面。稻盛先生反复强调阿米巴的原点，要使每一位员工都有经营意识，这就是稻盛先生讲的：“每个人都会有全新的变化。为什么会有这种变化？因为在一线为乘客服务的空姐也具备了经营者的头脑和意识。”

结合地产项目开发的标段特征，往往是标段完成就完成了，即便是总结，也是过去完成时，只与论功行赏有关，与经营意识没有什么关系。不像稻盛先生所倡导的那种经营者的意识，那种为了将来能够做得更好的改进意识和将来时态。按照稻盛先生的阿米巴原点，即便房地产开发采用项目标段核算制，这一次项目工作的结束，应该是下一次经营的开始，而不仅仅是本期项目工作的完成，或者仅仅为了核算而核算，一个没有阿米巴经营原点的核算。

全面系统设计，试点分步实施

最后一点，许多企业也问过我这个问题，那就是我们企业推行阿米巴，应该全面推开还是应该先找一些试点？我给的答案是“全面系统设计，试点分步实施”。稻盛先生以日航为例，先“在日本国内的日航开始推行阿米巴经营”，然后“逐步完善”。

稻盛先生当面答复的内容：

您刚才提到的房地产公司应该按照月度还是按照标段进行核算的事情，我认为房地产行业无法按照月度进行核算，也没有必要按照月度核算。

首先，对于阿米巴经营的原理，我们可以这样看待：因为您是房地产公司，所以业务层面上会涉及盖房子，修建高级公寓等，像您刚才所提到的，盖好这个公寓可能需要一年或者是六个月的时间，在这六个月的时间里，从盖楼这个项目的最高领导人到一线的员工，大家都要有共同的目标，一起努力，争取把这个项目做下来之后，我们又能降低费用，又能提升收入。

盖楼的工程，从一开始设计到最后的完工，才算是完整的过程，对整个项目进行核算，其实和一般的会计核算是一样的。一般来说，项目最高领导人从设计开始就要考虑，看看材料费具体使用多少，计算好之后再行下单购买。

通常情况下，从设计到企划等的决策，都是由高层直接决定好以后，向下委派，让其实施。但是在阿米巴经营中却不尽然。并非领导决定了应该用这么多的材料和材料费，一线的员工就直接机械地执行。他们可能会说虽然决定是用这么多的材料费，但是我们认为在哪些方面还可以有所节约，比如说我们应该这样做、那样做。末端的员工（稻盛先生用到的单词是 worker）都会积极地想办法、动脑筋来降低费用。

在讲到阿米巴的原点之前，我先举个京瓷的例子。在京瓷的时候，都是按照月度进行核算的。虽然房地产公司不是按照月度进行核算，但是本质上是相通的。当项目确定下来后，并非我一个人设计，并非我一个人是经营者，不能从头到尾都是我自己说了算。而应该像孙悟空一样，拔一根毫毛，吹出很多分身，让我的分身在一线也能够替我考虑这些事情。哪怕是按天支付薪酬的员工，哪怕是搅和水泥的工人，也能够像我一样去考虑经营。这应该是阿米巴经营的原点之所在。

假设，有位设计师为我们设计出一个非常精良的项目。但是在项目推行过程中，我们并不是完全惟命是从、按部就班地执行，而是积极动脑筋、想办法，看看如何更为低成本地去运作这个项目，如何更为低成本地去采购相应的原料。如此一来，当项目完工结束时，我们会发现取得了与预期完全不同的收入，收入远远超出预期。这正是阿米巴经营的魅力之所在。

等我们接到下一个修建公寓的项目订单时，就可以活用并借鉴这次的成功之处和成果，并在实践过程中再次进行修订完善，从而取得比上一次更好的成绩。到下一次的项目进行时，我们再不断改良、改善，不断精进，结果发现这样一次次改进的效果是成绩不断好转。

现在我所在的日航虽然不是做房地产的设计，但是也有设计企划的工作，这两者之间是有相通之处的。现在日航每天都有1000架飞机在飞，对这些飞机进行的企划应该和房地产的设计是相通的。让这1000架飞机在全世界范围内如何飞，飞去哪里，这些都是企划人员需要做的事情。

同时，为了保证飞行安全，对这些每天都飞来飞去的飞机进行维护保养也是必须要考虑的。在维护保养工厂仿佛是搞重工业一般，有着庞大的维护保养机械，从引擎的维护到所有零件的维护，都必须持续进行。与其说是每月都计划实行，不如说我们是从整个年度的角度出发每天都在做。具体做这些护养工作的员工长期都在堆放着大量材料的护养工厂进行着作业，而且他们的工作不能间断，必须持续地推行下去。飞机每天都要飞，不能够停下来，所以护养工作也必须是长期的。可是如何去看待这种长期性的工作所花费的费用，如何核算呢？我就想出按照航线区别开来，分别计算收支。

比如说，我们从东京飞到北京，东京飞北京的飞机如何保养，保养的费用如何计算，就按照这条航线来核算。但是我们在全球各地都有航线，所以包括东京飞北京的航线在内，都要区分开来计算。

现在在日航，我们目前有一些能够看清收支的部门，还有一些部门是算不清楚账目的。如何在能算清账的部门和算不清账的部门之间取得平衡和协调，是我现在正在做的工作。正如您所了解的，我们京瓷属于生产制造业，现在的日航却是航空服务业。我来到日航之后发现在这里导入阿米巴经营和在京瓷导入时是完全不一样的。现在我已经花了一年时间来打下导入阿米巴的基础，今年我也准备再花些时间把初具雏形的阿米巴经营体系完善起来，从而使看得清收支的部门看得更清楚，使看不清楚收支的部门也能够看得清楚。

要想运作阿米巴，我们必须相应地导入不同的管理制度。我现在所在的日航属于航空运输业，在这里导入阿米巴经营的话，对于我的确是一个全新的挑战。我必须导入一个完全不同于京瓷这种生产制造业的阿米巴经营系统来对接日航的具体情况。但是，不管如何去做，我希望领导者都能意识到导入阿米巴经营的原点在于：让基层员工也能够具备与领导者相同的经营意识。

去年，我在日航花了整整一年的时间进行了意识层面的改革。由此也得以从今年4月份开始在日本国内的日航开始推行阿米巴经营。虽说现阶段的阿米巴经营体系还比较原始，比较初期，但是我相信以后会逐步完善起来。在去年一年的意识改革的努力下，我们也取得了前所未有的成绩。大家甚至觉得不可思议，经费怎么就眼看着、眼看着降下来了？每个人都会有全新的变化。为什么会有这种变化？因为在一线为旅客服务的空姐也具备了经营者的头脑和意识。

这次，稻盛北京公司也准备全面引进阿米巴经营咨询的业务。很多公司都在询问阿米巴经营，我们绝对不能跟对方说“阿米巴经营很容易就能够导入成功”。如果说跟我们京瓷一样，都属于生产制造业，那没有问题。我们的道理都是相通的，可以直接活学活用。可是我们面临的公司分布在各行各业，所以在导入阿米巴经营时，必须相应地制定不同的管理制度。

今年4月开始，我从京瓷带了2名在阿米巴经营方面非常优秀的人才，与我共同在日航进行阿米巴经营的导入和实践。有的经营干部自认为设计出的阿米巴项目已经非常完美，无可挑剔，完全可以实施了。但是拿给我看以后，我就觉得这个设计不好，那里有些奇怪，不是我想要的那种阿米巴。而且在具体实施的过程中，我也会亲自督导，不断进行调整、校准和完善。

现在，我们希望通过阿米巴经营的导入能够帮助日航更上一个台阶。去年，日航刚刚破产的时候，寰宇一家（ONE WORLD）的成员美国航空公司来到日航。该公司的社长阿比先生对我说，愿意尽全力帮助日航，一定支持日航。我也向对方表示了感谢。前一阵子去达拉斯进行交流互访的时候，我向对方公司的五六十人就经营哲学和阿米巴经营进行了讲演。从早到晚，一直到吃晚饭，他们都听得非常专注，觉得非常感动。看来美国航空公司也是想要学习和借鉴日航现在成功转变的经验。现阶段，他们也已经展开了对哲学、经营哲学的学习。

当然，如果还有软件公司也想导入阿米巴经营的话，首先我没有经验，其次这是新的挑战，必须考虑重新去设定相应的管理制度，以适应该公司的现状。在通信公司方面，如您所知，我现在有KDDI这个现成的例子可以供大家参考借鉴。

【曹岫云先生提问：如果日本东电（福岛核电站的东家）要导入阿米巴经营的话呢?】在日航，我们也刚刚是经过第一年的努力，初步有些眉目，还没有完全站起来，还有很多事情要做。况且明年1月份我就整整满八十岁了，东电公司这边的事，大家还是饶了我吧。如果要就电力公司的状况谈谈的话，我认为从根本上来说，必须把发电部门和输电部门区分开来。现在，在日本是把发电输电放在一起的。不知道中国是不是也是发电输电的部门合二为一。电力公司把两个部门整合为一时，取得的利润是非常高额的。所以如果要分开的话，首先高级管理层就不会轻易让步，因为他们会损失相当的利益。但是具体的话，反正我也已经很大年纪了，就不去操这个心了。